FRONTEIRA

Conselho Acadêmico
Ataliba Teixeira de Castilho
Carlos Eduardo Lins da Silva
Carlos Fico
Jaime Cordeiro
José Luiz Fiorin
Tania Regina de Luca

Proibida a reprodução total ou parcial em qualquer mídia
sem a autorização escrita da editora.
Os infratores estão sujeitos às penas da lei.

A Editora não é responsável pelo conteúdo deste livro.
O Autor conhece os fatos narrados, pelos quais é responsável,
assim como se responsabiliza pelos juízos emitidos.

Consulte nosso catálogo completo e últimos lançamentos em **www.editoracontexto.com.br**.

José de Souza Martins

FRONTEIRA

A DEGRADAÇÃO DO OUTRO NOS CONFINS DO HUMANO

Copyright © 2009 do Autor

Todos os direitos desta edição reservados à
Editora Contexto (Editora Pinsky Ltda.)

Fotos de capa e miolo
José de Souza Martins

Montagem de capa e diagramação
Gustavo S. Vilas Boas

Preparação de textos
Daniela Marini Iwamoto

Revisão
Flávia Portellada

Dados Internacionais de Catalogação na Publicação (CIP)
(Câmara Brasileira do Livro, SP, Brasil)

Martins, José de Souza
Fronteira : a degradação do Outro nos confins do humano /
José de Souza Martins. – 2ª ed., 4ª reimpressão. – São Paulo :
Contexto, 2024.

Bibliografia.
ISBN 978-85-7244-432-3

1. Brasil – Condições sociais 2. Fronteiras e pioneiros – Brasil
3. Minorias – Brasil 4. Sociologia rural – Brasil I. Título.

09-02227   CDD-305.560981

Índice para catálogo sistemático:
1. Brasil : Fronteiras e pioneiros : Minorias : Condições rurais :
   Sociologia   305.560981

2024

EDITORA CONTEXTO
Diretor editorial: *Jaime Pinsky*

Rua Dr. José Elias, 520 – Alto da Lapa
05083-030 – São Paulo – SP
PABX: (11) 3832 5838
contato@editoracontexto.com.br
www.editoracontexto.com.br

A

Gilda e Antonio Candido de Mello e Souza,

*que personificam,
para todos nós que viemos depois,
as melhores tradições
da Faculdade de Filosofia da Universidade de São Paulo.*

A

*Dom Pedro Casaldáliga
e
Dom Tomás Balduíno,*

*vidas de testemunho profético
no coração da Amazônia,
na fronteira.*

Sumário

Introdução 9

1
A captura do outro:
o rapto de mulheres e crianças nas fronteiras étnicas do Brasil 23

    Os raptos na situação de fronteira 24

    Raptores e raptados 34

    Modos e ritos: estilos de captura e sujeição 48

2
A reprodução do capital na frente pioneira
e o renascimento da escravidão 71

    O cativeiro no capitalismo de fronteira 74

    Acumulação primitiva no interior
    da reprodução ampliada do capital 78

    Os mecanismos sociais de gestação da escravidão 87

3
Regimar e seus amigos: a criança na luta pela terra e pela vida..........101

    A criança como testemunha..102

    Recomeçando a família pelo trabalho..109

    O adulto no corpo da criança..115

4
O tempo da fronteira: retorno à controvérsia sobre
o tempo histórico da frente de expansão e da frente pioneira..........131

    Frente de expansão e frente pioneira:
    a diversidade histórica da fronteira...134

    Os confins do humano e a fronteira da história..................................141

    A disputa pela concepção de destino
    na situação de fronteira..149

    Sobrevivência e milenarismo no mundo residual
    da expansão capitalista...156

Bibliografia..181

O autor...189

Introdução

> *Des que fui entendendo por experientia*
> *ho poco que se podia fazer nesta terra*
> *na comversão do gentio*
> *por falta de não serem soyeitos,*
> *e elle ser huma maneira de gente*
> *de condição mais de feras bravas*
> *que de gente rational,*
> *e ser gente servil que se quer por medo,*
> *e com juntamente ver a pouca esperança*
> *de se a terra senhorear,*
> *e ver a pouca ajuda*
> *e os muitos estorvos*
> *dos christãos destas terras,*
> *cujo escandalo e mao exemplo*
> *abastara para não se convencer...*
>
> Pe. Manuel da Nóbrega

A fronteira, a frente de expansão da sociedade nacional sobre territórios ocupados por povos indígenas, é um cenário altamente conflitivo de humanidades que não forjam no seu encontro o homem e o humano idílicos da tradição filosófica e das aspirações dos humanistas. A fronteira é, sobretudo, no que se refere aos diferentes grupos dos chamados civilizados que se situam "do lado de cá", um cenário de intolerância, ambição e morte.

É, também, lugar da elaboração de uma residual concepção de esperança, atravessada pelo milenarismo da espera no advento do tempo novo, um tempo de redenção, justiça, alegria e fartura. O tempo dos justos. Já no âmbito dos diversos grupos étnicos que estão "do outro lado", e no âmbito das respectivas concepções do espaço e do homem, a fronteira é, na verdade, ponto limite de territórios que se redefinem continuamente, disputados de diferentes modos por diferentes grupos humanos. Na fronteira, o chamado branco e civilizado é relativo e sua ênfase nos elementos materiais da vida e na luta pela terra também o é.

Dentre as muitas disputas que a caracterizam, a que domina sobre as outras e lhes dá sentido é a disputa pela definição da linha que separa a cultura e a natureza, o homem do animal, quem é humano e quem não o é. A fronteira é um dos raros lugares na sociedade contemporânea em que essa disputa ainda tem a visibilidade que em outros perdura apenas na discussão teórica e filosófica. Neste livro, discuto aspectos dessa multiplicidade da fronteira, subestimada e negligenciada pelas Ciências Humanas. Nele, tomo a fronteira como lugar privilegiado da observação sociológica e do conhecimento sobre os conflitos e dificuldades próprios da constituição do humano no encontro de sociedades que vivem no seu limite e no limiar da história. É na fronteira que se pode observar melhor como as sociedades se formam, se desorganizam ou se reproduzem. É lá que melhor se veem quais são as concepções que asseguram esses processos e lhes dão sentido. Na fronteira, o homem não se encontra – se desencontra. Não é nela que a humanidade do outro é descoberta como mediação da gestação do Homem.

Por isso, no meu modo de ver, a figura central e sociologicamente reveladora da realidade social da fronteira e de sua importância histórica não é o chamado *pioneiro*. A figura central e metodologicamente explicativa é a *vítima*. É na categoria e na condição de vítima que podem ser encontradas duas características essenciais da constituição do humano, suas fragilidades e dificuldades, numa sociabilidade que parece *nova*, aparentemente destituída dos automatismos da reprodução social, característicos das regiões de ocupação antiga. Refiro-me à alteridade e à particular visibilidade do *outro*, daquele que ainda não se confunde conosco nem é reconhecido pelos diferentes grupos sociais como constitutivo do *nós*. Refiro-me, também, à liminaridade própria dessa situação, a um modo de viver no limite, na fronteira, e às ambiguidades que dela decorrem.

A pesquisa que resultou neste livro nos revela que a fronteira de modo algum se reduz e se resume à fronteira geográfica. Ela é fronteira de muitas e diferentes coisas: fronteira da civilização (demarcada pela barbárie que nela se oculta), fronteira espacial, fronteira de culturas e visões de mundo, fronteira de etnias, fronteira da história e da historicidade do homem. E, sobretudo, *fronteira do humano*. Nesse sentido, a fronteira tem um caráter litúrgico e sacrificial, porque nela o outro é degradado para, desse modo, viabilizar a existência de quem o domina, subjuga e explora. É nessa dimensão, propriamente sociológica e antropológica, que investigo o tema da fronteira e os desafios interpretativos que propõe em relação à sociedade em que vivemos e em relação à nossa própria condição humana. É na fronteira que encontramos o humano no seu limite histórico. É nela que nos defrontamos mais claramente com as dificuldades antropológicas do que é o *fazer história,* a história das ações que superam necessidades sociais, transformam as relações sociais e desse modo fundam e criam a humanidade do homem.[1]

Nos quatro estudos reunidos neste livro, apresento resultados de uma demorada pesquisa solitária, de trinta anos, nas frentes pioneiras do Brasil, dezesseis dos quais em diferentes ocasiões e em diferentes pontos da região amazônica.[2] Essa pesquisa baseou-se em técnicas artesanais de investigação e em técnicas de inserção pedagógica temporária nos grupos e comunidades estudados. Assumi uma espécie de papel provisório de professor itinerante que se propôs, nos grupos estudados, como mediador interpretativo no diálogo desses grupos consigo mesmos. Integrei-me, pois, no esforço que já estavam espontaneamente fazendo para compreender a violência que os vitimava e que os colocava em face de uma situação social de fim de era, como dizem; em face de um mundo que se transformava numa realidade nova e, para eles, irreconhecível.

Procurei desenvolver uma técnica que se poderia chamar de *pedagogia investigativa*, em que o pesquisador desencadeia a investigação a partir das perguntas que o grupo estudado lhe faz, perguntando através de respostas para obter novas perguntas.[3] Deixando-se interrogar e, assim, transformando-se em objeto de indagação, de deciframento do mundo de onde vem e de que faz parte, mundo que vitima esse tipo de população, mundo cuja lógica e cujas relações sociais dilaceram e condenam o mundo do camponês e do índio. Trata-se de um modo de conhecer através da vontade de conhecer e de se conhecer da própria população estudada. Desse modo é possível fazer com que o grupo estudado formule por meio de suas indagações a compreensão que tem dos acontecimentos de que é protagonista e da situação em que vive e assim exponha também seu modo de compreender e de conhecer – seu modo de produzir conhecimento, os parâmetros e critérios de sua consciência social. As perguntas que o pesquisador precisa e pode fazer, ao grupo cuja situação estuda, vem na sequência de suas respostas indagativas, a partir das chaves de indagação e de explicação que os membros do grupo já lhe ensinaram.

O material assim recolhido, isto é, o aprendizado que o pesquisador assim faz, pode ser verificado comparativamente em sucessivos e diferentes grupos, através do mesmo procedimento. É possível, então, compreender diferenças sociais e diferenças de consciência que nos remetem aos fundamentos estruturais do que observamos sociologicamente. Sobretudo, é possível compreender a diversidade das temporalidades da história, suas implicações, seu sentido e as possibilidades históricas que abre. Temporalidades que aparentemente se combinam, mas que de fato também se desencontram, na prática dos que foram lançados pelas circunstâncias da vida numa situação social em que o conflito sai de seus ocultamentos, inclusive os ideológicos, e ganha visibilidade e eficácia dramática na própria vida cotidiana de adultos e crianças.

As limitações dos estudos sociológicos, antropológicos, históricos e geográficos sobre o problema da fronteira e sua expansão interna, em diferentes países, especialmente no Brasil, podem ser facilmente reconhecidas no domínio que neles tem o favorecimento epistemológico da ideologia do pioneiro. Mesmo os autores que substituíram a figura mítica do pioneiro pela suposição equivalente de que na fronteira está a ponta da história e sua dimensão modernizadora e transformadora da sociedade, sua realidade mais dinâmica, trabalham, no fundo, com uma versão que desloca para o social uma história até então centrada na personalidade do pioneiro, do suposto herói da conquista das terras novas. Só que, agora, as qualidades do demiurgo, de herói criador, se transferem para a própria concepção de fronteira, fetichizada. E aí se nega o essencial: o aparentemente novo da fronteira é, na verdade, expressão de uma complicada combinação de tempos históricos em processos sociais que recriam formas arcaicas de dominação e formas arcaicas de reprodução ampliada do capital, como a escravidão, bases da violência que a caracteriza. As formas arcaicas ganham vida e consistência por meio de cenários de modernização e, concretamente, pela forma dominante da acumulação capitalista, racional e moderna.

As concepções centradas na figura imaginária do pioneiro deixam de lado o essencial, o aspecto trágico da fronteira, que se expressa na mortal conflitividade que a caracteriza, no desencontro genocida de etnias e no radical conflito de classes sociais, contrapostas não apenas pela divergência de seus interesses econômicos, mas sobretudo pelo abismo histórico que as separa. Na fronteira, o camponês ainda vive relações econômicas, concepções de mundo e de vida centradas na família e na comunidade rural, que persistem adaptadas e atualizadas desde tempos pré-capitalistas. Ele, que ainda está mergulhado na realidade de relações sociais que sobrevivem do período colonial, se descobre confrontado com formas tecnologicamente avançadas de atividade econômica, do mundo do satélite, do computador, da alta tecnologia. E subjugado por formas de poder e de justiça que se pautam por códigos e interesses completamente distanciados de sua realidade aparentemente simples, que mesclam diabolicamente o poder pessoal do latifundiário e as formas puramente rituais de justiça institucional.

Um estudo corretamente objetivo da fronteira depende da incorporação desse conflito em suas complexas e até misteriosas formas como a referência mais relevante da pesquisa científica, coisa que raramente a ciência tem feito. Isso significa que o pesquisador responsável deve mover-se no interior do conflito e da conflitividade, realizar sua pesquisa como se estivesse num campo de batalha, também por dentro e não só por fora; sobretudo a batalha em que os protagonistas se envolvem para desvendar os novos significados da vida decorrentes das mudanças sociais que os alcançam com a expansão da fronteira. É preciso indagar no interior da subjetividade da vítima. Não apenas porque o pesquisador deve realizar seu trabalho num cenário de guerra, com mortos e feridos. Mas também porque essa guerra põe em confronto, igualmente mortal, visões de mundo e definições do Outro que expressam uma rica e difícil diversidade de concepções do gênero humano.

Longe de ser o território do novo e da inovação, a fronteira se revela, nestes estudos, o território da morte e o lugar de renascimento e maquiagem dos arcaísmos mais desumanizadores, cujas consequências não se limitam a seus protagonistas mais imediatos. Elas se estendem à sociedade inteira, em seus efeitos conservadores e bloqueadores de mudanças sociais em favor da humanização e da libertação do homem de suas carências mais dramáticas. A fronteira é, no fundo, exatamente o contrário do que proclama o seu imaginário e o imaginário do poder que muito frequentemente se infiltra no pensamento acadêmico.

É praticamente impossível desvendar os segredos mais profundos da situação de fronteira, sua dimensão sociológica mais densa e significativa, com os instrumentos habituais da investigação reduzidos à ficção da neutralidade ética e da indiferença profissional e fingida do pesquisador. Em face dos confrontos radicais do humano e, sobretudo, em face da morte constantemente presente, é impossível pesquisar e conhecer por meio da hipocrisia convencional e pasteurizada das recomendações de manual. Sem aceitar a radicalidade do confronto que define a situação social da fronteira não se pode desvendar as fundamentais revelações sociológicas que essa radicalidade pode fazer.

Os trabalhos aqui apresentados envolvem parte dos resultados da ampla pesquisa que realizei nas frentes de expansão do país, sobretudo na Amazônia, nesses anos todos. O material básico resultante dessa investigação compreende cerca de duas centenas de horas de entrevistas gravadas no Mato Grosso, no Pará, no Maranhão, em Goiás e em Rondônia; quase onze mil extensos registros de ocorrências, principalmente conflitos envolvendo os brancos entre si e índios e brancos; cerca de cinco centenas de registros sistemáticos sobre ocorrências de escravidão por dívida e pouco mais de oito mil páginas de anotações do caderno de campo. E, além disso, centenas de documentos, especialmente boletins de paróquias e entidades de apoio às lutas camponesas e indígenas, relatórios organizados por grupos locais e cartas. A pesquisa se desdobrou em arquivos e bibliotecas, em particular na busca do material etnográfico e histórico complementar sobre temas abrangentes que me permitissem uma visão mais ampla dos tempos históricos e da duração dos processos sociais com que estava lidando.

As características altamente conflitivas da situação de fronteira que foi objeto da pesquisa em Mato Grosso, Rondônia, Acre, Amazonas, Pará, Maranhão, Goiás e o hoje estado de Tocantins inviabilizaram desde o começo um trabalho de equipe. Minha experiência inicial de pesquisa, nos anos 1960, em pontos de conflito da Alta Sorocabana, em São Paulo, já me mostrara que o trabalho de campo no estudo sociológico da fronteira tem que ser um paciente trabalho artesanal e, de preferência, solitário. Experiências de investigação em equipe, na fronteira, realizadas por outros pesquisadores, mostraram que são muitas as limitações de um trabalho assim. Raramente o conflito é apreendido e compreendido em sua complexidade sociológica e antropológica, porque esse modo de organização do trabalho de pesquisa inviabiliza o envolvimento pessoal e intenso do pesquisador na realidade que estuda. E inviabiliza, portanto, a compreensão dos códigos e concepções que a própria vítima utiliza para, por sua vez, compreender, explicar e superar o drama em que foi lançada desde "fora" de seu mundo por quem tem dinheiro e poder. Essas experiências empresariais de equipe, embora úteis, levam quase sempre ao reducionismo de higiênicos, apressados, pacíficos e ordeiros estudos sobre os aspectos econômicos e demográficos do deslocamento espacial dos vários grupos da população. Mas passam longe daquilo que é sociologicamente substantivo nesse tipo de situação, que é o conflito.

Para tentar chegar ao núcleo do conflito, o pesquisador deve ir, de preferência, sozinho ao campo, limitar seus relacionamentos aos membros conhecidos da comunidade local, sobretudo para reduzir o campo de ambiguidades que nessas circunstâncias costuma se abrir em torno de sua pessoa. É preciso não esquecer que, na situação de conflito, o *nós* está dilacerado e, no caso da fronteira, em grande parte bloqueado e inviabilizado. Todo estranho é um inimigo.[4] Em povoados do norte do Mato Grosso, ouvi pela primeira vez a palavra *chegante* e logo pude compreender na prática as sutilezas de sua definição e da superação do estranhamento. Chegante *não é simplesmente quem chega, mas quem chega para ficar, para se tornar membro do grupo*, quem compartilha solidariamente e fisicamente o destino dos que estão em busca de um lugar. Quem chega e vai embora não *fica*, pois, na concepção local, nem mesmo *chegou*. Apenas *passou*.

Em diferentes lugares e ocasiões, depois de um primeiro momento de desconfiança, vinha a tentativa de me usar de algum modo no próprio conflito, uma forma de verificar minhas intenções e minha lealdade, mas também de me incorporar como aliado. Mas, ao mesmo tempo, fui me dando conta de que, significativamente, essa incorporação nunca era uma incorporação consumada e plena. Sempre que esses grupos, enquanto eu estava no campo, se aproximaram de momentos decisivos de confronto com seus inimigos, esperaram que eu saísse do lugar para tomar decisões e agir. Ficava clara, assim, apesar de toda a cordialidade com que era recebido, minha condição de *estranho*, de não-membro do grupo. É uma ingenuidade imaginar que o pesquisador possa se tornar *participante* de grupos cuja situação social exacerba seus critérios de alteridade e torna precisa a linha que neles separa o *nós* e os *outros*. Nada tem menos sentido do que a expressão pretensiosa e tola, na boca de muitos pesquisadores, de que estes são "meus índios" ou "meus camponeses", para se referirem às populações depositárias de seu objeto de estudo. Ao definir minha inserção nos diferentes grupos como pedagógica, procurei dar direção e sentido à tentativa de manipulação que me alcançou inúmeras vezes, para poder ter o máximo de controle possível sobre o meu papel em cada situação. E o máximo de consciência das limitações dessa inserção.

Preferi deixar de lado pressupostos (e preconceitos) positivistas relativos à neutralidade do relacionamento entre o pesquisador e as populações que estuda. Numa situação de conflito, essa pretensa neutralidade bloqueia o acesso aos dados mais importantes, ciosamente guardados por aqueles que constituem os protagonistas das ocorrências e acontecimentos. Essa opção implicou, desde logo, desdobrar comparativamente minhas observações sobre um território muito extenso, como se pode ver, e desdobrá-las, também, por um tempo suficientemente longo para que o maior número de aspectos da situação de fronteira se revelasse, de preferência, espontaneamente ao pesquisador.

Optei, também, por assumir abertamente, ainda que criticamente, o lado da vítima, pois esse era o ângulo mais rico (e moralmente mais justo) para compreender de modo mais abrangente os complicados processos sociais da fronteira e a complexa inteligência que tem da situação os seus protagonistas. É possível ser correto sem deixar de ser objetivo e crítico e nisso estava, aliás, o meu papel pedagógico. Estabeleci, assim, um ponto de reparo nítido no meu relacionamento com os grupos, comunidades e pessoas que se dispuseram não só a me ajudar a entender a complexidade sociológica da situação de fronteira. E estabeleci também, desse modo, uma referência sociológica clara na orientação cognitiva da investigação e da explicação científicas. Optei por pesquisar ensinando o que sei e aprendendo o que não sei, de modo que meu relacionamento com as pessoas e grupos com os quais convivi fosse um relacionamento de duas mãos, de troca, e não, como é norma, um relacionamento de mão única. Penso que assim pude atenuar a possibilidade de nos enganarmos reciprocamente, ainda que involuntariamente.

A pior coisa que pode acontecer ao cientista social envolvido num projeto de pesquisa sobre situações conflitivas é deixar-se cercar por indefinições e ambiguidades, para ficar bem com todas as partes envolvidas, o que infelizmente é comum entre pesquisadores que têm se aventurado a realizar seus trabalhos na fronteira. A desconfiança que essa indefinição acarreta mais perturba do que beneficia o trabalho do pesquisador, privando-o do acesso a aspectos importantes da situação que os diferentes lados podem ocultar. Ao contrário, a opção pela clareza e definição da presença ainda que temporária no grupo local, ao revelar detalhes da situação e dos acontecimentos que de outro modo ficariam ocultos, expõe também, indiretamente, as ocultações do outro lado.

Minha diferente opção foi possível também porque as orientações e atuações dos principais responsáveis pela disseminação dos conflitos com populações camponesas e indígenas, os grandes proprietários de terra – grileiros ou não, legais ou não – e o Estado, estão documentadas em material escrito de mais fácil acesso ao pesquisador, em arquivos públicos e privados. O mesmo já não ocorre com as populações do campo e com as populações indígenas, que não produzem testemunhos escritos de seus dramas e tragédias. Especialmente se se tem em conta que, no meu caso, boa parte da pesquisa se desenvolveu durante a ditadura militar e em áreas particularmente visadas pela repressão policial e militar e, também, pela repressão privada de jagunços e pistoleiros dos grandes proprietários de terra.

O ambiente repressivo em que se situavam as populações com que tive contato era um fator a mais para que meu relacionamento com elas fosse estabelecido em termos da mais completa clareza. Na medida do possível, procurei avaliar continuamente o modo de minha participação temporária na vida desses grupos, de modo a corrigir interpretações a meu respeito que não fossem verdadeiras e que pudessem danificar os meus relacionamentos e o meu trabalho. E que, principalmente, pudessem causar danos a eles. E, também, de modo a aperfeiçoar a minha própria compreensão do que faziam e me diziam. Evidentemente, o controle que podia ter em relação a isso era um controle limitado, o que, aliás, verifiquei e comprovei nas ocasiões de reencontro com esses grupos.

Mesmo com esse compromisso, e, eu diria, só com ele, o pesquisador competente e cuidadoso pode obter informações objetivas sobre as sociedades e situações sociais que estuda. Obtém, assim, mais rica informação e pode, em decorrência, desenvolver interpretações mais sólidas e mais objetivas. E, portanto, socialmente úteis também às próprias populações que foram objeto de pesquisa e estudo. Convém ter em conta que os cientistas sociais não trabalham apenas nem principalmente com a informação sobre o imediatamente visível, de tipo jornalístico, um tipo de informação mais facilmente sujeito a escamoteamento, omissão e deformação. Lidam com realidades estruturais e processos de natureza histórica que não têm completa visibilidade para quem não está munido do instrumental teórico adequado para interpretar o que há por trás da fala comum e cotidiana e para compreender os sobressignificados de discursos e acontecimentos. É nesse âmbito que se situa o essencial da "verdade", aquilo que é objetivamente consistente e relevante.

A pesquisa desenvolveu-se em condições muito adversas para os padrões usuais da pesquisa sociológica. A começar pela falta de recursos, uma das razões dessa opção. Mas, também, pela situação política do país na maior parte do período de realização do trabalho, em parte feito na mesma região do território mais abrangente em que pouco antes se desenrolara a chamada Guerrilha do Araguaia e que ainda se encontrava controlada pelos órgãos de segurança e seus informantes locais.

Apesar disso tudo, ou por isso mesmo, tenho, evidentemente, imensas dívidas para com um grande número de pessoas, grupos e instituições, em diferentes lugares, que de diferentes modos viabilizaram o meu trabalho ao longo de tantos anos. O início do trabalho foi assegurado, ainda que com relutância, por um modesto auxílio da Fapesp – Fundação de Amparo à Pesquisa do Estado de São Paulo. Um suporte significativo veio, por muitos anos, do CNPq – Conselho Nacional de Desenvolvimento Científico e Tecnológico –, por meio de uma bolsa de pesquisa, que utilizei para cobrir as despesas de minhas viagens. No início do meu trabalho em Rondônia e no Pará, contei com as "caronas" dos funcionários da Sucam – Superintendência das Campanhas Especiais do Ministério da Saúde –, conhecida como Serviço da Malária, cujo exemplar serviço sanitário em recantos remotos da selva permitiram-me alcançar lugares e pessoas que, de outro modo, não alcançaria. Minhas duas décadas de envolvimento pedagógico com a CPT – Comissão Pastoral da Terra –, assessorando encontros de estudo e dando cursos sobre a situação dos trabalhadores rurais e das populações indígenas aos próprios trabalhadores e aos agentes de pastoral, muitas vezes em remotas regiões do país, foram estrategicamente fundamentais para o diversificado aprendizado do que se passava e passa no campo que adquiri nesse período.

O principal apoio veio, porém, dos próprios trabalhadores e moradores dos lugares em que fiz a pesquisa. Com sua habitual generosidade, eles me acolheram e me ajudaram. Em nenhum lugar deixei de encontrar quem me permitisse armar minha rede num canto da casa, num alpendre, numa latada, num paiol de arroz ou num tijupá de roça. E que repartisse comigo a farofa de carne-de-sol com farinha puba, o prato de arroz com feijão, um pouco de alvo beiju, uma lasca de rapadura recém-feita, um punhado de castanha-do-pará, uma porção de laranjas ou um naco de carne de caça: generosa partilha da fartura simples que quase sempre há entre os pobres do campo.

Sou-lhes, também, agradecido pela disposição de me ensinar a conhecer seu mundo difícil e ameaçado, de me familiarizar com seu conhecimento e sua interpretação desse mundo e dessas ameaças. Generosidade que se materializou ainda na proteção que me deram, em diferentes lugares, quando necessária, nas vezes em que viram que minha vida e minha segurança podiam estar correndo o mesmo risco que suas vidas corriam. As indagações que eu fazia e os relacionamentos que estabelecia com trabalhadores claramente envolvidos na resistência à expropriação de suas terras por empresas, fazendeiros e grileiros, e seus pistoleiros, a estes chegavam por meio de seus informantes, presentes em quase todos os povoados.

Não poucas vezes sofri tentativas de intimidação. Pelo menos uma vez, o rancho em que eu fazia entrevista com um trabalhador rural e sua família foi invadido por um grileiro, sem se explicar e desculpar aos donos da casa, que passou a interpelar-me agressivamente sobre meu trabalho, enquanto seus guarda-costas esperavam do lado de fora. Uma outra vez um desconhecido agarrou-me e tentou esfaquear-me: ele pensou que eu fosse a pessoa a cuja casa me dirigia e onde me hospedaria, pessoa ameaçada de morte por seu envolvimento, na região, nas lutas indígenas e camponesas pela terra e por sua oposição à ditadura. Algumas das entrevistas que realizei, especialmente no Maranhão, foram feitas às escondidas, à noite, fora dos povoados, porque as pessoas estavam ameaçadas de morte ou sendo procuradas pela polícia e não podiam retornar a suas casas. Houve ocasião em que, até mesmo, fui retirado às pressas pelos moradores do povoado em que me encontrava, com minhas coisas, meus cadernos, documentos e gravações, porque a situação se tornava nitidamente perigosa para mim, e levado em segurança para outro lugar. No meu modo de ver, esses e muitos outros episódios de adversidade não foram meras contingências da pesquisa que fiz e não estão aqui citados para folclorizar as tribulações do meu trabalho de campo. Eles constituem componentes reveladores dos processos sociais que estudei, e também documento, numa circunstância em que o pesquisador se viu involuntariamente lançado numa situação um pouco parecida com a da pesquisa experimental, sendo ele próprio parte do experimento.

Tenho consciência de que na maioria dos lugares em que estive, porque essa era uma opção necessária de meu trabalho, cheguei em momento particularmente grave do conflito entre camponeses e pessoas ou grupos que alegavam direitos sobre as terras por eles ocupadas e cultivadas há muito, às vezes, há várias gerações. As dificuldades pelas quais passei são, porém, ínfimas, em relação à violência que alcançava as populações com que trabalhei, homens, mulheres e crianças. Pelo menos uma dezena de pessoas que conheci e que me acolheram, pessoas com as quais conversei e convivi, foi assassinada nos meses e anos seguintes, como outras tantas já haviam sido mortas antes de minha chegada.

Em memória delas escrevi este livro, modesto anúncio de sua tragédia, de suas lutas, de sua coragem e de suas lições de vida, para que do fundo de seu silêncio a esperança ainda se faça grito e palavra.

No Tempo do Advento,
numa manhã de chuva, em dezembro de 1996.

* * *

Nota à 2ª edição

O ciclo histórico da fronteira ainda não acabou. O presente da sociedade brasileira continua determinado e regulado, em boa parte, pela dinâmica da expansão territorial e seus confrontos sociais e étnicos. A fronteira tem sido, entre nós, um sujeito político. O Brasil da Conquista ainda não está terminado, ainda é mal esboçado mapa do que seremos um dia. Nossos dramas estão de pé, não raro resvalando para as tragédias descabidas dos massacres e dos assassinatos sacrificiais de índios e de trabalhadores da frente de expansão com que pretendemos nos ungir para ganhar espaço e seguir adiante.

Nossa identidade nacional se constrói sobre o canibalismo simbólico que devora no outro o que queremos ser, na constituição problemática de um nós edificado sobre a alteridade intolerante de uma visão missionária do mundo e do homem. É na fronteira que nasce o brasileiro, mas é aí também que ele se devora nos impasses de uma história sem rumo. Decifrar a fronteira fundante do que somos é mergulhar nos desvendamentos por meio dos quais podemos nos reconhecer no conhecimento do que a sociedade brasileira é.

A fronteira não é um momento folclórico da grande aventura em que se constitui a história do Brasil. É um pilar na estrutura da sociedade brasileira, uma cruz a ser carregada, o débito de uma vitória histórica que nos instiga a aceitar que chegou o tempo de orientar para perto o olhar viciado no longe dos confins da sociedade liminar que temos sido. Perdidos na alteridade da captura do outro, ainda não decidimos nem aprendemos a capturar o nós das nossas esperanças históricas. Enigmas do vazio no caminhar sem rumo.

Notas

[1] Centralizo, pois, minha interpretação da historicidade do homem em Karl Marx e Friedrich Engels, *L'Idéologie allemande*, trad. Renné Cartelle, Paris, Éditions Sociales, 1962. Dou continuidade a uma busca interpretativa que, entre nós, começa com Antonio Candido, *Os parceiros do Rio Bonito*: estudo sobre o caipira paulista e a transformação dos seus meios de vida, Rio de Janeiro, Livraria José Olympio Editora, 1964.

[2] O tema do projeto de pesquisa é "Tensões sociais nas frentes de expansão da Amazônia Legal". Os textos aqui reunidos se baseiam nos materiais recolhidos na execução desse projeto.

[3] Trata-se de técnica diferente da chamada *pesquisa participante*. Com a pesquisa participante, o que o sociólogo faz é assessorar a comunidade estudada para que faça pesquisa sobre si mesma. No que estou chamando de *pedagogia investigativa*, a pesquisa é conduzida pelo sociólogo, no interior, porém, do processo de investigação sociológica, em que pesquisa é, ao mesmo tempo, parte do trabalho pedagógico destinado a mostrar ao grupo ou comunidade o lado oculto dos processos sociais e o sobressignificado de suas relações e ações sociais de implicação histórica.

[4] De um sacerdote amigo, missionário no norte do Mato Grosso, que tem dedicado grande parte de sua vida a servir humildemente aos outros, ouvi uma significativa definição de sua opção pela chamada missão encarnada e seu empenho em fazer-se igual aos pobres do lugar. Um camponês lhe disse: "Você está apenas nos arremedando, pois pode voltar para sua terra e sua família quando quiser. E nós não temos para onde ir. É por isso que não somos iguais."

1

A captura do outro: o rapto de mulheres e crianças nas fronteiras étnicas do Brasil

"Menino Tapirapé" (Aldeia Tapirapé – MT, 1976)

Os raptos na situação de fronteira

Ainda se conhece mal o que os antropólogos definiram, nos anos 1950, como frente de expansão da sociedade nacional sobre territórios dos povos indígenas. Movimento de expansão territorial que, invariavelmente, resultou e tem resultado no massacre das populações nativas, sua drástica redução demográfica e até seu desaparecimento. O deslocamento progressivo das *frentes de expansão* tem sido, na verdade, um dos modos pelos quais se dá o processo de reprodução ampliada do capital, o da sua expansão territorial. Um *outro momento desse modo* de expansão tem sido o que se dá através do deslocamento das chamadas *frentes pioneiras*.[1] Ambas, na verdade, são faces e momentos distintos da mesma expansão.

Se o "lado civilizado" dessa expansão, o lado do vencedor, é razoavelmente conhecido, o é ainda por meio de um conhecimento muitas vezes severamente mutilado por pressupostos ideológicos facilmente identificáveis, seja os do senso comum, relativos à "mitologia heroica" do chamado pioneiro, seja os do etnocentrismo dos brancos a que não são imunes especialmente os sociólogos, seja os do conhecimento pseudocientífico, relativos à suposta fecundidade histórica do capitalismo transitório. Já o lado dos vencidos e subjugados e, portanto, das populações indígenas, enquanto "lado", é praticamente desconhecido dos cientistas sociais, em particular dos sociólogos e historiadores. Há uma abundância relativa de excelentes estudos antropológicos sobre essas populações, sobre a situação propriamente de contato e encontro entre a sociedade civilizada e as sociedades indígenas. Porém, a realidade social singular que decorre desse encontro quase sempre conflitivo ou, ao menos, friccional, como sugere Roberto Cardoso de Oliveira (1964), tem um lugar insignificante e, às vezes, até imperceptível, sobretudo na Sociologia.

No entanto, a situação de contato, a sociabilidade que demarca a convivência, dominada pela diferença e pelo desencontro étnicos no espaço ainda indefinido da frente de expansão, constitui uma realidade sociológica *sui generis*. Embora marcada por uma transitoriedade notória e menor do que a das durações históricas das sociedades e grupos que ali se encontram e se confrontam, o calendário dessa convivência complicada é mais extenso do que parece. Sua durabilidade tem se estendido por gerações e marca até profundamente a cultura peculiar que daí decorre. Não é surpresa, pois, que nas frentes de expansão de Goiás (e, agora, de Tocantins), do Mato Grosso, do Pará, do Maranhão, de Rondônia, do Acre, do Amazonas o pesquisador se veja rotineiramente conversando com "civilizados" cujo discurso se apoia numa concepção dual dos seres humanos – cristãos (os civilizados) e caboclos (os índios), homens e pagãos, ou humanos e não-humanos. Um sistema classificatório básico que nos remete imediatamente aos primeiros tempos do Brasil Colônia, e da expansão, em que essas categorias demarcavam com mortal severidade, como ainda hoje, de certo modo, os limites étnicos dos pertencentes e dos não pertencentes ao gênero humano.[2]

A compreensão da sociabilidade característica da frente de expansão depende justamente de reconhecer nessa dicotomia um ponto de partida e de nela ver o que tem de revelador. É ela que permeia o relacionamento e o estranhamento entre os sociologicamente conviventes. Quando inevitavelmente se reconhece que a situação de fronteira é uma situação de conflito ou de fricção,[3] que se oculta e se revela nessa dicotomia, é necessário reconhecer que o "lado de lá" da fronteira, o das populações indígenas, também *define* a convivência e o estranho que a protagoniza, que é o "civilizado". Nesse sentido, a expressão material e visível do conflito que dá substância à peculiaridade da situação de fronteira está nos numerosos ataques dos regionais às tribos indígenas nestas últimas décadas. E está, também, nos igualmente numerosos ataques dos diferentes grupos indígenas às populações regionais e, mais especificamente, ainda em meados dos anos 1990, às grandes fazendas instaladas nas extensas áreas invadidas de seus territórios.[4]

As populações indígenas têm mais do que resistido à invasão e à espoliação branca e capitalista de seus territórios. Assim como a violência do branco se manifesta na tentativa de desfigurá-las culturalmente, elas também têm indicado, em suas lutas, o que lhes é insuportável e indecifrável no que para muitas delas é uma nova situação, que é a situação de fronteira, criada pela expansão territorial do grande capital e da sociedade civilizada. Elas organizam sua inteligência dessa expansão de conformidade com a lógica própria dos diferentes grupos tribais, de conformidade com os valores e concepções que dão sentido à sua vida e aos diferentes modos como os diferentes grupos a organizam. Aparentemente, em termos muito gerais, o que os povos indígenas estão definindo lentamente, por implicação, em seus confrontos com os brancos é uma situação de convivência marcada pela pluralidade cultural e social e pelo estabelecimento de um espaço inteiramente novo na relação com o *outro*, que seja um espaço de afirmação e reconhecimento da diferença que dá sentido à existência dos diferentes povos.

Nesse *outro lado* também estão determinações que dão sentido à dialética da fronteira. Fica difícil compreender até mesmo as amplas repercussões políticas da conflitividade da frente de expansão se reduzimos a sua compreensão aos aspectos propriamente materiais e econômicos desse processo. Como fica igualmente difícil compreendê-lo em todas as suas implicações se nossa compreensão for reduzida ao pressuposto de que as sociedades indígenas apenas se preservam no confronto, não se deixam de algum modo invadir e modificar pela mediação direta ou indireta do estranho e do eixo definidor de sua presença invasiva e violenta, que é a propriedade da terra.

Aí, também, estamos em face de outra peculiaridade da situação de fronteira que é, ao mesmo tempo, definidora da modalidade do desenvolvimento capitalista em nossa sociedade. Diversamente ou, ao menos, com muito maior intensidade do que aconteceu em outras sociedades capitalistas, entre nós o capital depende acentuadamente da mediação da renda da terra para assegurar a sua reprodução ampliada. Por meio dela, recria mecanismos de acumulação primitiva, confisca terras e territórios, justamente por esse meio atingindo violentamente as populações indígenas e, também, as populações camponesas. É que em grande parte essa reprodução depende da mobilização de meios violentos e especulativos para crescer em escala e, portanto, para que o capital possa reproduzir-se acima da taxa média de rentabilidade, com vantagens em relação a outros investimentos cuja localização geográfica lhes permita reter parcelas maiores da mais-valia realizada.

A diversificação das modalidades de reprodução ampliada e territorial do capital está diretamente relacionada com a mediação da renda da terra. De um lado, porque há distâncias do empreendimento agrícola, pecuário ou extrativo, em relação aos mercados de seus produtos, que permitem extrair do processo econômico a renda territorial absoluta e diferentes formas de renda diferencial. De outro, porque há distâncias que só permitem a extração de uma das modalidades de renda diferencial. De outro, ainda, porque em certas circunstâncias o lucro e a renda, ainda que mediados pelo capital, somente são possíveis se o trabalhador expropriado da terra e engajado na produção agropecuária for submetido a formas de superexploração de sua força de trabalho.[5] São estes últimos os casos de escravidão por dívida e outras variantes do trabalho cativo. Desse modo, o comprometimento da sobrevivência do próprio trabalhador assegura equiparação dos rendimentos da empresa situada nos extremos da expansão territorial do capital àquelas localizações em que é possível organizar a composição orgânica do capital de modo "normal", isto é, sem que o salário seja rebaixado a aquém dos mínimos vitais que assegurem a reprodução da força de trabalho.[6]

Esse quadro já nos indica uma certa diversidade histórica nas determinações do processo do capital, uma certa combinação de ritmos e tempos históricos desencontrados na definição da realidade social desse processo. Isso quer dizer que ele se caracteriza, também, por uma grande diversidade de relações sociais e por uma certa variedade de culturas dos grupos locais e regionais. A expansão do capital e da sociabilidade de que ele é agente não implica necessariamente na supressão súbita das diferenças que tornam peculiares os diferentes grupos envolvidos na situação de fronteira. Nessa perspectiva, é pouco verdadeiro o pressuposto de uma tendência linear e radicalmente compulsória em direção à racionalização da vida social, sua secularização e desencantamento, sua tendência evolutiva na direção da individualização das pessoas e do predomínio de relações sociais de tipo contratual, especialmente nas esferas públicas da vida social. Se nas pontas mais extremas e desenvolvidas do processo capitalista, nas chamadas sociedades metropolitanas, isso pode ser em grande parte verdade, no extremo oposto o que temos é o contrário. Como se nele as pessoas e os grupos sociais vivessem numa espécie de atraso social e histórico crônico.

A dinâmica desse processo de desenvolvimento desigual e simultâneo ainda é mal conhecida, desfigurada por juízos de valor comprometidos com o pressuposto do progresso, da razão, da liberdade e do desenvolvimento econômico inexorável. No mínimo estamos em face de uma certa lentidão do processo histórico, determinada em grande parte pelas próprias características de desenvolvimento rápido nas sociedades e situações sociais do outro extremo.

No "polo atrasado" desse movimento há uma situação social complexa que envolve desencontros próprios de uma coetânea diversidade de tempos históricos cuja peculiaridade está em que é vivida pelas mesmas pessoas. As mesmas pessoas têm os diferentes momentos de sua vida atravessados, às vezes num único dia, por diferentes temporalidades da história. É o que ocorre quando grupos tribais que só recentemente passaram do machado de pedra para o machado de aço, como é o caso dos kamayurás, ou que só nas últimas décadas deixaram o canibalismo ritual, como é o caso dos rikbáktsas, dos mundurukús ou dos pakaás-novas, ao mesmo tempo entram na era do avião, da máquina fotográfica e da filmadora. Ou que, ainda usando batoques labiais, signo distintivo de seu grupo tribal, viajam aos países mais ricos e civilizados para expor sua situação e defender seus direitos e seu modo de vida, como ocorreu com o cacique Raoni, dos txukahamães, não faz muito tempo.

Meu propósito, neste texto, é o de examinar um dos aspectos dessa singularidade das frentes de expansão no Brasil através do estudo do rapto de pessoas, sobretudo mulheres e crianças, seja pelos grupos tribais entre si, seja pelas tribos indígenas em relação aos regionais, seja pelos regionais em relação ao índio. Num levantamento preliminar e exploratório, consegui arrolar 150 ocorrências, algumas vezes referentes a um número indeterminado de pessoas envolvidas, sempre mais do que uma. Esses casos cobrem pouco mais de cem anos, sobretudo na Amazônia, mas também nas frentes de expansão de São Paulo e de Santa Catarina, nas primeiras décadas do século xx. A ocorrência mais antiga é de 1877 e a mais recente é de 1984.

Comecei a perceber a importância desse tema em duas diferentes ocasiões de uma ampla e demorada pesquisa sobre os conflitos na frente de expansão da Amazônia Legal, realizada de 1976 a 1992. Em 1977, quando me achava em Rondônia, nas regiões de Ji-Paraná, Jaru e Ariquemes, fiquei sabendo do caso do rapto consentido, ocorrido no ano anterior, da jovem filha de colonos capixabas Arminda, pelo também jovem índio suruí Oréia. O caso terminou com a recaptura de Arminda por seus parentes e seu envio para o Espírito Santo, e o assassinato e mutilação de Oréia por eles. A reação dos índios suruís à violência dos brancos e o clima de ódio contra Oréia por parte destes, inclusive por parte do delegado regional da Funai, com quem conversei a respeito, sugeriam que o rapto servia como foco de condensação (e era revelador de seus aspectos mais complicados) do amplo conflito que envolvia índios e brancos.[7] Em grande parte, porque a paixão de Arminda e Oréia, e o rapto consentido dela decorrente, punha em questão o sentido da alteridade que permeava as relações de brancos e índios e acrescentava complicadas dimensões simbólicas à prática e ao sentido tradicional do rapto de mulheres.

Dois anos depois de minha primeira estada em Rondônia, os índios uruéu-wau-waus, ainda não pacificados, que estavam reagindo sistematicamente à invasão de suas terras pelos colonos, especialmente no Projeto Burareiro, atacaram e mataram dois jovens irmãos da família Prestes Rosa e raptaram o mais jovem, Fábio Prestes Araújo, de seis anos, no final de outubro de 1979.[8] Expedições foram organizadas pela família, com apoio de vizinhos e outras pessoas de Ariquemes, para resgatar o menino e punir os índios. O menino não foi encontrado, mesmo depois do início da pacificação dos uruéu-wau-waus.

Embora esses conflitos estivessem centrados na questão da invasão dos territórios indígenas pelos colonos brancos, e esse era certamente seu aspecto mais grave, tinham e têm, porém, componentes que envolvem uma complexa disputa pela concepção de pessoa e de humano entre índios e brancos.

Pela mesma época, em 1979, no então povoado de Santa Terezinha, à beira do rio Araguaia, no norte do Mato Grosso, próximo da aldeia dos índios tapirapés, notei numa manhã que havia uma certa tensão entre as pessoas com as quais estava em contato. Explicaram-me que alguém vira um grupo de índios kayapós vindo na direção do povoado ou, talvez, na direção da aldeia dos tapirapés. Em décadas passadas estes últimos quase foram exterminados nos ataques dos kayapós, especialmente o ataque dos gorotires em 1947, quando houve, também, rapto de mulheres e crianças.[9] Em consequência, alguns tapirapés sobreviventes perambularam desgarrados pelas matas da região, entre 1947 e 1950, com a tribo praticamente extinta.[10] Poucos anos antes de minha estada em Santa Terezinha e de minha visita à aldeia tapirapé, uma última família de refugiados desgarrados, a do pajé Camairá, foi encontrada e reconduzida à tribo.[11]

Tanto entre brancos como entre índios, um dos aspectos dramáticos da expansão da fronteira parecia manifestar-se nos raptos de parte a parte e tudo indicava que era por meio deles que o imaginário da frente de expansão melhor definia as singularidades da situação de fronteira. Isso ficava patente na presença viva do assunto, às vezes anos depois das ocorrências.

Sociólogos, geógrafos, agrônomos e economistas que trataram do tema da frente de expansão, e também alguns antropólogos, omitiram-se completamente em relação ao assunto. Em parte porque puseram todo seu interesse nos aspectos propriamente econômicos da expansão, sobretudo equivocadamente preocupados com a definição do modo de produção que lhe dava sentido. Em parte porque, de certo modo, assumiram a ideologia da fronteira e dela trataram unicamente do ponto de vista da expansão da sociedade nacional ou, frequentemente de modo até mais pobre, expansão do modo capitalista de produção. Num país em que ainda havia povos indígenas desconhecidos e, provavelmente, ainda há, a questão do encontro (desencontro) étnico ficou inteiramente fora do interesse desses pesquisadores. Essa omissão apenas evidencia uma certa limitação de perspectiva para lidar com a complexidade cultural e social de situações singulares à margem dos processos sociais dominantes e de maior visibilidade.

Têm sido os etnólogos os autores das melhores contribuições para situar o problema étnico na história social da frente de expansão. Embora frequentemente não estejam preocupados com a fronteira propriamente dita, como tema central de investigação, têm sido eles quase que os únicos pesquisadores a considerar a *situação de fronteira* como lugar social de alteridade, confronto e conflito. E a incluírem o "outro lado", a frente de expansão, como um elemento de referência, ainda que o façam de modo abstrato e quase sempre sem levar em conta suas efetivas determinações históricas. Assim como têm sido eles justamente críticos em relação aos outros cientistas sociais que pensam o índio como índio genérico, também eles têm pecado por pensar o branco como um branco genérico (que muitas vezes nem branco é).

Curiosamente, os etnólogos e cronistas só tem se interessado pelos raptados, mais do que pelos raptos, na medida em que por meio deles sobretudo as concepções do parentesco e da sua estrutura revelam seus aspectos mais ocultos ou menos perceptíveis.[12] A situação do raptado faz dele uma espécie de sujeito experimental, um corpo estranho introduzido na situação tribal ou na sociedade civilizada, que por isso torna possível observar concepções e orientações estruturais que, de outro modo, não poderiam ser observadas ou o seriam com dificuldade.

Há um certo número de informações sobre raptos na bibliografia etnológica que utilizo, mas rigorosamente falando não há tentativa de perceber o *rapto como processo que se situa no limite de sociedades diversas e até opostas e que por isso mesmo é definidor de uma situação social inteiramente nova*, produzida pelo contato interétnico ou entre grupos étnicos em conflito ou antagônicos. Enfim, o rapto é mais do que ele próprio; é sobretudo um documento ou, mais apropriadamente, expressão do que se poderia definir como *situação social documental*.

Além disso, o rapto define o caráter propriamente trágico da fronteira. Frequentemente, ele é alternativa para a morte da vítima, tanto do lado do branco quanto do lado dos índios, ainda que por consequência de diferentes fatores culturais. Não raro, o raptado é o que não foi morto num ataque em que outras pessoas o foram, frequentemente membros de sua família. Não obstante, as evidências colhidas indicam que o rapto se configura como uma espécie de morte cultural e social. É fora de dúvida que a fronteira é um lugar de morte e já há hoje instituições que justamente se preocupam, com razão, em divulgar e denunciar o número de mortos e seus respectivos nomes. Porém os casos de rapto mostram que essa questão é mais complexa do que se pode perceber por trás da palavra assassinato. No caso dos conflitos étnicos, nem sempre o caráter trágico da fronteira se configura na morte, mas sim no rapto. A preocupação com a morte como fim é uma preocupação de brancos. Mas certamente não é nela que se esgota o sentido trágico da fronteira.

A propósito justamente do rapto entre os tupinambás, para fins sacrificiais, no século XVI, Florestan Fernandes fez observações fundamentais para a compreensão dos seus aspectos que não se esgotam na palavra morte, embora se revelem na morte praticada através do canibalismo de natureza religiosa.[13] Castro, num estudo fundamental, retomando recentemente a obra de Florestan Fernandes, mostrou que entre os tupis o canibalismo simbólico é meio de constituição de sua própria concepção de pessoa. Sendo suas sociedades destituídas de um "núcleo interior", dependem da alteridade do inimigo e de sua ingestão para se constituírem como pessoas.[14] Uma alteridade, portanto, em que o *outro* ganha sentido unicamente por sua falta de sentido, como vítima propiciatória ou vítima sacrificial.

Aracy Lopes da Silva, em relação aos jês, constata a "necessidade lógica dos muitos 'outros' com que [...] se constrói a noção de pessoa e de identidade individual" nessas sociedades. O ser xavante, o ser bravo, "exercita-se na guerra, na oposição declarada e violenta ao inimigo máximo (o branco), excluído da rede de alianças possíveis". Na falta dele, em consequência da aceitação de uma "relação de dominação por parte dos brancos" ele é "substituído pela onça: igualmente outro, elemento da natureza, assim como o branco excluído do universo cultural xavante".[15] Aqui, na alteridade igualmente sacrificial do branco, o outro é objeto, instrumento, e não objetivo; tem na onça e no animal, no não-humano, um equivalente que proclama sua desumanização.

Penso que aí estão contribuições essenciais para a compreensão da dimensão propriamente sociológica do rapto e sobretudo para compreender que sob a mesma palavra rapto se escondem imaginários (e confrontos, conflitos e necessidades) inteiramente diversos entre si.

Os raptos, no meu modo de ver, constituem processos privilegiados para observar a complexa costura da "situação de contato como totalidade", como a define Roberto Cardoso de Oliveira,[16] quando pensada na perspectiva que estou sugerindo, que é a de *situação de fronteira*. Isto é, quando pensada não só em relação à questão da *alteridade*, mas também em relação à questão das definições culturais do *limite do humano* pelos diferentes grupos sociais e étnicos que a fronteira põe em confronto. Trata-se, pois, de uma situação singular de conflito por meio da qual a totalidade se propõe como referencial que dá sentido não só aos raptos em si mesmos, mas àquilo que eles sugerem e revelam como expressões das modalidades de encontro no desencontro que a fronteira propõe.

Nesse sentido, estamos num terreno interpretativo bem diverso do sugerido por Turner, cuja ideologia da fronteira, mais do que teoria da fronteira, tem sido invocada por alguns estudiosos para explicar a dinâmica de nossa frente de expansão.[17] Justamente por ter omitido a luta pela terra e a invasão dos territórios indígenas em sua própria sociedade, Turner, certamente, não é a melhor referência para pensarmos a complicada conflitividade da fronteira.[18] Na mesma linha, certamente o caso da frente de expansão brasileira, como provavelmente o caso de outros países, não corresponde à idílica suposição de que a fronteira é o lugar de concepções e práticas democráticas de autogestão e liberdade, na medida em que o homem da fronteira estaria menos sujeito aos constrangimentos da lei e do Estado, e mais sujeito à própria iniciativa na defesa de sua pessoa, de sua família e de seus bens.[19] O fato de que os linchamentos, na sociedade americana, tenham surgido justamente na fronteira já é indicação da violência que atravessou-lhe a história.[20] Em nosso caso, é evidente, na ausência expressa e direta das instituições do Estado, o domínio do poder pessoal e a ação de forças repressivas do privado se sobrepondo ao que é público e ao poder público, até mesmo pela sujeição dos agentes da lei aos ditames dos potentados locais. Portanto, um comprometimento radical de qualquer possibilidade de democracia, direito, liberdade e ordem. Não só a fronteira é o lugar privilegiado da violência privada, mas é também, em decorrência, o lugar privilegiado de regeneração até mesmo de relações escravistas de trabalho.

O recurso, neste estudo, aos casos de rapto de mulheres e crianças não tem por objetivo, certamente não por objetivo principal, o questionamento dessas ideias. Apenas tenho como referência que estudos como este, de algum modo, ainda que involuntariamente, concorrem para esse questionamento até necessário. O recurso a esses casos tem por objetivo enriquecer a perspectiva de compreensão do problema da fronteira enquanto, também, fronteira étnica, fronteira de destinos, de historicidades desencontradas, de tempos que não fluem simultaneamente na mesma direção.

Estou consciente de que é quase um atrevimento trabalhar com um tema que me obriga a incursões de competência duvidosa no território em que os etnólogos de nosso país, e os que aqui realizam suas investigações, têm construído uma reputação das mais honrosas. Faço-o, porém, impelido pela necessidade de ampliar as perspectivas do meu trabalho de muitos anos sobre a fronteira, durante os quais, aliás, os estudos desses colegas foram essenciais para atenuar a tentação ingênua de reduzir meu campo de observação ao "mundo dos brancos", se é que ele realmente existe, mesmo numa perspectiva fenomenológica.

Por outro lado, por essa mesma razão, estou consciente de que minha contribuição ao estudo deste tema fica circunscrita a sugestões e indagações que podem ser úteis ao seu aprofundamento sistemático. Em parte, essas indagações estão fundadas no confronto de perspectivas sugeridas pelos etnólogos com as perspectivas sugeridas pelos sociólogos. Na medida, por exemplo, em que os etnólogos dizem que as sociedades tupis têm um núcleo interior vazio que as obriga a buscar na relação antagônica com o inimigo os conteúdos de que carecem, estão sugerindo ao sociólogo um problema quando se trata de explicar que essa alteridade, com a expansão da fronteira, através dos raptos, obviamente alcança os "civilizados" e não os alcança nos termos épicos de sua ideologia de pioneiros e superiores. Do mesmo modo, se as sociedades jês constroem-se segundo um padrão oposto ao dos tupis, como se elas fossem centro e conteúdo de um universo fechado, está posto um problema para o sociólogo quando esse fechamento não impede que os kayapós raptem crianças dos "civilizados" de suas regiões.[21]

A expansão da fronteira parece mais indeterminada do que supõem sociólogos e antropólogos. Ela não só expande a sociedade nacional sobre territórios tribais, mas ao mesmo tempo expande o âmbito de circulação espacial e as condições modificadas da reprodução das sociedades tribais que conseguem sobreviver às doenças e ao extermínio. Essa expansão tem contrapartida e desdobramentos do outro lado da fronteira étnica. O esfacelamento do crânio de um branco e a ingestão de suas carnes no canibalismo ritual de algumas tribos indígenas, até um período relativamente recente, como a dos mundurukús e a dos rikbáktsas, revela um modo próprio de lidar com o pioneirismo da fronteira. Mesmo no grande número de casos que não terminaram desse modo, os raptados percorrem, segundo as poucas evidências que se têm, o caminho de um canibalismo simbólico que de modo algum parece culturalmente desconectado da refeição propriamente antropofágica.

Raptores e raptados

Os dados reunidos de 150 casos de rapto de pessoas, alguns dos quais, na verdade, não envolvendo indivíduos isolados, mas grupos de raptados, num período de pouco mais de cem anos, indicam algumas regularidades que podem ser o ponto de partida de uma tentativa de sua compreensão. Trabalhei com a suposição de que há diferenças substantivas na concepção de rapto por determinados grupos em relação a outros grupos. Usei como referência as diferenças já indicadas por etnólogos entre dois grandes troncos linguísticos: os tupis e os jês. A esses dois grupos agreguei um terceiro, constituído de outros indígenas, e, obviamente, um quarto grupo, constituído dos brasileiros da população regional.[22] Os estudos sobre os tupis e os jês indicam que as tribos desses dois troncos linguísticos têm orientações lógicas e cognitivas em relação a outras tribos e outros grupos muito diferentes entre si e razoavelmente similares no interior de cada grupo. Como estou supondo que os raptos ocorrem orientados basicamente pela concepção que os raptores têm a respeito das tribos ou grupos cujos membros raptam, esse pressuposto é não só útil, mas sobretudo indispensável. Evidentemente, há também constantes que se superpõem às diferenças que podem ser observadas nesses grandes grupos: um massacre praticado contra os brancos por um bando de jovens suruís (tupi) impõe aos participantes um período ritual;[23] do mesmo modo que um massacre praticado também contra brancos por um bando de jovens kayapós-gorotires (jê) impõe aos participantes um período de purificação ritual segundo os costumes e concepções de sua tribo.[24]

De fato, o quadro que organizei dos raptos, nesse período, de certo modo confirma a diferença suposta. Essa diferença, no que diz respeito a esse tema, não cobre obviamente o complexo elenco de diferenças culturais que separam as diferentes tribos indígenas umas das outras, inclusive entre as de um mesmo tronco linguístico ou as de uma mesma nação ou ainda de uma mesma tribo. Além disso, o rapto cumpre funções distintas nos distintos grupos e é definido em cada um a partir de esquemas de significados específicos. Convém, no entanto, fazer uma indicação geral introdutória a esses dados, comparando de início raptores indígenas e raptores "civilizados", pois o que aqui se busca é compreender a mediação do rapto na definição da situação de fronteira que decorre do movimento da frente de expansão da sociedade nacional.

Recolhi dados sobre 120 casos de rapto praticados por grupos indígenas e apenas 26 raptos praticados por "civilizados". Os indígenas raptados por "civilizados" são exceções num quadro geral de ataques de extermínio, o que explica o reduzido número dos capturados vivos. É evidente que se recuássemos para um período um pouco mais antigo, até o começo do século XIX pelo menos, ainda encontraríamos expedições punitivas praticadas em nome da chamada "guerra justa", destinadas de fato a capturar e escravizar indígenas e a matar aqueles cuja escravização era inviável ou não lucrativa, caso dos velhos, por exemplo. É verdade que indicações há de captura de índios para sua escravização nos seringais da Amazônia ainda nas primeiras décadas do século XX e que ainda há tribos indígenas submetidas ao cativeiro da peonagem ou escravidão por dívida nos tempos recentes.[25]

Mas, cessada formalmente a escravidão indígena,[26] a caça ao índio ganhou uma nova dimensão, muito mais grave – a da genocida limpeza de áreas cobiçadas e invadidas pelos brancos para abertura de novas fazendas. O que tem estado em jogo é a conversão dos territórios indígenas em terras destinadas à agricultura ou à pecuária e, sobretudo, à produção de renda territorial. Foi assim na "limpeza" do território dos índios xoklengs, em Santa Catarina, no início do século XX, pela ação dos bugreiros, caçadores profissionais de índios, pagos para exterminá-los. Excepcionalmente, preservavam a vida de crianças e, eventualmente, de mulheres adultas, e as raptavam para doá-las a famílias de colonos das áreas de colonização.[27] O mesmo tipo de bugreiro profissional atuou na mesma época no oeste e noroeste de São Paulo, sobretudo contra os índios kaingangs, e só excepcionalmente salvou do extermínio algumas crianças.[28]

O quadro que foi possível construir com base em informações esparsas recolhidas em narrativas de viajantes e em trabalhos de etnógrafos sugere que cada um dos quatro grandes grupos (*tupi, jê, outros índios* e *regionais*) parece ter um padrão próprio de prática do rapto. Os maiores raptores foram os jês, com mais de 50% dos casos; em segundo lugar, os tupis; depois os regionais; e, em número pequeno, os membros de outros grupos indígenas. Os tupis raptavam preferencialmente os próprios tupis, em segundo lugar os regionais, em terceiro os jês e por último os índios não enquadrados nos dois principais troncos linguísticos. Os jês, por seu lado, raptaram preferencialmente os regionais e, em número menor, os tupis e os outros grupos indígenas. Mas é pequeno o número de raptos de jês pelos próprios jês. Os outros grupos indígenas raptavam sobretudo membros do mesmo grupo e, em segundo lugar, os regionais.

Do lado dos raptados, o quadro é evidentemente diverso. A maior parte dos raptados é constituída por regionais, em segundo lugar pelos tupis, em terceiro por índios de outros grupos e finalmente pelos jês. Os tupis eram na maior parte dos casos raptados pelos jês e, em proporções iguais, por outros tupis e pelos regionais. Os jês eram predominantemente raptados pelos regionais e em segundo lugar pelos tupis; poucos pelos próprios jês. Os de outros grupos, eram raptados sobretudo pelos jês e em proporções iguais por membros de outros grupos e pelos regionais; poucos pelos tupis. Já os regionais, brasileiros, que tem o maior número de raptados, eram basicamente raptados pelos jês e muito secundariamente pelos tupis. Em alguns casos, para a prática do canibalismo ritual, como foi observado entre os rikbáktasas.

Essas informações indicam que o rapto nas fronteiras étnicas[29] *não é apenas* o desdobramento de uma lógica tribal em que o grupo se reproduz pela mediação do *outro*, de que o raptado é um dos componentes, como parece próprio do universo tupi. O grupo que raptou em maior número, o dos jês, e isso quer dizer basicamente os kayapós, no que ao *outro* se refere, tem uma lógica interior diversa da dos tupis. Embora passe pela necessidade de reconhecimento (e da morte) de um inimigo no *outro*, não passa necessariamente, porém, por algum procedimento real ou simbólico de incorporação física e antropofágica desse *outro* sob a forma de deixar-se contraditoriamente interiorizar por ele.[30] Os raptos indicam desdobramentos e variações das concepções de alteridade presentes nas diferentes sociedades tribais. Mesmo tendo-se em conta que a morte do inimigo está no centro da relação com o outro, o rapto indica que a mediação dessa alteridade não se cinge a um conceito estrito de morte. Em consequência, não se cinge, também, a um conceito estrito de rapto, pois nesse contexto o rapto encerra uma dimensão de morte.

Ao mesmo tempo, porém, os dados tornam evidente que diferentes grupos em diferentes momentos incorporaram os "civilizados" como vítimas de raptos por tê-los incluído na categoria de inimigos como se fossem uma tribo nova, em seus territórios, a ser combatida. Isso é claro em relação aos raptos praticados pelos tupis.

Naqueles dois grupos principais, os "civilizados" e os indígenas raptados por diferentes tribos, e não imediatamente sacrificados, foram de algum modo incorporados à estrutura de relações sociais da respectiva tribo, ainda que em alguns casos, como entre os suyás, mantendo o *status* de estrangeiro, de não-suyá. Porém, do lado dos "civilizados", os raptados são claramente sobreviventes ocasionais de incursões de extermínio, havendo claro interesse por mulheres, sobretudo crianças. No que a estes se refere, os casos registrados não deixam dúvida quanto ao destino dos raptados: prostitutas e concubinas e, no caso dos do sexo masculino, servidão.[31] O único grupo de raptores que não incorpora efetivamente o raptado, mantendo-o à margem, é o dos brancos. Mesmo quando submeteram os índios raptados a até sofisticados processos de ressocialização, como aconteceu com a xokleng Maria Korikrã, capturada quando tinha 12 anos de idade, que nunca chegou a falar português, mas falava fluentemente alemão e francês. Especialmente as mulheres raptadas quando crianças, mesmo educadas como europeias, não chegaram a casar e constituir família.[32] Elas se mantiveram até a maturidade como agregadas protegidas no interior das famílias de adoção, sem efetivamente entrar no circuito dos relacionamentos que implicassem aceitação e integração, como ocorreria por meio do casamento. Ou então, como ocorreu na Amazônia, como concubinas e mães de filhos bastardos, esposas não reconhecidas de seus raptores.[33]

A distribuição cronológica dos raptos mostra que eles variaram em função das ondas de expansão da frente de ocupação do território pelos brancos, conforme mostram os Anexos VI e VII no final deste capítulo. Do total de casos que consegui arrolar, sete ocorreram nas décadas finais do século XIX, em que os principais raptores foram os jês e os tupis. A partir de 1900, até 1929, época de expansão da cultura do café, mas também época, ao menos na década inicial, de expansão da economia da borracha, os 21 raptos têm os regionais como autores numericamente mais importantes. Essa relação muda na década seguinte, década de crise tanto do café quanto da indústria extrativa na Amazônia. Aí, de 16 raptos arrolados, 15 foram praticados por tribos do tronco linguístico jê. Os jês se manterão como o conjunto de tribos mais ativo na captura de membros de outros grupos até 1959. Nessas três décadas de expansão territorial e diversificação econômica dos brancos, os jês se envolveram em 60 raptos, sobre um total de 86. Voltariam a raptar após 1969, já num outro contexto de confronto entre tribos indígenas e entre índios e brancos.

No conjunto dos raptos, há 58 registrados a partir de 1950, até a década de 1980, justamente um período diverso das décadas iniciais do século XX, quando, com exceção da área do café, os "civilizados" atravessavam territórios indígenas, desequilibravam relações intertribais, disseminavam doenças e praticavam violências que introduziam desequilíbrios demográficos no interior das diferentes tribos. Esses desequilíbrios não foram causados unicamente pela invasão branca nos territórios indígenas, como se vê em relação às diferentes tribos do Xingu. Disputas entre essas tribos, que mesclavam mortes e raptos e até competição comercial (como a produção de machados de pedra pelos suyás, cujo monopólio foi-lhes em parte arrebatado pelos trumáis, como assinala Frikel), provocaram contínuas guerras. O resultado foi a redução populacional dos diferentes grupos, com as consequentes dificuldades para casamento e procriação, tornando os raptos de crianças e jovens um meio de suprir a carência de cônjuges. Foi o caso dos suyás e dos jurunas, que desencadearam guerras entre si, contra outros grupos indígenas vizinhos e contra os brancos para capturar mulheres e crianças.[34]

O fato de que os raptos, cuja história pode ser reconstituída, tenham se concentrado no período que vai de 1930 ao final da década de 1950 (86 casos) indica que eles ganharam um sentido relevante na primeira grande onda de expansão da frente pioneira na Amazônia, naquele século. Não só os desequilíbrios demográficos impuseram aos índios a necessidade de captura de mulheres dos inimigos para procriação. Nesse contexto, para diferentes grupos impunha-se, também, a captura de objetos dos brancos, especialmente armas de fogo. E com ela a necessidade de capturar pessoas que ensinassem aos índios como municiar e como consertar essas armas. As mulheres brancas capturadas pelos txukahamáes supriram exatamente essa necessidade cultural nova.[35]

A partir de 1960, o número de raptos diminui, embora continuassem a ocorrer: vinte foram registrados até 1996. No meu modo de ver, isso se deve à velocidade da expansão demográfica e econômica dos brancos, encurralando os índios das diferentes tribos, disseminando doenças mortais, mas ao mesmo tempo procurando confiná-los em reservas, o que provocou substanciais mudanças culturais em todos eles, especialmente com a chamada pacificação e a supressão das guerras de vingança, principal instituição envolvida no rapto de inimigos, sobretudo entre os tupis. Em todos eles, a criação de novos canais de acesso a bens produzidos pelos brancos e a relativa desvalorização de muitos bens indígenas que eram causa de comércio e guerra suprimiram ou atenuaram carências básicas que se situavam no centro da articulação dinâmica da guerra, do comércio, do sistema de parentesco e da estrutura social. Como observou Lévi-Strauss, esses quatro componentes das sociedades indígenas devem ser "estudados em correlação íntima".[36]

Pode-se dizer que a relativa queda no número de raptos nas fronteiras étnicas deve menos à pacificação dos diferentes grupos indígenas do que às mudanças culturais que a pacificação introduziu em seus costumes, sobretudo pela destruição de instituições e até alterações na estrutura de parentesco que deixaram a prática do rapto sem sentido. Essa suposição ganha reforço comparativo em casos como os dos mundurukús, precisamente pela discrepância que representa. Incorporados desde o fim do século XIX ao extrativismo dos seringais da Amazônia pelos seringalistas da região, com o único intuito de extrair-lhes a força de trabalho, não foram alvo especial de nenhuma medida propriamente pacificadora, já que nesse caso a submissão ao seringal era pacificação suficiente do ponto de vista dos patrões. Podiam, pois, manter seus conflitos e costumes tradicionais naquilo que não interferisse no trabalho do seringal. Ou seja, os seringalistas não estavam minimamente interessados em conquistar os índios para a civilização, mas apenas interessados em obter sua mão de obra barata. O que nos mostra um aspecto negligenciado no estudo da incorporação de populações pré-capitalistas e, neste caso, primitivas, ao processo de valorização do capital nas situações sociais em que os tempos dos processos históricos que se mesclam não se definem nem podem ser definidos por uma temporalidade unilinear. Por isso, anualmente podiam interromper o trabalho no seringal e fazer suas expedições de caça de cabeças de inimigos e de rapto de crianças,[37] o que mostra um outro modo de interferência na realidade tribal, por uma incorporação aparentemente lateral e secundária de sua atividade no seringal *em seus costumes tribais, e não o contrário*. Tratava-se, porém, de uma inversão real na situação dos índios, o que só o tempo lhes mostraria. Para eles, a situação social se definia como se pouco tivesse mudado na antiga sociedade tribal, embora de fato esta última tivesse sido subjugada pelo capital, pelo seu tempo e seu ritmo.

O conjunto dos dados tende a confirmar a suposição de que foi a invasão branca dos territórios indígenas que intensificou a ocorrência de raptos.

É provável que a extraordinária agressividade e a violência dos brancos tenham revitalizado e dado uma dimensão muito ampla à instituição tribal da vingança. A presença dos "civilizados" acrescentou uma complicação ao cenário do relacionamento de tribos conhecidas, amigas ou inimigas. Os dados indicam, especialmente no caso dos tupis, que os civilizados, no início, pareciam uma tribo nova e agressiva, ainda desconhecida, que tinha que ser incorporada no mapa interativo dos índios como um novo inimigo. Mas o caso dos jês, cujo maior número de raptados é justamente o relativo aos regionais (47 num total de 84), nos fala de uma população adventícia destrutiva e dizimadora que funcionava ao mesmo tempo como fonte de abastecimento emergencial de mulheres substitutas para preencher o respectivo déficit. Carência semelhante existia nos seringais, o que explica que também os regionais tenham de preferência raptado mulheres (15 num total de 26 raptados).

A mulher está claramente no centro da história dos raptos praticados pelos diferentes grupos. Metade dos raptos efetuados pelos tupis foi de mulheres e apenas 8 raptos num total de 28 foram especificamente masculinos. Mais da metade dos raptos praticados pelos regionais foi de mulheres e apenas 6 raptados, num total de 26, eram do sexo masculino. Os jês, maiores raptores, como já assinalei, raptaram predominantemente mulheres, mas surpreendem por terem raptado três quartos do total de homens e que os homens tenham sido quase metade dos seus raptados. Tudo sugere que se tratava de um mecanismo compensatório para perdas demográficas decorrentes da invasão dos brancos em seus territórios, pois também o maior número de raptados pelos brancos era constituído de índios de tribos do tronco linguístico jê. Esse número indica a intensidade e a frequência das agressões dos civilizados contra as tribos desse grupo.

Se reconhecermos que os longos conflitos que se estabeleceram entre índios e brancos foram, de fato, guerras, algumas das quais ainda em andamento, especialmente com as tribos kayapós, mesmo que diferentes das guerras intertribais usuais, poderemos aplicar ao caso a interpretação de Lévi-Strauss sobre a relação entre guerra e comércio: quando o comércio se torna inviável entre as tribos indígenas por ele observadas, tem início a guerra, cujo objetivo é o mesmo do comércio. Lévi-Strauss indica que as mercadorias usualmente trocadas nesses encontros são as mulheres, as sementes e a cerâmica.[38] O rapto de mulheres, nessa perspectiva, pode ser entendido como episódio de uma guerra motivada pela escassez de mulheres, também enquanto bens econômicos,[39] nos grupos em conflito.

A importância central das mulheres como objeto de rapto fica mais clara quando se detalham os diferentes grupos de idade (crianças, jovens, adultos, mulheres e crianças) pelo sexo de seus membros. Vemos, então, que do total de pessoas do sexo masculino raptadas pelos índios (38), apenas 11 eram adultos, cerca de um terço. Nesses raptos era comum a captura de mulheres com crianças, seja porque as aldeias eram atacadas de preferência quando os homens estivessem ausentes, seja porque, mesmo sendo as mulheres o objetivo e o interesse do rapto, estas eram apanhadas agarradas a seus filhos pequenos. No caso dos jês, cerca de metade dos homens raptados era constituída de crianças e adolescentes.

No caso dos raptos praticados pelos regionais, dois terços dos raptados são mulheres e crianças. E mais da metade das mulheres é de crianças. Os propósitos desses raptos parecem emblematicamente indicados na captura de uma adolescente cinta-larga, num ataque de seringueiros nas cabeceiras do rio Juína-Mirim, no Mato Grosso, em 1959. O chefe da turma de colação das estradas de seringa, algumas semanas depois do rapto, disse ao padre João Evangelista Dornstauder: "Até aqui foi com todo o respeito",[40] sugerindo que o respeito era apenas temporário e não era propriamente o objetivo da captura. Por interferência do padre, ela foi enviada à missão jesuítica de Utiariti e recebeu o nome Laura.

Do lado dos "civilizados", os raptos constituíram uma prática limitada que, no meu modo de ver, apresenta interesse comparativamente pequeno no estudo sociológico da situação de fronteira. Relativamente à importância ritual e demográfica que o rapto parece ter tido nas sociedades indígenas, o *rapto enquanto tal*, enquanto ação de raptar, não tem relevância cultural e institucional entre os regionais e na sociedade civilizada. Os brancos não organizam expedições de rapto. Ao dizer isso, não desconheço que há indícios, ainda que superficiais, de que as crianças e mulheres raptadas estão relacionadas com os componentes do imaginário de fronteira relativos ao outro e à alteridade. Os raptados ocasionalmente como que confirmam a "mitologia heroica" do homem da fronteira, que se vê como agente do humano no limite frágil que há nela entre o humano e o natural, entre o homem e a fera, como amansador da natureza.

A palavra amansar, nessas regiões, é uma palavra de uso quase cotidiano para designar o ato de derrubar a mata, fazer a coivara, limpar o terreno e prepará-lo para a agricultura, para o trabalho humano. Ouvi muitas vezes na frente de expansão a expressão "fui eu que amansei o terreno" ou "foi fulano que amansou o terreno". Aliás, o amansamento da terra gera um direito de precedência, que de modo algum se confunde com direito de propriedade, e que é uma espécie de senhorio sobre a terra amansada. Sua ocupação por outra pessoa depende da licença de quem a amansou. Trata-se antes de prerrogativa de reocupá-la, com base num direito precedente em relação aos demais interessados e necessitados de terra para cultivar. Amansar vem a ser, pois, preparar para o ato propriamente humano e civilizado que é o ato de trabalhar. A mesma palavra é usada para designar a cristianização do índio capturado. Ela trata da conversão do suposto animal selvagem em homem para o trabalho. Porém um homem que até o século XIX, pelo menos, ainda aparecia recenseado como semovente, o que foi próprio da sociedade colonial, e ainda é em muitas regiões, quando o trabalho era considerado atributo de pessoas inferiores, ainda muito próximas dos animais.[41]

Os diferentes casos de índios capturados, ainda crianças, indicam que eles mantêm, no entanto, essa ambiguidade de origem. Nas concepções comuns na frente de expansão, o amansado não se transforma em humano, mas em animal domesticado. Ele retém essa espécie de pecado, de "defeito", de origem. É nessa condição que a sociedade de fronteira o incorpora, pois só assim ele pode ser mantido como vivo testemunho da liminaridade que separa índios de brancos. Desse modo, legitima a ideologia da fronteira. Por esse meio, o "civilizado" exercita no outro, no raptado, no que não é seu igual, sua própria desumanização. Ele não se descobre no outro, mas nele se afirma e se nega ao mesmo tempo.

Isso talvez explique por que esses autoproclamados agentes de humanização da natureza e dos selvagens, no relacionamento com as vítimas dos casos de rapto, tenham uma conduta tão acentuadamente desfiguradora do humano, tão profundamente desumanizadora. Em 1984, numa das viagens de avaliação do programa governamental Polonoroeste, foi libertada Rita, raptada de um grupo kavaib isolado do rio Madeirinha, em Rondônia. Ela se tornara prisioneira de um grupo de jagunços que a humilhava.

Casou-se, então, com um índio caripuna, de um grupo contatado, de que a maioria morrera e que, por isso, precisava procurar esposa fora dele.[42] O então padre Eurico Kräutler, depois bispo do Xingu, chegou a propor aos seringalistas da região um acordo escrito para que os índios fossem respeitados e não fossem capturados. Nele há referência expressa a seringueiros que roubam as mulheres dos índios, transmitem-lhes doenças venéreas e o vício do álcool.[43]

Uma história dramática é a da índia Wat, xokleng, filha do cacique Kam-Rem. Foi raptada pelo bugreiro Martinho, em 1900, e dada a um casal, que tinha oito filhos. Ela teve educação esmerada e só falava alemão. Já mocinha foi mandada à escola de corte-e-costura, à qual ia sozinha em carro de mola. Um dia não regressou. Mais tarde, a família recebeu a notícia de que ela se encontrava em Joinville, numa casa de prostituição. Contaminada por doenças venéreas, foi expulsa do bordel. Um médico a tratou e a entregou à família do cônsul inglês em São Francisco do Sul, para que dela cuidasse. Acabou indo para o Rio de Janeiro com um suboficial da Marinha, que a tomou por amante. Abandonada, retornou ao meretrício.[44] O caso de Wat parece indicar que, no ambiente de acolhimento dos índios adotados pelos civilizados, os processos interativos eram silenciosamente dominados por valores depreciativos, que acabaram ganhando visibilidade e eficácia na sua fuga para a prostituição. Não é surpreendente que, dos casos de índios xoklengs adotados no início do século XX, apenas um rapaz tenha se casado com branca e que as moças tenham ficado solteiras, recolhidas e protegidas no interior das famílias adotivas, como já mencionei. A educação refinada, como ocorreu com Wat, com Maria Korikrã, com Anita Brasileira (que se tornou professora) e outros xoklengs raptados,[45] não suprimiu de fato a marca de origem, apesar das aparências em contrário. A integração parcial e incompleta do índio à sociedade civilizada, em posições e funções que para os próprios civilizados seriam consideradas humilhantes e desumanas, constituía um procedimento para assegurar que o índio não perdesse de fato as características físicas, sociais e culturais que pudessem mantê-lo na liminaridade, testemunha de sua origem "não-humana".

A conhecida e debatida história de Tiago Marques Aipobureu, um índio bororo educado pelos padres salesianos do Mato Grosso, é um documento completo de uma versão amena, embora não menos dramática, desse viver ambíguo e marginal em relação à sociedade de origem e à sociedade de adoção. Como aconteceu com outros índios "assimilados", raptados ou não, esse índio bororo, observou Baldus, transformou-se em duas pessoas: o professor Tiago Marques e o caçador Aipobureu. Essas duas personalidades nunca se integraram. Na sociedade branca, Aipobureu reclamava de Tiago Marques que fosse para a aldeia de sua tribo, seus costumes. Na sociedade tribal, Tiago Marques reclamava de Aipobureu que fosse para a civilização, a vida de branco. No meu modo de ver, nas duas situações a ambiguidade de Tiago Marques Aipobureu, como ocorrera com a xokleng Wat, era realimentada continuamente por processos interativos em que, tanto entre os brancos quanto entre os índios, era tratado como *outro*, como sendo o oposto do que ele pensava ser naquele grupo.[46] Era, no fim, vítima de uma dupla recusa, como se tivesse sido contaminado pelo *outro* e, portanto, por aquilo que supostamente negava a concepção de humanidade do respectivo grupo. Os próprios missionários reagiram desse modo: a conversão e o "branqueamento" de Aipobureu não foram reconhecidos na prática cotidiana de seu relacionamento com ele pelos próprios agentes da conversão.

Helena Valero, raptada pelos yanomâmis, de um outro modo, passou por experiência similar. Ao contrário dos próprios índios, ela não recebeu um nome indígena, não foi renomeada. Os diferentes grupos yanomâmis que a raptaram uns dos outros sempre a trataram pelo mesmo nome: Napanhuma, isto é, estrangeira, branca. Ao invés de um nome, ela recebeu um não-nome e foi incorporada como mãe de filhos de homens yanomâmis. Os vinte anos que passou entre os índios não lhe diluíram a memória de branca, possivelmente porque todos os dias, de vários modos, ela interagia como não-yanomâmi, o que afinal culminou com sua fuga e seu retorno à sociedade civilizada. Mas, aí, também ela foi tratada até por parentes como não-branca.[47]

Como vimos, na maior parte dos casos de raptos praticados por "civilizados", trata-se de raptos de crianças e adolescentes, na maioria, do sexo feminino. Raptos decididos ao acaso durante os massacres praticados indistintamente contra homens, mulheres e crianças. Mulheres e crianças, aliás, executados com extrema crueldade, não raro com técnicas semelhantes às do abate de animais domésticos, como porcos e galinhas.

As crianças e mulheres raptadas quase sempre foram-no segundo a mesma concepção da captura de animais raros para os zoológicos da civilização. Um caso ilustrativo é o da captura de um rikbáktsa, o menino Eikinábui, aí por 1955, na região do Rio do Sangue, em Mato Grosso. Após um ataque indígena a duas feitorias de seringa recém-instaladas no invadido território indígena, o encarregado organizou uma expedição contra os índios. Queimaram e destruíram uma maloca em que havia só mulheres e crianças, cerca de trinta. Os índios correram, mas deixaram para trás uma criança. Os atacantes ouviram o choro e alguém ordenou: "Cuidado, índio é mau: mata logo essa peste". Mas quem recebeu a ordem não teve coragem de executá-la porque se tratava de uma criança. Era um menino de 4-5 anos de idade. Tomou-o e levou-o consigo. Um empregado do seringal quis pagar oito contos por ele. Mas o encarregado do seringal levou-o para São Paulo e entregou-o a pessoas de Pirapozinho, na Alta Sorocabana, onde foi batizado com o nome de Benedito. Quando ali chegou, todos queriam ver o "filho do matador antropófago".[48]

Já no conhecido caso, e seus antecedentes, do ataque de seringueiros e jagunços ordenado pelos proprietários de um seringal da empresa Arruda, Junqueira & Cia. Ltda. contra os índios cintas-largas, em 1963, que ficou conhecido como Massacre do Paralelo 11, temos dois extremos. Ataques aos índios vinham sendo praticados desde 1958, quando as terras próximas ao seu território foram vendidas a quatro grandes grupos econômicos. Num ataque de seringueiros, liderados pelo indivíduo conhecido como Paulistão, a uma maloca, em 1959, vários índios foram mortos, mas uma mulher, uma menina e uma criança foram raptadas.[49] Mais tarde, em novembro de 1963, ocasião do Massacre do Paralelo 11, ordenado pela mesma empresa, e cuidadosamente preparado, uma índia foi agarrada, amarrada, aberta ao meio a facão e em seguida levou um tiro. A criança de colo que ela carregava foi morta com um tiro na cabeça.[50]

O padre Dornstauder chegou a ouvir esta espécie de norma no seringal Arinos, em 1956, após tentativa de rapto de brancos pelos rikbáktsas, na afirmação de que "Só matando! Índio se amansa a bala! Matar os velhos e levar as crianças!"[51] Porém não são poucas as indicações de extrema violência também contra as crianças. Numa expedição punitiva contra os ofaiés-chavantes, de São Paulo, em 1900, para vingar a morte de um fazendeiro e seus filhos, um mulato jogava as crianças para cima e as aparava na espada.[52] Num ataque do bugreiro Luiz Wolf aos kaingangs de São Paulo, em 1904, cinco índios foram mortos. Raptaram um menino porque era albino, por mera curiosidade, portanto, ou na suposição de que era branco.[53] Na mesma linha de conduta, uma turma de quarenta homens bem armados atacou, em 1928, um acampamento de caça dos akuáwas-asurinís, matando oito adultos. Duas crianças foram capturadas para "serem levadas de presente ao dr. Amyntas", o engenheiro Amyntas Lemos, da Estrada de Ferro Tocantins, que organizara a expedição. Mas, como as duas crianças se debatessem, foram mortas por um indivíduo de alcunha "Pá Virada".[54] O que já é indicativo de que o rapto, em vez do assassinato, dependia da disposição circunstancial do atacante: "Pá Virada" é qualificação que se dá no sertão às pessoas emocionalmente instáveis, geralmente "do contra", sujeitas a mudanças repentinas de comportamento.

Os diferentes casos indicam uma atitude ocasionalmente diferente em relação à criança, em grande parte em decorrência das concepções correntes no catolicismo sertanejo a respeito da ambiguidade dos inocentes. Ambiguidade que, por sua vez, gera a ambiguidade dos caçadores de índios. As crianças xoklengs raptadas pelos bugreiros e entregues à adoção de famílias alemãs de Santa Catarina eram alvo de chacotas. Um jornal da região dizia mesmo que, sendo de raça subalterna, só serviam para serventes.[55] A regra era regra em tese, cuja observância dependia, porém, das circunstâncias do ataque e, provavelmente, da sobriedade dos atacantes. O que mostra como o rapto como alternativa para o assassinato era produto do acaso, não obedecendo a uma regra, ao contrário, portanto, do que ocorria com os índios. Tanto que quando, em setembro de 1980, os gorotires atacaram a Fazenda Espadilha, no Xingu, no Pará, e mataram vinte pessoas, inclusive mulheres e crianças, foi lembrado que eles não costumavam fazer isso, preferindo raptar as crianças. Até mesmo criavam uma menina branca que haviam raptado em outra ocasião. Os especialistas, justamente, se perguntavam por que o costume fora quebrado.[56]

Modos e ritos: estilos de captura e sujeição

No elenco dos casos de rapto, do lado indígena, é mais comum a referência a expedições de guerra para rapto de mulheres e crianças e também para saques. Ações de guerra com o propósito de rapto de mulheres e crianças, quase sempre com muitas mortes de homens, inclusive crianças do sexo masculino, restringiram-se a ataques de grupos indígenas, às vezes confederados, a outros grupos indígenas inimigos e até amigos. Nestes últimos casos dando origem a ódios e guerras de vingança, como ocorreu com as várias facções yanomâmis. Não consegui colher informações sobre um único grande ataque de índios a brancos para rapto de mulheres e crianças, no mesmo padrão observável entre os próprios grupos indígenas. Esse tipo de ataque, no entanto, foi comum até há poucas décadas entre tribos indígenas inimigas, como entre os dyorés e os gorotires;[57] os jurunas e os suyás;[58] entre diferentes tribos yanomâmis;[59] o ataque dos karajás aos tapirapés, mencionado a Baldus em 1935;[60] os ataques dos kamayurás aos jurunas;[61] as expedições de guerra dos mundurukús no século XIX, para caçar cabeças de inimigos, que eram também expedições para rapto de mulheres e crianças: "Vou porque preciso de uma mulher para casar" ou "preciso de uma criança para filho de minha mulher";[62] o ataque dos rikbáktsas contra os kayabís, com muitos mortos e raptados, narrado por Mairerum ao padre Dornstauder;[63] o ataque de um grupo de vinte rikbáktsas aos munküs, em 1954, em que mataram 47 desses inimigos seus parentes e raptaram um menino e uma menina;[64] os ataques anuais dos txikãos, na estação seca, aos nahukwas, no Alto Xingu para incendiar as malocas e raptar crianças.[65]

Além dessas ocorrências, uma boa parte das que podem ser arroladas a partir das informações dos etnógrafos, cronistas e viajantes, dos últimos cem anos, mostra que muitas vezes os índios não saíram necessariamente para raptar, mas para explorar o território ou para caçar em pequenos grupos. Geralmente faziam raptos quando se aventuravam longe de suas malocas. Como aconteceu quando, aí por 1925, os suyás, fazendo incursões pelas terras vizinhas, após se estabelecerem no igarapé Horêyangô, no Alto Suiá-Missú, Mato Grosso, viram uma mulher xavante com seu filho, na roça, tirando tubérculos. Mataram a mulher e raptaram o menino.[66] Outras tribos atuaram de preferência desse modo: incursões de pequenos grupos em terras de invasores ou inimigos, geralmente com um número de mortos, quando os houve, muito maior do que o número de raptados. Estes quase sempre em número muito pequeno, muitas vezes apenas um, como se observa na história dos kayapós e, mais recentemente, dos uruéu-wau-waus. Esse é sem dúvida o padrão que se observa em praticamente todos os casos de rapto de brancos pelos índios. O que talvez se explique pelo fato de que as vítimas estavam sempre entre famílias isoladas na mata, sobretudo famílias de seringueiros, nas ações dos rikbáktsas e dos kayapós, e seringueiros, posseiros e colonos nas ações dos uruéu-wau-waus. As histórias destes últimos são relativamente recentes. Em 1969, o rapto de Maria Inês Rodrigues, suas duas filhas, Sandra Neli, de 4 anos, e Auxiliadora, de 7 anos, e a sobrinha Dora, de 11 anos, ocorrido no seringal São Francisco. Em outubro de 1979, esses mesmos índios atacaram os filhos do colono Francisco Prestes Rosa, na Linha 5, Lote 47, Gleba 33, do Projeto Burareiro, em Rondônia: Luís, de 17 anos, morreu com cinco flechadas e Dimas, de 9 anos, levou flechadas e golpes de facão, morrendo três meses depois em Manaus. O filho mais novo, Fábio, foi raptado.[67]

Esses casos de raptos isolados são justamente os que melhor revelam as características do rapto, tanto em relação aos outros índios quanto em relação aos brancos. É que aí aparentemente determinado índio é que raptava determinada pessoa. Na verdade, esse era também o padrão no caso dos grandes ataques coletivos. Pode-se então entender por que nos ataques grandes ou pequenos nem sempre as mulheres e as crianças são raptadas, ou nem todas são raptadas, sendo mortas. As poucas informações disponíveis sobre o que aconteceu com os cativos após o rapto mostram claramente que o guerreiro que conseguiu agarrar o inimigo, em vez de matá-lo, tornou-se assim seu dono. No caso da captura de mulheres, esse procedimento é geralmente indicativo de um interesse do raptor em ter uma esposa. Numa das vezes em que foi raptada por um dos grupos yanomâmis, Helena Valero tornou-se a quinta esposa do tuxaua.

Mesmo que o raptado ou a raptada não parecesse viver numa situação de escravo, gozando de uma liberdade aparentemente ampla, como os demais membros da tribo raptora, os vários casos que consegui arrolar sugerem claramente que a melhor palavra para definir sua situação é a palavra cativeiro. Florestan Fernandes defrontou-se com esse problema em seu estudo sobre a função social da guerra na sociedade tupinambá, no século XVI. Ele observou que os "'prisioneiros de guerra' não eram degradados socialmente nem explorados economicamente". Mas assinalou que os cronistas da época "não tiveram dúvidas em designar as relações dos tupinambá com os cativos de guerra como 'escravo', 'senhor', 'leis do cativeiro', 'leis dos escravos' etc.". E conclui que os "tupinambás conheceram e praticaram, portanto, uma das modalidades culturais da escravidão".[68]

Esse cativeiro se revelava, em primeiro lugar, no direito reconhecido pela tribo de que o raptor pudesse dispor do raptado ou da raptada, ficando com ele ou ela ou dando-o a outra pessoa, geralmente de sua parentela. Havia, sem dúvida, um direito tribal sobre os raptados, que se revelava quando algum deles tentava fugir. Nesse caso, não era apenas o raptor que saía no seu encalço, mas também outros membros da tribo. Não está claro se na recaptura aquele que agarrasse o fugitivo se tornava seu novo senhor, sendo pessoa diferente do primeiro raptor. Mas há várias indicações de que o simples toque no braço de um inimigo ou de um fugitivo já configurava um direito de senhorio sobre ele. O caso do rapto de Kikre, um índio arara, pelo xikrin Ngoiti, num ataque dos xikrins aos araras, no rio Cateté, indica o modo como o rapto já estava até mesmo inscrito nas respectivas culturas, tanto a de quem raptava quanto a de quem era raptado. Ngoiti pegou no braço de Kikre e por isso, observou Lux Vidal, este o chama de "papai".[69] O simples toque no braço já decidia um modo de inserção na tribo do raptor. Esse direito, nos vários casos, parecia materializar-se no estar inteiramente disponível para o senhor, fazer-lhe companhia ou fazer companhia a quem ele indicasse, como aconteceu, aliás, com o branco Iusé, raptado pelos txukahamães. Ou preparar-lhe comida, no caso das cativas. Além, obviamente, de dar-lhe filhos.

A história de Iusé mostra como esse vínculo de dependência existia não só no caso das mulheres, mas também dos homens. Ele foi encontrado entre os txukahamães, em 1963, pelos irmãos Villas Bôas, junto com outros cativos. Seu nome era João da Luz, de famosa família de fazendeiro e chefe político do norte do Mato Grosso. Fora raptado em 1947, no alto rio Tapirapé, quando tinha 8 anos de idade. Estava cortando palha de piaçaba no campo junto com José Xandó, mais velho, para a casa que sua família fazia no novo povoado de Porto Velho. Os índios surgiram de repente: Xandó foi morto a golpe de tacape e João foi carregado por eles. Quando encontrado pelos Villas Bôas, estes notaram que ele era muito agarrado ao índio Krumare, que tinha grande ascendência sobre ele. E concluíram que Krumare havia participado do ataque e do rapto. Muito provavelmente era o raptor do menino ou então o recebera de outro índio que também participara. Esse menino, já moço, com 23 anos, foi devolvido à família, em Mato Verde, atual Luciara. Foi preciso levar junto o próprio Krumare que, na hora da despedida, mal escondia o choro.[70] Aparentemente, uma relação em que se mesclavam afetividade, senhorio e domínio. E, provavelmente, alguma forma de inclusão parental postiça, como a de membro da parentela do raptor. No caso dos tupinambás, Florestan Fernandes concluiu que "os escravos eram adotados socialmente e incorporados às parentelas dos senhores".[71]

Já o caso de Helena, entre os yanomâmis, mostra um outro lado desse cativeiro, até porque sua extensa história é rica em detalhes. Durante todo o tempo em que esteve em diferentes tribos dos yanomâmis, várias das quais inimigas entre si, ela ficou sob mando de alguém. Como era uma menina na época do rapto, tinha 12 anos, foi entregue por seu raptor aos cuidados de uma velha. Quando mais tarde se tornou a quinta esposa de Fusuwe, foi colocada sob ordens da primeira esposa. Tornou-se, assim, uma espécie de serva da serva. A primeira esposa funcionava como uma espécie de administradora do grupo de esposas do tuxaua. Embora Napanhuma fosse muito jovem e fosse a última das esposas, a primeira esposa começou a insistir com ela para que aprendesse a dar ordens às demais esposas do marido e passou a ensinar-lhe a fazer isso.[72]

O senhorio do tuxaua sobre as esposas se revela, também, na posse literalmente completa que tinha delas, quase todas raptadas de outras tribos. Quando uma delas passou tempo demais em outro canto da maloca conversando com seu cunhado, o irmão do tuxaua, este se sentiu ofendido: mandou retirar a rede daquela esposa da área da maloca em que habitava e ordenou a outra esposa que a levasse a ela e dissesse a seu irmão que ficasse com a mulher. Em outra situação, estando a própria Napanhuma a cuidar de outra coisa, um pouco longe do filho pequeno, que começou a chorar, Fusuwe agrediu-a e quebrou-lhe o braço. Entende-se porque a mulher, depois do segundo filho, era considerada velha, o que acarretava a busca de novas esposas: seu tempo era completamente consumido por suas obrigações com os filhos pequenos e suas obrigações na sobrevivência do grupo familiar, enquanto a jovem esposa podia manter-se como serviçal do marido.[73]

O ato de raptar, como se vê pelas indicações anteriores, constituía apenas um momento de um conjunto complicado de relações reais e simbólicas. Diferentes tribos ou grupos indígenas raptavam por diferentes motivos e com diferentes finalidades. Os jurunas atacavam, especialmente os suyás, para proverem-se dos cônjuges, homens e mulheres, de que os membros de sua tribo necessitavam. Seu crônico déficit de parceiros matrimoniais parece ter decorrido dos ataques dos manitsauás, no século XIX, e, mais tarde, dos txukahamães. É verdade que os suyás também raptaram um grande número de índios manitsauás, dez dos quais foram vistos por Von den Steinen, em 1887.[74] Em 1910, porém, os jurunas foram convidados pelos suyás para juntos atacarem os kamayurás, quando foram raptados um menino e algumas mulheres. Em seguida, os próprios suyás lhes roubaram as mulheres, restando com os jurunas uma mulher e o menino.[75] Encontramos referências a ataques dos jurunas contra os suyás para captura de crianças e jovens em épocas tão distantes entre si como 1884, 1920 e 1961, o que é bem indicativo da persistência do problema.[76]

A questão, porém, não se resolvia no plano meramente demográfico e quantitativo. É que no sistema de parentesco juruna, como nos diz Adélia Engrácia de Oliveira, há uma escala de esposas possíveis. As uniões são classificadas em preferenciais, permitidas e toleradas. Não havendo noivas disponíveis no grupo de união preferencial, eram elas permitidas fora das regras de parentesco preferencial. Se ainda assim não fosse possível encontrar noivas, as uniões eram toleradas com mulheres de tribos hostis, como os suyás, os trumáis e os kamayurás, através do rapto. Essas uniões não preferenciais, assim mesmo, tinham outro componente. Sendo a regra de parentesco matrilocal, a preferência era de que as mulheres jurunas se casassem com homens de fora, pois o genro tinha que prestar serviços ao sogro até o nascimento do primeiro filho.[77] Oliveira explica a captura de mulheres em outras tribos porque, sendo os jurunas um grupo muito reduzido, eram também muito aparentados. Em consequência das interdições matrimoniais próprias de sua organização social, tinham necessidade de buscar esposas fora de seu grupo.[78] A carência de esposas no próprio grupo e sua captura em outras tribos, no mínimo, ao mesmo tempo que reforçavam os valores e concepções do grupo, alteravam critérios de relacionamento derivados de casamentos que eram apenas tolerados. O que se complicava porque, segundo Galvão, entre as tribos do Xingu a impureza de linhagem é um fator de desprestígio. O desprestígio alcançava particularmente os indivíduos que tivessem um antepassado suyá, tribo considerada abaixo de todas as outras. Um dos chefes kamayurás, por ser casado com mulher suyá, era vítima de comentários desfavoráveis dos demais. Os kamayurás diziam que os cativos suyás eram algumas vezes mortos a golpes de machado ou facão na cabeça.[79] Portanto, de fato, os raptados eram sobreviventes da destinação à morte ritual de todo inimigo.

Durante toda sua existência como raptados, sobre eles pesava a possibilidade do sacrifício. O que sugere que havia critérios de exceção na morte dos inimigos para manter a vida de algumas pessoas. A situação dos raptados depende, do meu ponto de vista, de se compreender que essa exceção se inseria nos ritos de canibalismo real ou simbólico praticados contra os inimigos. Assim como o morto, o raptado também se situava na lógica de instrumento da vingança e não perdia a condição subjacente de vítima sacrificial, mesmo que se tornasse um membro postiço da parentela do raptor.

Os suyás eram visados pelos jurunas e vice-versa porque, como vimos, tinham ambos o mesmo problema demográfico: falta de cônjuges para casamento e reprodução. Por isso, tentavam atrair, aprisionar e incorporar membros de outras tribos.[80] Mas também aí a captura de inimigos não pode ser reduzida a critérios puramente demográficos e matrimoniais. Oliveira se refere a uma visita dos suyás aos jurunas, aí por 1940, de quem agora eram amigos, quando mataram os jurunas mais velhos, deixando os que ainda eram moços *para serem mortos mais tarde*. Mulheres e crianças foram levadas à sua aldeia e os casais foram separados. Quando o cacique juruna, que conseguira fugir, retornou para atacar os suyás, com auxílio armado de um seringalista, resgatou as pessoas raptadas, sendo que quatro jurunas já haviam fugido. Nessa ocasião massacraram os suyás.[81]

Entre os yanomâmis, consoante o rico depoimento da prisioneira Helena Valero, os raptos de mulheres e meninas visavam recrutar esposas e, portanto, serviçais que ampliassem o que literalmente se poderia chamar de corte doméstica do raptor. A família que ela descreve era um complicado sistema de relações de serviços e de poder centrado no homem adulto e em pleno vigor físico. Ao seu redor se situavam as esposas e os filhos tidos com elas, e também os velhos pais, com aparente destaque para a mãe-avó. Esse sistema familiar era, porém, apenas um elo numa rede de relações e ações em que, através do rapto de mulheres e meninas e o concomitante massacre dos homens e meninos dos grupos inimigos, as tribos punham em prática a vingança.[82]

Essa vingança, por sua vez, desencadeava no grupo das vítimas também a necessidade de vingança, num encadeamento contínuo e interminável. A ponto de que, às vezes, determinada aldeia estava incompatibilizada ao mesmo tempo com várias outras em decorrência dessa relação de débitos e créditos de vingança. A situação podia se tornar de tal modo insuportável que o segundo marido de Helena, Akawe, com um número enorme de inimigos querendo sua morte, em várias aldeias, preferiu acompanhá-la quando ela teve oportunidade e decidiu fugir, retornando aos brancos e à sua família. Ele só decidiu retornar, por sua vez, à sua tribo, após o rápido contato com os brancos e a aparente descoberta de que ali não havia lugar para ele.[83]

O rapto de mulheres corria frequentemente paralelo ao massacre dos homens da mesma tribo, o que sugere que essas ações se equivaliam. Aparentemente, os filhos tidos com elas repunham os mortos por seu rapto vingados, pois o documento sugere que os filhos eram filhos do pai.

Uma terceira modalidade de rapto que é possível assinalar na coleção de casos que reuni é o da busca de vítimas entre os inimigos para ritos sacrificiais. Esse aspecto foi particularmente agudo entre os rikbáktsas até a época de sua pacificação nos anos 1950. O maior número de raptos praticados por esses índios refere-se a seringueiros que trabalhavam para as empresas de borracha que estavam invadindo seu território, na região do rio Juruena. É verdade que o padre Dornstauder encontrou nos vários aldeamentos diversas pessoas com características físicas de brancos, tendo sido possivelmente raptadas quando eram crianças ou sendo filhas de brancas raptadas. Dois homens nessas condições, Voco e Aicoé, eram caciques.

Quando os brancos começaram a invadir o território rikbáktsa e estes se deram conta de que havia gente nova chegando, foram ver se não eram os rikbáktsas voltados do céu para a terra. Mas os brancos se mostraram hostis. Os índios começaram, então, a atacá-los em pequenos grupos. Na frente do Juruena, eles raptaram e mataram sete seringueiros com golpes de borduna na nuca, dos quais devoraram cinco. O seringueiro Acrísio Ribeiro foi apanhado no seringal Arinos, em 1952, lutou e resistiu com revólver na mão, mas foi morto com golpe de borduna na nuca, carregado, esquartejado, assado e suas carnes distribuídas pelas malocas vizinhas em sinal de união para a guerra. José Cearense e Bibiano Pedroso também foram raptados em 1952, apesar da luta. O seringueiro Antônio foi moqueado no córrego Rico, em 1953. Em 1954 raptaram Urbano no rio Papagaio.[84] O padre Dornstauder viu os crânios em 1961. Estavam guardados na maloca do rikbáktsa Muitsoc.

Na história dos raptos rikbáktsas há brancos e índios. Embora haja casos de raptos de homens e mulheres, adultos e crianças, tanto de brancos quanto de índios munküs, há também casos de massacre contra mulheres e crianças e canibalismo praticado tanto em relação a uns quanto a outros. Pivetta recolheu informações sobre o ataque rikbáktsa aos munküs do rio do Sangue, ocorrido em 1954. Como já mencionei antes, foram mortos 3 homens, 34 meninos e 10 mulheres e raptados um menino e duas meninas, que depois se casaram com membros da tribo dos raptores. Os índios contaram a Pivetta que haviam carregado os mortos e os moquearam em três giraus para depois fazer um mingau com castanha e assim ingerir os inimigos.[85] Um outro detalhe do canibalismo ritual dos rikbáktsas parece contido na constatação do que ocorreu com o cadáver do seringueiro Jovalino Fortes, atacado e morto com uma flechada na garganta na tarde de 24 de outubro de 1954. Um companheiro de Jovelino correu pela mata até o barracão e trouxe ao acampamento outros seringueiros que enterraram o morto e seguiram adiante, à procura dos índios. Quando voltaram, encontraram a sepultura aberta, sem o cadáver. Tempos depois identificaram restos de Jovelino mais abaixo daquele ponto, no rio Juruena.[86] Provavelmente, o corpo fora desenterrado para cumprimento do apropriado ritual antropofágico por parte dos atacantes.

Nos vinte anos que passou entre diferentes tribos yanomâmis, Helena Valero esteve cotidianamente cercada pela morte, mesmo quando se tornou esposa sucessivamente de dois membros do grupo raptor e mãe de seus filhos. Ora era acusada de ser causadora da morte de uma criança de outra mulher, ora era acusada de ser motivo do fracionamento de uma tribo e do estabelecimento de uma relação de ódio entre seus membros. Ela não era apenas tida como portadora de morte. Quando seu primeiro marido, Fusuwe, morreu numa ação de vingança de um grupo contrário, duas das cinco esposas, uma das quais ela, ambas mães de filhos do falecido, souberam, pelos procedimentos rituais que estavam sendo adotados pelos homens e por informações de algumas mulheres da tribo, que havia sido decidido matá-las, pois não tinham família.[87] Ambas haviam sido raptadas; a outra esposa era de uma outra tribo e seus pais estavam mortos. Frequentemente, antes disso, quando ainda solteira ou quando o marido estava vivo, os que tinham por ela simpatia ao mesmo tempo sentiam grande pena, pois era uma pessoa sozinha, sem ninguém. Se fosse morta, não haveria quem comesse suas cinzas com o mingau de banana nem quem a vingasse. Por não ser credora de vingança e ser ao mesmo tempo vítima propiciatória da vingança, sociologicamente morria com a morte do marido, no fundo o motivo do rapto. Portanto, passara longos anos no limiar da morte. Como mencionei antes, numa sociedade em que os nomes tinham tal importância ritual que eram mantidos ocultos (só foi saber o nome do sogro quando ele morreu e o do primeiro marido quando já era mãe), nem mesmo um nome recebeu, sendo chamada simplesmente de Napanhuma, estrangeira, branca.

Dois outros grupos tribais também oferecem indicações dessa situação liminar do cativo. Os kuben-kran-kegns, da região do Xingu, em maio de 1940, num assalto a um povoado de brancos, raptaram a menina Carmina e dois homens. Eles ficaram alguns anos na aldeia de seiscentos habitantes do cacique Oket, o raptor, que era inimigo ferrenho dos civilizados. Lá havia outros prisioneiros capturados na região do rio Iriri. Um dia, sem motivo aparente, Oket mandou matar os dois prisioneiros.[88]

Esse estado de liminaridade do raptado reaparece no caso de dois irmãos jurunas capturados pelos suyás, ainda rapazinhos, e raptados destes pelos kamayurás: Tamacu e Evaú. Foram encontrados em 1948 pelos irmãos Villas Bôas e os acompanharam no primeiro contato com os jurunas. Após a pacificação, retornaram ao convívio dos jurunas, mas aí foram mortos, acusados de feitiçaria. Aparentemente, um deles havia sido pajé entre os kamayurás,[89] o que indica que se tornou liminar nos dois grupos.

O segundo problema de indefinição do estado do raptado, como apontei, diz respeito ao seu lugar na sociedade de adoção. O caso de Napanhuma, que se casou duas vezes e teve filhos com os raptores, já sugere a precariedade dessa integração de quem, por ser raptado, é intrinsecamente indefinido. Outros casos são indicativos de situações obviamente menos dramáticas, mas mostram a necessidade de arranjos laterais na organização social das tribos dos raptores para situar e localizar os raptados.

Três irmãos waurás, duas jovens e um menino, raptados pelos suyás em 1940, que permaneceram na tribo dos raptores, elas inclusive ali casaram, nunca tiveram vontade de abandonar os suyás. No entanto, não eram considerados suyás. Frikel anotou que os suyás, ao longo de um período recente, haviam incorporado membros de dez tribos indígenas diferentes. Seus filhos e netos não eram considerados legítimos suyás.[90] Uma outra expressão da mesma dificuldade de integração foi constatada por Mindlin entre os suruís, de Rondônia. A tribo é composta de vários grupos patrilineares e há entre eles um quarto grupo, kaban, descendente de uma mulher roubada aos índios cintas-largas. Quando, em consequência das muitas mortes, não há grupo de parentesco compatível para encontrar esposa, os casais desgarram-se. Casas de estilo caboclo, isoladas, são de homens sem cunhados, pessoas casadas com cintas-largas e sem sogro possível.[91] E, finalmente, há o caso dos suruís do Pará, organizados em cinco clãs, um dos quais, denominado karajá, é constituído de descendentes de mulheres da tribo que dizem ser karajá. Mãe e filha karajás foram raptadas pelos suruís. Quando o esposo e pai tentou resgatá-las, foi aprisionado e em troca da esposa perdida deram-lhe mulher suruí e não o deixaram abandonar a tribo. São eles a origem desse quinto grupo exogâmico.[92]

* * *

Todas as ocorrências examinadas indicam que o prisioneiro, mesmo quando mantido vivo, tende a permanecer num estado de indefinição: de um lado quanto ao seu *status* na polarização entre vivos e mortos; de outro lado, quanto ao seu lugar na organização social das diferentes tribos indígenas. Essas indefinições são, na verdade, a sua definição como ser liminar. Quando essa mesma indefinição alcança os civilizados através dos raptos, parece-me que estamos em face de uma primeira e significativa versão indígena da concepção de pessoa na situação de fronteira e da própria concepção de fronteira de diferentes populações indígenas. E já havíamos visto o estado de degradação moral, o que é muito pior, a que os brancos submetiam os índios raptados. Assim, tanto do lado dos brancos quanto do lado dos índios, o raptado é mantido como *outro*, como expressão de uma alteridade problemática, numa espécie de sala de espera do processo de humanização na perspectiva do raptor.

O *outro* que assim se define expressa, tanto de um lado quanto de outro da fronteira, a recusa da alteridade ou, no mínimo, diferentes graus e modalidades dessa recusa. O que a situação de fronteira nos mostra é algo bem diverso das suposições de Todorov relativas à *descoberta do outro* no tempo da Conquista.[93] Para que se configure o que esse autor define como "descoberta que o *eu* faz do *outro*" e sobretudo para dar sustentação à tese de que "o *eu* é um *outro*" e de que "os *outros* são o *eu*", no que se refere exatamente a acontecimentos históricos como a Conquista e outros similares, nossos contemporâneos, como os relativos ao sacrifício do inimigo e ao rapto de mulheres e crianças por grupos étnicos entre si diferentes e adversários, é preciso que essa reciprocidade se baseie no recíproco reconhecimento da *humanidade* do eu e do outro. Os fatos históricos e o conhecimento antropológico e sociológico que deles se tem nos dias atuais não convalidam esses pressupostos.

Ainda que épocas e situações historicamente muito diferentes entre si, a da Conquista e a de hoje, a situação atual ainda guarda aspectos que são essencialmente os mesmos daquele tempo. Mais do que o encontro, do lado dos vencidos o desencontro nos revela a justa e obstinada resistência dos diferentes grupos em descobrir-se nos agentes de sua desumanização, de que eventualmente tenham capturado exemplares. Do lado dos vencedores, temos a obstinação inversa, a de desconhecer a humanidade do outro, sem que percebam que ao fazê-lo desumanizam a si mesmos, pois de fato não há humanização sem alteridade e, sobretudo, sem a alteridade litúrgica da vítima, do vencido.

Anexos:[94]

I – Raptores e raptados nas fronteiras étnicas do Brasil, conforme o tronco linguístico

Grupo	Raptores	Raptados
Regionais	26	60
Tupi	28	36
Jê	84	24
Outros índios	8	25
Todos	146	145

II – Raptores e raptados nas fronteiras étnicas

Raptados / Raptores	Tupi	Jê	Outros grupos	Regionais	Soma
Tupi	**10**	6	2	9	27
Jê	15	7	15	**47**	84
Outros	1	1	**4**	2	8
Regionais	10	**11**	4	-	25
Soma	36	25	25	**58**	144

III – Raptores conforme o tronco linguístico e raptados conforme a categoria de idade e o sexo

Raptores Raptados (Idade e sexo)	Tupi	Jê	Outros grupos	Regionais	Somas
Crianças	7	31	4	15	57
Fem	3	14	2	8	27
Masc	3	11	-	4	18
Fem/masc	-	3	-	1	4
S/ind	1	3	2	2	8
Jovens	2	9	-	1	12
Fem	-	7	-	1	8
Masc	2	2	-	-	4
Fem/masc	-	-	-	-	-
S/ind	-	-	-	-	-
Adultos	7	18	3	5	33
Fem	6	10	1	4	21
Masc	1	8	2	1	12
Fem/masc	-	-	-	-	-
S/ind	-	-	-	-	-
Mulheres e crianças	6	5	-	1	12
Fem	2	1	-	-	3
Masc	1	-	-	-	1
Fem/masc	3	3	-	1	7
S/ind	-	1	-	-	1
Sem indicação	6	21	1	4	32
Fem	3	8	-	2	13
Masc	1	7	-	1	9
Fem/masc	-	3	-	1	4
S/ind	2	3	1	-	6
Somas	28	84	8	26	146
Fem	14	40	3	15	72
Masc	8	28	2	6	44
Fem/masc	3	9	-	3	15
S/ind	3	7	3	2	15

OBS.: Nem sempre os números se referem a pessoas raptadas. Em 118 casos de rapto, foram raptadas 150 pessoas. Em 32 casos consta que os raptados são "vários" ou "muitos", geralmente mulheres e crianças. O quadro não pretende nenhum rigor estatístico, mas apenas indicar as tendências que podem ser observadas mesmo quando as referências são precárias.

IV – Raptores conforme o grupo étnico e raptados conforme a categoria de idade e o sexo

Raptores Raptados (Idade e sexo)	Indígenas	Regionais	Somas
Crianças	42	15	57
Fem	19	8	27
Masc	14	4	18
Fem/masc	3	1	4
S/ind	6	2	8
Jovens	11	1	12
Fem	7	1	8
Masc	3	-	4
Fem/masc	-	-	-
S/ind	-	-	-
Adultos	28	5	33
Fem	17	4	21
Masc	11	1	12
Fem/masc	-	-	-
S/ind	-	-	-
Mulheres e crianças	11	1	12
Fem	3	-	3
Masc	1	-	1
Fem/masc	6	1	7
S/ind	1	-	1
Sem indicação	28	4	32
Fem	11	2	13
Masc	8	1	9
Fem/masc	3	1	4
S/ind	6	-	6
Somas	120	26	146
Fem	57	15	72
Masc	38	6	44
Fem/masc	12	3	15
S/ind	13	2	15

V – Vítimas dos raptos, conforme o tronco linguístico dos raptores e o sexo dos raptados

Raptores Raptados	Tupi	Jê	Outros	Regionais	Somas
Masculino	8	28	2	6	44
Feminino	14	37	3	15	69
Masculino e feminino	3	8	-	3	14
Sem indicação	3	6	3	2	14
Somas	28	79	8	26	141

VI – Raptores, conforme o período e o grupo linguístico

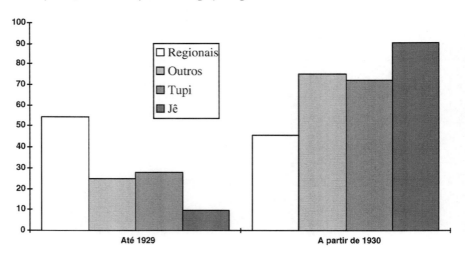

Período	Regionais	Outros	Tupi	Jê
Até 1929	54,2	25,0	28,0	9,5
A partir de 1930	45,8	75,0	72,0	90,5

VII – Raptores, conforme o período e o grupo linguístico

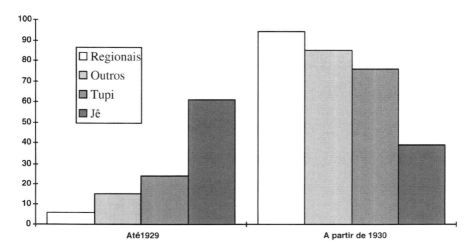

Período	Regionais	Outros	Tupi	Jê
Até 1929	5,4	15,0	24,2	60,9
A partir de 1930	94,6	85,0	75,8	39,1

* Trabalho apresentado no seminário sobre "Amazônia: ordenação do território e relações interétnicas", no Congresso da AHILA – Associação dos Historiadores Latino-Americanistas Europeus –, Liverpool (Reino Unido), 17-22 de setembro de 1996. Agradeço a Fanny Ricardo pelos esclarecimentos relativos aos troncos linguísticos das diferentes tribos envolvidas no rapto de crianças e mulheres.

Notas

[1] Cf. José de Souza Martins, O tempo da fronteira: retorno à controvérsia sobre o tempo histórico da frente de expansão e da frente pioneira, em *Tempo Social – Revista de Sociologia da USP*, v. 8, n. 1, maio 1996, pp. 25-70 (reproduzido como capítulo neste livro).

[2] A durabilidade desses componentes da situação de fronteira é atestada de vários modos. Em 1948, Wagley ainda encontrou no vale do Amazonas a dicotomia habitacional "cidade" e "aldeia", nos mesmos aglomerados urbanos. Eram remanescentes da anexação compulsória das populações indígenas aldeadas às vilas coloniais, decorrente da suspensão das interdições estamentais que pesavam sobre os índios. Fora efetuada em 1755 através do Diretório dos Índios do Maranhão e Grão-Pará. Cf. Charles Wagley, *Uma comunidade amazônica:* estudo do homem nos trópicos, trad. Clotilde da Silva Costa, 2. ed., São Paulo, Companhia Editora Nacional/INL, 1977, p. 62 (nota) e 85. Além disso, como aliás em todo o Brasil, a persistência da chamada agricultura de roça entre as populações rurais pobres vem diretamente das técnicas agrícolas indígenas disseminadas durante a expansão territorial dos brancos.

[3] A noção de "fricção interétnica" é proposta por Roberto Cardoso de Oliveira como a noção apropriada para o estudo da *situação de contato*. Cf. Roberto Cardoso de Oliveira, *O índio e o mundo dos brancos:* a situação dos tukúna do alto Solimões, São Paulo, Difusão Européia do Livro, 1964, esp. pp. 13-30.

[4] A partir dos registros que pude reunir, contei 92 ataques a populações indígenas, entre 1968 e 1987, organizados por grandes fazendeiros. E 165 ataques, entre 1968 e 1990, de diferentes tribos indígenas às grandes fazendas, especialmente na região amazônica. Cf. José de Souza Martins, O tempo da fronteira: retorno à controvérsia sobre o tempo histórico da frente de expansão e da frente pioneira, op. cit., p. 26.

[5] Essa *terceira modalidade de fonte da renda territorial* que estou apontando não foi considerada por Marx nem pelos teóricos que têm reatualizado o assunto no período recente. É que justamente, como Marx aliás havia percebido ao analisar a questão da renda da terra na Irlanda para compreender a reprodução do capital na Inglaterra, esse aspecto oculto da renda só pode ser observado na situação de fronteira, onde preferencialmente ocorrem formas de superexploração da força de trabalho, sua fonte.

[6] Cf. José de Souza Martins, A reprodução do capital na frente pioneira e o renascimento da escravidão no Brasil, em *Tempo Social – Revista de Sociologia da* USP, v. 6, n. 1-2, jun. 1995, pp. 1-25 (reproduzido como capítulo neste livro).

[7] Os suruís haviam sido contatados em 1969. Os mais velhos deixaram-se fascinar pela civilização. Já os mais jovens "veem os colonos como inimigos que devem ser expulsos". Indicações esparsas sobre a história do contato dos suruís com os brancos e sobre a tragédia de Oréia podem ser encontradas nos jornais da época. Em junho de 1974, ele fora empregado pela Funai para servir como intérprete no contato com os índios cintas-largas (cf. *O Estado de S. Paulo*, 9 jun. 1974, p. 28). Em virtude do contato indiscriminado que começou a haver entre índios e colonos, ele conheceu Arminda, de 16 anos, filha do colono Severino Dias de Souza. Ela acabou abandonando o noivo e indo viver na aldeia com Oréia. A família a retomou e enviou-a de volta ao Espírito Santo, seu estado de origem. Oréia vingou-se matando a machadadas um sobrinho de Severino, filho de Ezequiel Dias. Em seguida, entrou num processo depressivo e parou de comer (cf. *O Estado de S. Paulo*, 11 ago. 1976, p. 40). Em novembro, Oréia foi assassinado a tiro de espingarda por Ezequiel. Seu corpo foi esquartejado e queimado antes de ser enterrado. Oréia teria encabeçado vários ataques a casas de colonos nas Linhas 9 e 10, em Cacoal (cf. *Folha de S.Paulo*, 20 nov. 1976, p. 24.). As circunstâncias altamente conflitivas da fuga de Arminda com Oréia e as consequências do assassinato do jovem suruí estão documentadas em Betty Mindlin, *Nós, paiter:* os suruí de Rondônia, Petrópolis, Vozes, 1985, p. 134 e ss.

[8] Cf. *O Estado de S. Paulo*, 31 out. 1979, p. 12; *IstoÉ*, São Paulo, 16 jan. 1980, p. 59.

[9] Cf. Charles Wagley, *Welcome of Tears:* the tapirapé indians of central Brazil, New York, Oxford University Press, 1977, p. 39.

[10] Idem, pp. 39-40 e 287.

[11] Isso se deu em 1970, quando Camairá foi encontrado com sua mulher e o filho, últimos sobreviventes do ataque kayapó-gorotire, acima das nascentes do rio Tapirapé. Ele e a família se perderam dos outros índios que tentaram escapar do ataque. Perambularam sozinhos pela região durante 23 anos. Foram acolhidos pelos seus com alegria, segundo notícia da época. Camairá, porém, faleceu no mesmo ano do reencontro. Cf. *Alvorada*, n. 6, São Félix do Araguaia (Mato Grosso), Boletim da Prelazia de São Félix, dez. 1970, p. 1.

[12] Uma notável exceção é o volumoso livro do professor de Medicina Ettore Biocca. Através dos depoimentos da própria personagem, o autor narra a história de Helena Valero, filha de pai espanhol e mãe brasileira, raptada, em 1937, no rio Negro pelos índios yanomâmis, na fronteira da Venezuela com o Brasil, quando tinha 12 anos de idade. Casada e com filhos, retornou à sua família branca em meados de 1957. Cf. Ettore Biocca, *Yanoama:* dal racconto di uma donna rapita dagli indi, Bari, De Donato Editore, 1965. Eu já estava na fase final de redação deste artigo quando minha colega Renate Brigitte Viertler generosamente me deu a conhecer e me fez chegar às mãos a edição em espanhol deste livro da maior importância para o estudo do tema. Sou-lhe imensamente agradecido por isso. Além de constituir um raro e alentado texto sobre o rapto de uma mulher branca por um grupo indígena, é também, por meio da incomum memória dessa mulher, um precioso documento etnográfico sobre os yanomâmis. É, provavelmente, o único documento pessoal detalhado sobre a experiência do cativeiro entre os índios da região, durante tão largo tempo, na época contemporânea, por essa mulher que tinha família em Manaus.

[13] Florestan Fernandes, *A função social da guerra na sociedade tupinambá*, São Paulo, s. e., 1952.

[14] Cf. Eduardo Viveiros de Castro, *Araweté:* os deuses canibais, Rio de Janeiro, Jorge Zahar Editor/Anpocs – Associação Nacional de Pós-graduação e Pesquisa em Ciências Sociais, 1986.

[15] Cf. Aracy Lopes da Silva, *Nomes e amigos:* da prática xavante a uma reflexão sobre os jê, São Paulo, Faculdade de Filosofia, Letras e Ciências Humanas da Universidade de São Paulo, 1986, pp. 257-8.

[16] Cf. Roberto Cardoso de Oliveira, op. cit., esp. pp. 14-5.

[17] Há até quem especule sobre um "Turner brasileiro" na figura do escritor integralista Cassiano Ricardo, suposto ideólogo da Marcha para Oeste empreendida durante a ditadura do Estado Novo.

[18] Sobre as ideias desse autor a respeito da fronteira, cf. Frederick Jackson Turner, The significance of the frontier in American history, em George Rogers Taylor (ed.), *The Turner Thesis Concerning the Role of the Frontier in American History*, Boston, D. C. Heath and Company, 1956. Uma crítica às limitações das ideias de Turner encontra-se em Brian John Godfrey, *Road to the Xingu:* frontier settlement in Southern Pará, Brazil, MA thesis, Berkeley, University of California, 1979.

[19] Nesse sentido, estou em desacordo com a imagem da fronteira com que trabalha Dietrich Gerhard em The frontier in comparative view, *Comparative Studies in Society and History*, v. I, n. 3, The Hague, Mouton & Co. Publishers, mar. 1959, p. 207.

[20] Cf. Frank Shay, *Judge Lynch:* his first hundred years, Montclair, New Jersey, Patterson Smith, 1969, *passim*; W. Eugene Hollon, *Frontier violence:* another look, New York, Oxford University Press, 1974, *passim*.

[21] Uso a palavra civilizado entre aspas pelo notório motivo de que, no geral, as populações das áreas de contato com os povos indígenas estão bem distantes do que se poderia definir como padrão civilizado de vida. A barbárie da sádica e gratuita violência contra as populações indígenas, as expedições de extermínio, a escravização violenta, tudo isso sugere muita cautela no uso da palavra. Do mesmo modo, a designação de "brancos", para os não-índios, de fato não dá conta das características raciais mistas das populações dessas regiões.

[22] Excetuando os 26 casos de raptos praticados pelos "civilizados", a distribuição das ocorrências pela tribo dos raptores é a seguinte: arara (Pará), 1; avá-canoeiro, 1; cinta-larga, 2; dyóre, 1; juruna, 6; kaingang, 1; kamayurá, 8; karajá, 1; mundurukú, 2; nambikuara, 1; rikbáktsa, 19; suruí, 2; suyá, 11; trumái, 1; txikão, 4; uruéu-wau-wau, 7; gorotire, 18, kayapó sem especificação do grupo tribal, 14; kuben-kran-kegn, 6; txukahamãe, 6; xikrin, 3; yanomami, provavelmente sanumá, 3.

[23] Mindlin relata o ritual suruí ocorrido após a captura e morte de dois colonos brancos na Linha 9 do Projeto de Colonização aberto em seu território, ocorridas em setembro de 1981: "De volta à aldeia, cumpriram rituais de guerra. Durante alguns dias não podiam entrar nas malocas. Os que haviam matado pela primeira vez estavam sujeitos a muitos tabus e deitaram-se por algumas horas ao chegar. Aos poucos, todos os guerreiros foram rapando a cabeça. À noite os homens das duas aldeias, abraçados em fileiras, cantaram e dançaram em frente às malocas. Os cantos eram improvisações sobre a matança, comparando os inimigos a onças cuja pele iam tirar, exaltando a coragem e os feitos dos suruí e ressaltando que a decisão de luta fora sua e de mais ninguém. Mandam, não são comandados." Cf. Betty Mindlin, op. cit., p. 142.

[24] O massacre praticado contra vinte pessoas brancas na fazenda Espadilha, em setembro de 1980, foi-o pela geração mais nova dos gorotires, que nunca tinha matado ninguém. Após matá-las, deixaram ao lado dos corpos penas de araras vermelhas e as bordunas utilizadas. Quando retornaram à aldeia, os índios dançaram toda a noite no pátio da aldeia. Depois, foram banhar-se no rio para retirar a pintura negra do rosto. Durante oito dias, os participantes do massacre não puderam entrar nas malocas. Nas danças lembravam o fim de cada pessoa morta. Cf. *O Estado de S. Paulo*, 4 set. 1980, p. 13; *O Estado de S. Paulo*, 5 set. 1980, p. 12; *O Estado de S. Paulo*, 7 set. 1980, p. 29; *Jornal do Brasil*, Rio de Janeiro, 7 set. 1980; *Jornal da Tarde*, São Paulo, 8 set. 1980, p. 2.

[25] Leonel se refere à expedição organizada pelo seringalista Miranda Cunha, que capturou o índio oroin, batizado depois como Sebastião Oroin. Ele facilitou a submissão dos demais membros de seu grupo, enviados ao seringalista Lucino, matador de índios, que queria transformá-los em seringueiros. Foram todos mortos pelo sarampo (Cf. Mauro Leonel, *Etnodiceia uruéu-au-au*, São Paulo, Iamá – Instituto de Antropologia e Meio Ambiente/Fapesp/Edusp – Editora da Universidade de São Paulo, 1995, p. 116). No banco de dados que organizei sobre escravidão no Brasil nos últimos 25 anos, há trinta registros de casos de cativeiro de grupos

indígenas no período de 1972 a 1993, relativos a 13 diferentes tribos: krenak, paresi, apiaká, kulina, kaxinawá, baré, cinta-larga, tükuna, yanawá, kapinawá, kaiwá, guajajara e kaingang. Em abril de 1974, o cacique apiaká Piri denunciou que os membros de sua tribo estavam divididos e espalhados pelos seringais de Rondônia, Mato Grosso e Pará, trabalhando sob regime de escravidão por dívida. Era particularmente dramático o cativeiro dos apiakás no seringal Nova Esperança, no Pará (Cf. *O Estado de S. Paulo*, 21 abr. 1974, p. 30). Em agosto de 1977, os jornais publicaram a denúncia do índio xisto Pienado de que toda a tribo dos índios barés, no Alto Rio Negro, Amazonas, estava submetida à escravidão no seringal de um comerciante de nome João Bosco, em Santa Isabel do Rio Negro. Quando os índios se recusavam a trabalhar, eram amarrados a árvores, espancados e chutados até morrer. As dívidas dos pais eram herdadas pelos filhos, único caso no Brasil em que foi registrada essa característica da peonagem observada em outros países latino-americanos (Cf. *O Estado de S. Paulo*, 19 maio 1977, p. 19; *Jornal da Tarde*, São Paulo, 29 maio 1977, p. 2).

[26] A escravidão indígena cessou formalmente com o Diretório dos Índios do Maranhão, de 1755 (Cf. Directorio, *Que se deve observar nas povoações dos indios do Pará, e Maranhão, em quanto sua magestade naõ mandar o contrario*, Lisboa, Na Officina de Miguel Rodrigues, Impressor do Eminentissimo Senhor Cardeal Patriarca, anno MDCCLVIII, reprodução fac-similar em José Oscar Beozzo, *Leis e regimentos das missões:* política indigenista no Brasil, São Paulo, Edições Loyola, 1983, p. 129 e ss. Cf., também, John Hemming, *Red Gold:* the conquest of the Brazilian indians, London, Papermac, 1987, pp. 475-6). O Regimento foi abolido pelo príncipe-regente D. João, em 1798. Abriu-se, assim, um período de instabilidade na política indigenista, marcado pela "guerra justa" e pela escravização temporária dos prisioneiros de guerra. Cf. José Oscar Beozzo, op. cit., p. 71 e ss.

[27] Cf. Silvio Coelho dos Santos, *Índios e brancos no sul do Brasil:* a dramática experiência dos xokleng, Florianópolis, Edeme, 1975, p. 194.

[28] Cf. Edgar Lage de Andrade, *Sertões da Noroeste*, São Paulo, Indústria Gráfica Cruzeiro do Sul Ltda., 1945, *passim*; cf., também, Silvia Helena Simões Borelli, Os kaingang no estado de São Paulo: constantes históricas e violência deliberada, em Sílvia H. S. Borelli e Mara L. M. Luz (orgs.), *Índios no estado de São Paulo:* resistência e transfiguração, São Paulo, Yankatu Editora/Comissão Pró-índio, s. d., p. 45 e ss.

[29] Por fronteira étnica entendo os confins do território de determinada tribo indígena e, portanto, lugar de contato com outros grupos étnicos. Em sentido limitado isso significa um lugar demarcado por um certo sentido de apropriação territorial por parte de habitantes que se consideram separados e diferentes de grupos vizinhos ou territorialmente concorrentes. Em sentido mais amplo, a fronteira étnica se manifesta nos conflitos que põem em confronto grupos étnicos ou frações de grupos étnicos, geralmente quando os respectivos territórios se superpõem. Esse é basicamente o território do confronto entre o *nós* e os *outros*, quando ainda não se estabeleceu um acordo de convivência no mesmo espaço. É dessa segunda situação que fala Alcida Ramos, uma especialista em relações intertribais no interior de um mesmo território. Ela usa o conceito de fronteiras étnicas quando, apesar de interação constante, dois grupos "permanecem separados, em termos de sua identidade étnica, através da manutenção de uma série de características socioculturais que compreendem modos de agir, de fazer e de pensar cristalizados em formas reconhecidas como peculiares a cada grupo". Cf. Alcida Rita Ramos, *Hierarquia e simbiose:* relações intertribais no Brasil, São Paulo, Editora Hucitec, 1980, p. 34.

[30] Aracy Lopes da Silva, a propósito de um dos grupos jê, os xavantes, destaca "a capacidade de resistência dos xavante ao impacto do contato com a sociedade capitalista envolvente, resistência esta que se constrói pela *capacidade de absorver e processar novas experiências históricas através de uma lógica que é essencialmente xavante*". Cf. Aracy Lopes da Silva, op. cit., p. 55 (grifo meu).

[31] Dentre as muitas referências que podem ser arroladas sobre a captura de índios para trabalhos forçados, já no período que nos interessa, há a relativa aos maiogongs, da fronteira da Venezuela, convertidos em seringueiros. Cf. Alcida Rita Ramos, op. cit., p. 71.

[32] Um relato de testemunha do caso de Maria Korikrã foi recolhido e extensamente exposto por Darcy Ribeiro, *Os índios e a civilização:* a integração das populações indígenas no Brasil moderno, Petrópolis, Editora Vozes Ltda., 1977, esp. pp. 397-401. Uma documentação mais extensa sobre os xoklengs raptados nos primeiros anos do século xx, em Santa Catarina, encontra-se em Silvio Coelho dos Santos, Índios e brancos no sul do Brasil, op. cit., pp. 185-96. Apesar do acolhimento de Maria Korikrã na família do dr. Hugo Gensch, que a educou, o dr. Gensch, por isso mesmo, era vítima de hostilidades da população de onde é hoje Blumenau.

Cf. Durval Rosa Borges, *Rio Araguaia:* corpo e alma, São Paulo, Ibrasa/Edusp, 1987, p. 103.

[33] A memória dessa exclusão permanece até mesmo entre seus descendentes. Ainda hoje é comum encontrar nas frentes pioneiras quem diga com orgulho que sua avó "foi pega a laço", referência à índia raptada e transformada em concubina do avô-herói.

[34] Cf. Protásio Frikel, Migração, guerra e sobrevivência suiá, em *Revista de Antropologia*, v. 17-20 (1ª parte), Faculdade de Filosofia, Letras e Ciências Humanas da Universidade de São Paulo, 1969-1972, p. 119; Adélia Engrácia de Oliveira, Parentesco jurúna, *Boletim do Museu Paraense Emílio Goeldi*, n. 45, Belém (Pará), 16 out. 1970, p. 24.

[35] Cf. Adrian Cowell, *The Tribe that Hides from Man*, London, Pimlico, 1995, p. 93. Este livro constitui um documento importante sobre o contato com os índios kreenakarores (Panará) entre o final da década de 1960 e o início da década de 1970. Um contato que começou a ser preparado pelos irmãos Villas Bôas logo após um ataque de uma facção txukahamãe aos panarás e o rapto de quatro crianças, em 1967.

[36] Cf. Claude Lévi-Strauss, Guerra e comércio entre os índios da América do Sul, em *Revista do Arquivo Municipal*, ano VIII, v. LXXXVII, São Paulo, Departamento de Cultura, dez. de 1942, p. 145.

[37] Cf. Henri Coudreau, *Viagem ao Tapajós*, trad. Eugênio Amado, Belo Horizonte, Editora da Universidade de São Paulo/Livraria Itatiaia Editora Ltda., 1977, p. 59.

[38] Cf. Claude Lévi-Strauss, op. cit., p. 139 e 142.

[39] Em relação às mulheres suruís, de Rondônia, no interior de sua própria tribo, não sendo, pois, mulheres raptadas, Mindlin observa: "O seu destino, o casamento, está nas mãos dos homens. São trocadas e dispostas desde que nascem, como bens." Cf. Betty Mindlin, op. cit., p. 71.

[40] Cf. João Evangelista Dornstauder, *Como pacifiquei os rikbáktsa*, São Leopoldo (RS), Instituto Anchietano de Pesquisas, 1975, p. 165.

[41] No período colonial, especialmente nos séculos XVI e XVII, os verdadeiros humanos eram aqueles que não desempenhavam atividades manuais, que não trabalhavam, no moderno sentido da palavra trabalho.

[42] Cf. Mauro Leonel, op. cit., p. 66.

[43] Cf. Eurico Kräutler, *Sangue nas pedras*, São Paulo, Edições Paulinas, 1979, p. 182.

[44] Cf. Silvio Coelho dos Santos, op. cit., p. 189 e ss.

[45] Idem, ibidem.

[46] Cf. Herbert Baldus, O professor Tiago Marques e o caçador Aipobureu, em *Ensaios de etnologia brasileira*, 2. ed., São Paulo, Companhia Editora Nacional/INL, 1979, pp. 92-107; Florestan Fernandes, Tiago Marques Aipobureu: um bororo marginal, em *Mudanças sociais no Brasil*, São Paulo, Difusão Européia do Livro, 1960, pp. 311-43.

[47] Cf. Ettore Biocca, op. cit., *passim*.

[48] Esse e outros casos de raptos praticados ou sofridos pelos rikbáktsas são mencionados pelo padre João Evangelista Dornstauder, op. cit., esp. p. 17.

[49] Cf. *Jornal da Tarde*, São Paulo, 11 jun. 1975, p. 16.

[50] Cf. *O Estado de S. Paulo*, 27 maio 1973, p. 36.

[51] Cf. João Evangelista Dornstauder, op. cit., pp. 21-2.

[52] Cf. Darcy Ribeiro, Notícia dos ofaié-chavante, em *Uirá sai à procura de Deus*, Rio de Janeiro, Paz e Terra, 1974, pp. 90-2.

[53] Cf. Carlos Borges Schmidt, Prefácio, em Edgar Lage de Andrade, *Sertões da Noroeste*, São Paulo, Indústria Gráfica Cruzeiro do Sul Ltda., 1945, p. 14.

[54] Cf. Roque de Barros Laraia, Os suruí e akuáwa-asuriní, em Roberto Da Matta e Roque de Barros Laraia, *Índios e castanheiros:* a empresa extrativa e os índios no Médio Tocantins, 2. ed., Rio de Janeiro, Paz e Terra, 1978, p. 68.

[55] Silvio Coelho dos Santos, op. cit., p. 196.

[56] Cf. *Jornal do Brasil*, Rio de Janeiro, 7 set. 1980, p. 30. Foram mortos cinco crianças, duas mulheres grávidas,

uma moça e doze homens. Cf. *O Estado de S. Paulo*, 5 set. 1980, p. 12. O conjunto do noticiário da época e as investigações efetuadas por autoridades federais revelaram que o massacre praticado pelos índios se deveu ao modo agressivo como foram recebidos na fazenda quando procuravam verificar se era verdadeiro o boato, espalhado por alguns brancos, de que 1,8 mil peões estavam sendo introduzidos no território indígena para fazer o desmatamento e a abertura de fazendas. Os índios foram humilhados e um deles, agredido, em face do que os outros revidaram. Cf. *O São Paulo*, 12-18 set. 1980, p. 3.

[57] Cf. Expedito Arnaud, *O índio e a expansão nacional*, Belém, Edições Cejup, 1989, pp. 438-9.

[58] Cf. Protásio Frikel, op. cit., pp. 105-36.

[59] Ettore Biocca, op. cit., *passim*.

[60] Cf. Herbert Baldus, *Tapirapé*: tribo tupi no Brasil central, São Paulo, Companhia Editora Nacional, 1970, pp. 68-70.

[61] Cf. Orlando Villas Bôas e Cláudio Villas Bôas, *A marcha para oeste*, São Paulo, Editora Globo, 1994, *passim*; esp. pp. 440-41; Eduardo Galvão, *Encontro de sociedades*: índios e brancos no Brasil, Rio de Janeiro, Paz e Terra, 1979, p. 67 e p. 110 (nota).

[62] Cf. Patrick Menget, Notas sobre as cabeças mundurucu, em Eduardo Viveiros de Castro e Manuela Carneiro da Cunha (orgs.), *Amazônia*: etnologia e história indígena, São Paulo, Núcleo de História Indígena e do Indigenismo – USP/Fapesp, 1993, p. 314.

[63] Cf. João Evangelista Dornstauder, op. cit., p. 80.

[64] Cf. Darci Luiz Pivetta, *Iranxe*: luta pelo território expropriado, Cuiabá, UFMT Editora Universitária, 1993, p. 53 (nota); João Evangelista Dornstauder, op. cit., p. 80.

[65] Cf. Orlando Villas Bôas e Cláudio Villas Bôas, op. cit., p. 579 e ss.

[66] Cf. Protásio Frikel, op. cit., p. 115.

[67] Cf. Mauro Leonel, op. cit., p. 65, 120-1 e 132.

[68] Cf. Florestan Fernandes, *A função social da guerra na sociedade tupinambá*, op. cit., pp. 242-5.

[69] Cf. Lux Vidal, *Morte e vida de uma sociedade indígena brasileira*: os kayapó-xikrin do rio Cateté, São Paulo, Editora Hucitec/Editora da Universidade de São Paulo, 1977, p. 157.

[70] Cf. Orlando Villas Bôas e Cláudio Villas Bôas, op. cit., p. 563 e 571-7.

[71] Cf. Florestan Fernandes, op. cit., p. 245.

[72] Cf. Ettore Biocca, op. cit., pp. 135-6.

[73] Idem, *passim*.

[74] Cf. Claude Lévi-Strauss, op. cit.; Protásio Frikel, op. cit., p. 112.

[75] Cf. Adélia Engrácia de Oliveira, Os índios juruna e sua cultura nos dias atuais, em *Boletim do Museu Paraense Emílio Goeldi*, n. 35, Belém, 17 maio 1968, p. 7.

[76] Idem, pp. 113-6.

[77] Cf. Adélia Engrácia de Oliveira, Parentesco juruna, op. cit., pp. 34-5.

[78] Cf. Adélia Engrácia de Oliveira, Os índios juruna e sua cultura nos dias atuais, op. cit., p. 7.

[79] Cf. Eduardo Galvão, op. cit., p. 110 e nota.

[80] Cf. Protásio Frikel, op. cit., p. 114 e ss.

[81] Cf. Adélia Engrácia de Oliveira, ibidem, op. cit., p. 10.

[82] Helena Valero (Napanhuma), que fora raptada pelos kohorochiwetaris quando estava na roça com os pais, descreve um desses massacres, ocasião em que foi raptada pela segunda vez, junto com um grande número de mulheres, pelos karawetaris. Cf. Ettore Biocca, op. cit., esp. p. 34 e ss.

[83] Cf. Ettore Biocca, op. cit., p. 338 e ss.

[84] Cf. João Evangelista Dornstauder, op. cit., p. 14, 16, 18-9, 21-2.

[85] Cf. Darci Luiz Pivetta, op. cit., p. 53 (nota).

[86] Cf. João Evangelista Dornstauder, op. cit., p. 16.
[87] Cf. Ettore Biocca, op. cit., p. 282 e ss.
[88] Cf. Eurico Kräutler, op. cit., pp. 158-9.
[89] Alguns autores dizem que apenas um dos irmãos foi morto pelos próprios jurunas. Outros dizem que os dois o foram. Cf. Orlando Villas Bôas e Cláudio Villas Bôas, op. cit., p. 212, 257, 388, 391 e 447; Eduardo Galvão, op. cit., p. 67 e 110 (nota). Sobre os kamayurás, cf. Renate Brigitte Viertler, *Os kamayurá e o alto Xingu*, São Paulo, Instituto de Estudos Brasileiros da Universidade de São Paulo, 1969.
[90] Cf. Protásio Frikel, op. cit., p. 115 e 120-1.
[91] Cf. Betty Mindlin, op. cit., p. 27 e 35.
[92] Cf. Roque de Barros Laraia, op. cit., pp. 80-1.
[93] Cf. Tzvetan Todorov, *La conquista dell'America:* il problema dell'altro, trad. Aldo Serafini, Torino, Giulio Einaudi Editore, 1984, p. 5.
[94] A soma dos dados contidos nas tabelas deste anexo não totaliza os 150 casos indicados no texto porque nem todas as notícias de raptos contêm os detalhes necessários à sua classificação e quantificação. As fontes utilizadas são os textos de cronistas, viajantes, sertanistas e etnólogos que constam nas notas deste artigo.

2

A reprodução do capital na frente pioneira e o renascimento da escravidão

"Gente" (S. Félix do Araguaia-MT, 1975)

A pequena e fascinante literatura histórica e sociológica relativa à persistência ou ao renascimento de *formas escravistas* de relações de trabalho, em diferentes sociedades, põe o pesquisador diante de alguns dilemas de solução difícil. O principal deles é o da própria conceituação da modalidade de trabalho que, num país como o Brasil, com facilidade tem sido definida como trabalho escravo. Outro, de solução já não tão difícil, é o da sua inserção histórica ou, dizendo de um modo discutível, o do modo de produção de que tais relações fazem parte.

Prefiro, neste meu trabalho, seguir um caminho diferente. Em vez de perder-me na inútil tentativa da classificação prévia de tais relações, parece-me mais sensato, ao considerar o caso brasileiro, iniciar por uma descrição delas, expor a complexa e contraditória teia de conexões que lhes dá vida e sentido. Sobretudo porque pode-se facilmente constatar que a modalidade de escravidão a que me refiro, a escravidão por dívida, ou *peonagem*, é encontrada em diferentes atividades econômicas, organizadas segundo graus extremos e opostos de modernização econômica e técnica. Há economias que ainda seguem padrões do século XIX e até do século XVIII, como é o caso de setores do extrativismo amazônico, em particular o da borracha. E, no outro extremo, há atividades, sobretudo as das novas fazendas de criação de gado, na Amazônia, desenvolvidas por empresas modernas, algumas vinculadas a destacados grupos econômicos internacionais. Não estamos, portanto, apenas diante de um fenômeno de persistência de relações arcaicas de trabalho que, à primeira vista, tem sido muitas vezes definidas, impropriamente, como pré-capitalistas. Pois o que constatamos é que modernas empresas capitalistas que investem em empreendimentos agropecuários na vasta região da Amazônia brasileira (mais da metade do território de um país com cerca de oito milhões e meio de quilômetros quadrados) rotineiramente têm recorrido à escravidão por dívida em algumas de suas atividades.[1]

Meu objetivo é, pois, propor uma compreensão sociológica da persistência dessas relações, mas sobretudo da sua revitalização, nas últimas décadas, como prática de empresas cuja lógica econômica, caracteristicamente capitalista e moderna, faz supor que nelas a escravidão seria uma contradição e uma irracionalidade. Prefiro, assim, não percorrer, em princípio, o caminho já percorrido com competência por diferentes pesquisadores, que entenderam situar suas análises do problema na própria conceituação dessas relações de trabalho. Uma definição *a priori* pode ser uma armadilha que faz perder de vista detalhes e diversidades do problema que são essenciais para compreendê-lo.

As reiteradas denúncias de ocorrência de escravidão no Brasil, sobretudo na região Amazônica, a partir de 1970,[2] sugerem a possibilidade de uma reflexão crítica fundamentada a respeito da ampla diversidade de características das relações de trabalho na sociedade capitalista. Sugerem, enfim, que há na realidade contraposições à suposição de que tais relações se definem necessariamente por um padrão típico, racional e legal, isto é, contratual, no pressuposto de um relacionamento juridicamente igualitário entre empresário e trabalhador.[3]

Alguns pesquisadores relutam em dar a essa relação de trabalho o nome que lhe é mais apropriado: *escravidão*. Ainda que se trate, claramente, de uma relação de sujeição, que vai ao ponto de fazer o patrão supor que tem um direito absoluto ao corpo do trabalhador, além do presumível direito ao próprio trabalho, como se vê quando este é submetido à humilhação, à tortura, ao castigo e até a morte.

Essa relutância decorre, no meu modo de ver, de opções teóricas inadequadas ao tratamento do tema. De um lado, de uma concepção liberal e típico-ideal de capitalismo, que os impede de aceitar que o capital possa gerar outra forma de exploração do trabalho que não seja formalmente contratual e livre. De outro lado, porque seu quadro teórico é, explícita ou disfarçadamente, marxista-estruturalista, de inspiração althusseriana e, portanto, de fundo positivista. Nessa linha de interpretação só há lugar para relações sociais de uma única temporalidade, a do tempo linear. A complexidade histórica das relações sociais na sociedade contemporânea é diluída (e desfigurada) em estruturas particulares de temporalidade única, artificialmente ligadas entre si pela concepção de articulação de modos de produção. Os "desvios", nessa orientação híbrida, aparecem como tipos dotados de vida e historicidade próprias. É o que se vê na esdrúxula distinção dualista entre "capitalismo burguês" e "capitalismo autoritário", como se fosse possível outro capitalismo que não o burguês e como se o capitalismo autoritário não fosse ele próprio o capitalismo burguês.

São justamente os seguidores dessa orientação que não conseguem compreender que as contradições engendradas pelo capital, em seu *processo de reprodução ampliada*, incluem formas sociais e mediações formais, como é o caso da *escravidão por dívida*, diversas de suas outras manifestações formais, como a do trabalho livre. Nesse caso, referem-se imprópria e eufemisticamente à peonagem como "repressão da força de trabalho" ou como "imobilização da força de trabalho". Na verdade, estão em face do que ficaria mais bem definido como *trabalho sob coação*. Ou seja, são *formas coercitivas extremadas de exploração do trabalhador*, produzidas em momentos e circunstâncias particulares da reprodução do capital. Trata-se, como mostro, de *escravidão temporária*, no âmbito do próprio processo do capital, que, obviamente, não pode ser reduzida ao equívoco de um modo de produção. Essas formas coercitivas extremadas da exploração capitalista surgem onde o conjunto do processo de reprodução capitalista do capital encontra obstáculos ou não encontra as condições sociais e econômicas adequadas a que assuma, *num dos momentos* do seu encadeamento, a forma propriamente capitalista.

O cativeiro no capitalismo de fronteira

O quadro de referência da possibilidade desta reflexão se constitui a partir de 1966, quando a ditadura militar (instaurada em 1964 e encerrada em 1985) põe em prática um amplo programa de ocupação econômica da Amazônia brasileira, em bases supostamente modernas. Embora, até por tradição, viesse ocorrendo um lento processo espontâneo de ocupação "do Oeste" e, a partir de meados dos anos 1950, do Centro-Oeste e do Norte do país, o regime militar decidiu acelerar, definir as características dessa ocupação e controlá-la. Os objetivos eram econômicos, mas eram sobretudo geopolíticos. O lema da ditadura era "integrar" (a Amazônia ao Brasil) "para não entregar" (a supostas e gananciosas potências estrangeiras). Os militares falavam em "ocupação dos espaços vazios", embora a região estivesse ocupada por dezenas de tribos indígenas, muitas delas jamais contatadas pelo homem branco, e ocupada também, ainda que dispersamente, por uma população camponesa já presente na área desde o século XVIII, pelo menos.

Em face dessas preocupações, a modalidade de ocupação proposta era contraditória: a da agropecuária, uma atividade econômica que dispensa mão-de-obra e esvazia territórios. No limite, previa-se a criação de apenas cerca de quarenta mil empregos em toda aquela ampla região. Sem contar que, em consequência da modalidade de ocupação proposta, tribos indígenas sofreriam, como sofreram, pesadas reduções demográficas no contato com o branco e suas enfermidades. Algumas tribos perderam nesses poucos anos até dois terços de sua população.[4] Sem contar, também, que milhares de camponeses teriam que ser expulsos de suas terras de trabalho, como de fato o foram, para que nelas fossem abertas grandes pastagens.[5] Muitos deles acabaram migrando para as cidades da própria região, para viver na miséria da subocupação e das favelas. As novas atividades econômicas instauraram o grande latifúndio moderno, vinculado a poderosos conglomerados econômicos nacionais e estrangeiros.

Para lograr esse resultado, o governo federal concedeu às grandes empresas, nacionais e multinacionais, incentivos fiscais, isto é, a possibilidade de um desconto de 50% do imposto de renda devido pelos seus empreendimentos situados nas áreas mais desenvolvidas do país. A condição era a de que esse dinheiro fosse depositado no Banco da Amazônia, um banco federal, e, após aprovação de um projeto de investimentos pelas autoridades governamentais, fosse constituir 75% do capital de uma nova empresa, agropecuária ou industrial, na região amazônica. Tratava-se de uma doação, e não de um empréstimo.

O governo agia desse modo para assegurar rentabilidade aos novos investimentos, já que, em princípio, os grandes empresários dos bancos, da indústria e do comércio não tinham até então manifestado interesse por estender a ação de seus capitais à agropecuária. Não só devido a características tradicionais da agricultura brasileira, em que a lucratividade maior sempre esteve no comércio dos produtos agrícolas, e não na sua produção. Mas também devido ao clássico bloqueio representado pela propriedade da terra e, portanto, pelo seu preço, a renda fundiária, à expansão do capital na agricultura. Pois, sabemos, o preço da terra representa uma dedução do capital propriamente dito, diminuindo a quantia disponível para o investimento produtivo, o investimento propriamente capitalista. O governo militar oferecia aos empresários dos outros setores a recompensa dessa doação de 75% do capital de que necessitavam para o novo empreendimento, cabendo-lhes entrar com 25% de recursos próprios. Ou podiam se associar a grandes proprietários de terra para estabelecer as novas atividades econômicas.

Essa opção era também política: por esse meio, o governo assegurava a sobrevivência econômica e política das oligarquias fundiárias,[6] controladoras do poder regional nos estados do Centro-Oeste e do Norte. Assim, não ficavam privadas da renda da terra, privação que seria a solução alternativa, por meio de uma reforma agrária que abrisse o território à expansão capitalista. O governo militar socializou os custos da ocupação capitalista da Amazônia, transferindo para toda a sociedade o preço da não-realização de uma reforma agrária, isto é, a opção por um modelo concentracionista de propriedade, e não por um modelo distributivista, este último reivindicado nas pressões sociais anteriores ao Golpe de Estado. O sentido dessa opção estava no próprio fato de que a classe dos proprietários de terra e as oligarquias tradicionais de base fundiária foram uma importante base social de sustentação do Golpe de Estado e do regime militar. Golpe que fora dado para conter uma suposta revolução agrária, de orientação comunista, levada a cabo por camponeses pobres, sobretudo do Nordeste do Brasil.[7]

A rápida expansão da frente pioneira em direção à Amazônia deu-se num contexto bem diverso do das histórias costumeiras em países que servem de modelo ao debate do tema, como os Estados Unidos: em vez de se constituir numa abertura do território com base nos valores da democracia e da liberdade, constituiu-se numa expansão apoiada num quadro fechado de ditadura militar, repressão e falta de liberdade política. Sobretudo num contexto de anticomunismo em que, justamente, as classes trabalhadoras, na cidade e no campo, se tornavam automaticamente suspeitas de subversão da ordem política sempre que reagiam às más condições de vida que o regime lhes impusera. Esse clima repressivo, associado ao fato de que os proprietários de terra e os empresários eram os principais aliados e beneficiários do regime militar, criou para camponeses e trabalhadores rurais uma situação extremamente adversa. Num país em que o poder pessoal do grande proprietário rural é ainda hoje um poder emblemático, um poder de vida e de morte, criou-se, assim, uma situação em que a exploração do trabalho ficava acentuadamente na dependência do arbítrio do fazendeiro ou de seus gerentes e capatazes. Na verdade, as instituições da justiça e da polícia foram severamente debilitadas, quando não se tornaram abertamente coniventes com a escravização de trabalhadores e com a expulsão de camponeses da terra, como é de tradição em muitas e remotas regiões do país. A grande propriedade sempre foi um enclave sujeito a critérios próprios de direito, embora ilegais; lugar do reino do arbítrio do senhor de terras, que se torna, por isso mesmo, ainda hoje, senhor de consciências e de pessoas.

Esse extraordinário poder multiplicou-se na onda da conversão do grande empresário em proprietário de terra, além do mais com base numa ampla multiplicação do tamanho das propriedades fundiárias. O fato de que os novos proprietários rurais viessem de uma tradição urbana, moderna e propriamente capitalista não impediu que em suas fazendas se reproduzisse com facilidade o tipo de dominação, repressão e violência característicos da dominação patrimonial. Em parte, porque, absenteístas, embora coniventes e beneficiários, delegaram a intermediários, como os gerentes e capatazes, educados na tradição do poder pessoal, a responsabilidade pelas decisões e pela administração de seus bens. Esse poder multiplicou-se também com o dinheiro que chegou às mãos de proprietários tradicionais, educados na tradição oligárquica da dominação pessoal e da violência.

Um quadro do que ocorreu nas 431 fazendas, em que se sabe que houve trabalho escravo, de 1970 a 1993, e em relação às quais pude colher informações, constitui, penso, um adequado ponto de partida para uma análise do problema da escravidão por dívida no Brasil contemporâneo. Delas, 308 estão localizadas na Amazônia e 123 fora da Amazônia. Especificamente nessas fazendas, foi estimado que, somadas as denúncias de diferentes épocas, houve pouco mais de 85 mil trabalhadores escravizados. Esse é um número mínimo, isto é, no mínimo foram esses os trabalhadores submetidos a cativeiro. Número que foi obtido com base nos depoimentos dos peões que conseguiram fugir e fizeram denúncias às autoridades (como a Polícia Federal, legalmente incumbida da repressão ao trabalho escravo e ao tráfico de pessoas; e os agentes locais ou regionais do Ministério do Trabalho). Esse número, porém, é muito inferior ao número real. Em seu bem-feito estudo sobre a frente pioneira, Branford e Glock mencionam a estimativa de que, no início dos anos 1970, havia entre 250 mil e 400 mil peões trabalhando nas fazendas amazônicas na estação seca. O governo do estado do Maranhão estimava que, em 1975, havia cerca de cem mil peões originários daquele estado trabalhando nas fazendas da Amazônia.[8] Uma única fazenda, a Suiá-Missú, empregou cerca de três mil peões na fase do desmatamento. Mas em seu projeto previa-se que, uma vez encerrada essa fase, haveria apenas 250 empregados fixos na propriedade de quase 700 mil hectares, dos quais cerca de 217 mil hectares incluídos nas atividades agropecuárias propriamente ditas.[9]

As informações sobre a escravização de peões nas fazendas foram fornecidas não só às autoridades federais, mas também a membros da Igreja Católica, cuja Comissão Pastoral da Terra organizou um consistente arquivo de dados sobre o assunto. Em algumas regiões, como em São Félix do Araguaia (Mato Grosso) e em Conceição do Araguaia (Pará), sacerdotes e agentes de pastoral recolheram e anotaram depoimentos desses foragidos, de modo a viabilizar denúncias e a pedir a intervenção das autoridades.[10]

Foram quase nove mil os trabalhadores que conseguiram fugir do cativeiro, na imensa maioria fugas de fazendas amazônicas. Eles constituem 10,2% dos peões cuja situação chegou a ser denunciada no conjunto do país e 13,1% na Amazônia. Em 18,3% das fazendas denunciadas houve assassinato de peões, geralmente quando tentavam escapar, perseguidos por pistoleiros. Essa proporção é mais alta na Amazônia: 22,7%. Além disso, houve tortura de peões em 33,4% do total das fazendas e em 37% das fazendas amazônicas arroladas. Apesar dessas condições adversas, em todo o país houve alguma revolta de peões em apenas 5,6% das fazendas denunciadas por escravização de seus trabalhadores; e em 6,5% na Amazônia.

Acumulação primitiva no interior da reprodução ampliada do capital

Penso que essas referências sugerem, desde logo, que a questão principal não é a da análise em que um autor se perca no dilema de decidir se isso é escravidão ou não. Esse quadro certamente não sugere, a quem quer que seja, que estamos diante do que os teóricos definiram como trabalho livre. Certamente, estamos diante, ao mesmo tempo, do que os mesmos teóricos definiram como capitalismo. Estou de acordo com os autores que consideram a escravidão de hoje como um componente do próprio processo do capital. É o caso de Brass, para quem "o capitalismo não é só compatível com o trabalho não livre, como em certas situações prefere-o a uma força de trabalho livre".[11] Meu próprio entendimento do problema é o de que o capital pode não só *preferir* o trabalho não livre. Estou de acordo com Brass quando diz que o processo de desproletarização é determinado pela luta de classes. Mas entendo que isso depende das circunstâncias do desenvolvimento do capital e da sua reprodução ampliada, isto é, as circunstâncias sociais, políticas e culturais da acumulação; enfim, suas circunstâncias históricas, que são também as circunstâncias da luta de classes. A ideia da desproletarização, para explicar o envolvimento ativo do capital no estabelecimento de formas coercitivas de trabalho, pode abranger, num caso como o brasileiro, a conduta *preventiva* à conversão plena e definitiva do peão à condição de proletário,[12] especialmente num contexto de grandes conflitos étnicos, com os índios, e sociais, com os camponeses da região amazônica.

Pode-se dizer que o capital tanto remove ou dissolve relações sociais (e relações de produção) que bloqueiam sua reprodução ampliada quanto incorpora a ela aquelas persistentes relações que, ainda que temporariamente, não podem ser substituídas. Nesse sentido, de fato ele as *recria*, mas agora como momento do seu processo de reprodução. Elas parecem ser as mesmas relações, mas são agora outra coisa, isto é, são agora forma social carregada de novas determinações decorrentes da mediação do capital no movimento da sua reprodução ampliada.

Na verdade, o problema da persistência ou do renascimento de formas contemporâneas de escravidão tem sociologicamente a importância de um analisador-revelador.[13] Sua análise permite ampliar a nossa compreensão do que o capitalismo é um século depois das análises de Marx, quando essas diferenças podiam ser atribuídas a estruturas sociais, econômicas e políticas de um passado que ainda estava muito próximo. Elas apareciam, muitas vezes enganosamente, como meras sobrevivências de modos de produção ainda não completamente destruídos pelo desenvolvimento do modo de produção capitalista. Quando, na verdade, estavam se tornando produtos do capital.

O componente mais notável dessa incorporação (e, portanto, não de uma transição) foi a redefinição capitalista da renda fundiária e a própria gênese da propriedade capitalista da terra. Essa forma da renda territorial foi precedida pela renda em trabalho e pela renda em espécie. A própria renda em dinheiro nem sempre é renda *capitalista* da terra, pois pode permanecer com o caráter de tributo pessoal, dedução dos ganhos do trabalho na terra, pago pelo camponês ao proprietário. A renda capitalista da terra, obviamente sob a forma de renda em dinheiro, surge quando deixa de ser um tributo pessoal para se tornar um tributo social. Isso só é possível quando parte da mais-valia é transferida ao proprietário de terra, no preço dos produtos comercializados, o que se viabiliza pela diferente composição orgânica do capital na agricultura e na indústria. A diferença entre a composição média e a baixa composição orgânica do capital na agricultura se materializa na renda fundiária, como se ninguém a estivesse pagando, quando de fato a sociedade inteira é agora devedora desse tributo ao proprietário pelo simples fato de que ele tem um título de propriedade e por isso cobra pelo uso de sua terra.[14]

O capitalismo certamente não é apenas constituído do quadro de opressão e violência contidas nas informações sobre a peonagem no Brasil atual. Mas o capitalismo, certamente, é também o conjunto dos processos sociais, procedimentos e situações que esse quadro nos revela. Para explicá-lo é necessário compreender que o tempo do capital não é concretamente apenas o tempo unilinear do progresso, da modernização, da conduta racional com relação a fins e do desenvolvimento. Não se pode atribuir a momentos, circunstâncias e particularidades do processo de reprodução do capital características formais cuja validade está fundamentalmente referida ao seu processo geral e, sobretudo, às suas tendências gerais, que é o que se fixa nos modelos interpretativos e na teoria. O tempo da reprodução do capital é o tempo da contradição; não só contradição de interesses opostos, como os das classes sociais, mas temporalidades desencontradas e, portanto, realidades sociais que se desenvolvem em ritmos diferentes, ainda que a partir das mesmas condições básicas. Henri Lefebvre sugere bem que a interpretação do capitalismo contida em *O capital* está baseada numa concepção de *desenvolvimento igual*; e que outras obras de Marx, como os *Grundrisse*,[15] se apoiam na concepção do *desenvolvimento desigual* do capital, em que os componentes do processo não se regem pelos mesmos ritmos e temporalidades. As forças produtivas se desenvolvem mais depressa do que as relações sociais; no capitalismo, a produção é *social*, mas a apropriação dos resultados da produção é *privada*. Essa contradição fundamental anuncia o descompasso histórico entre o progresso material e o progresso social. A desigualdade do desenvolvimento se expressa nos desencontros que nos revelam diversidades, e não uniformidades da mesma realidade econômica e social.[16]

Essa característica do processo do capital, mesmo na indústria, aparece, muitas vezes, nos descompassos técnicos dos diferentes momentos do processo de trabalho. O desenvolvimento tecnológico de cada momento é desigual e implica, pois, em formas sociais distintas de extração do excedente econômico e de exploração do trabalhador que ali trabalha diretamente. É necessário, portanto, conhecer *em que tarefas o trabalho escravo é empregado hoje*, para poder, então, *compreendê-lo como momento do processo do capital*. Meus dados acumulados até 1995 indicavam que, na Amazônia, 72,7% dos peões eram empregados no desmatamento da floresta virgem para posterior formação de pastagens para o gado. Fora da Amazônia, apenas 26,2% dos peões eram ocupados em desmatamento ou reflorestamento. Essas características ainda se mantêm. Ambas as atividades dizem respeito à *formação da fazenda*, isto é, à transformação da natureza bruta em base de um empreendimento econômico lucrativo, processo que na indústria nem é tão dramático, nem tão demorado, nem tão extenso. No total do país até então, 53,3% dos peões escravizados foram empregados nessas tarefas e 46,7%, em agricultura e pecuária, indústria extrativa e indústria propriamente dita. Na Amazônia, apenas 12,2% dos peões foram utilizados em trabalhos permanentes na agricultura e na pecuária, ou seja, nas atividades rotineiras das fazendas já implantadas. E em todo o Brasil, 34,4% dos peões escravizados foram empregados nessas ocupações.

Comparando dois períodos distintos, o que vai até o final da ditadura, em 1984, e o posterior à ditadura, a partir de 1985, a média anual de casos denunciados de escravidão praticamente dobra, saltando de 13,5 para 25,1. Na Amazônia, o salto é de 9,8 para 17,7 casos anuais. Ao mesmo tempo, quando se toma especificamente o caso da Amazônia, é possível observar que as ocorrências se deslocam progressivamente do Centro-Oeste para o Norte, acompanhando o movimento da frente pioneira: em 1970/73, 52,2% dos casos eram relativos ao Centro-Oeste, enquanto em 1990/93, apenas 36,8% dos casos ali ocorreram. Inversamente, as ocorrências no Norte passaram de 47,8% para 63,2% nesses mesmos anos.

Portanto, na frente pioneira, o trabalho escravo tem sido utilizado sobretudo fora do processo de trabalho propriamente dito, isto é, fora do processo normal e permanente de produção propriamente capitalista. Nesse sentido, é uso de trabalho em tarefas próprias de uma situação de *acumulação primitiva*. Conceito que, aliás, ganha melhor definição se, além de considerarmos a expropriação que força a entrada do trabalhador no mercado de trabalho, considerarmos, também, que *esse momento de expropriação dos meios de vida se prolonga na superexploração da força de trabalho*. Ou seja, quando o trabalhador compromete a sua própria sobrevivência, ou a de sua família, quando é expropriado da possibilidade de viver, trabalhando mais do que a jornada normal de trabalho, acima do trabalho excedente extorquido sob a máscara do salário e da contratualidade da relação entre patrão e empregado. Isso fica claro quando, ao final de meses de trabalho, nada tem a receber; ao contrário, ainda tem que pagar algo a quem o empregou. É, no fundo, procedimento que faz parte do mesmo quadro confiscatório em que o trabalhador se vê privado dos meios de produção que ainda possui, como terra e ferramentas, pois a superexploração introduz em sua vida dificuldades (como doenças e endividamentos, ou mesmo sua morte) que lentamente o incorporarão e/ou sua família ao chamado exército industrial de reserva, a força de trabalho à disposição do capital. Quando se pensa na acumulação primitiva como *processo* e não como rótulo, pode-se entender que é processo que pode ter, e tem, ritmo mais ou menos lento. Por isso, além de ser um requisito *histórico* da acumulação capitalista (e não necessariamente um requisito simultâneo dessa acumulação em todos os ramos e momentos da produção), a acumulação primitiva pode se mesclar e se confundir com a reprodução do capital.

Essa modalidade de exploração do trabalho se traduz em acumulação primitiva porque é, em parte, **produção de capital no interior do processo de reprodução ampliada do capital**. Isso fica claro se entendermos que, historicamente, pode-se falar em **reprodução** *capitalista de capital*, reprodução de capital com base em relações formalmente capitalistas de produção. Mas *não se pode falar em* **produção** *capitalista de capital*, pois a produção do capital envolve mecanismos e procedimentos próprios da acumulação primitiva. Envolve, portanto, a conversão de meios e situações não capitalistas ou pré-capitalistas em instrumentos da produção capitalista propriamente dita, isto é, produção de mais-valia. Essencialmente, o que define o processo não é o resultado, mas o *modo* como foi obtido, isto é, o modo de produção do excedente econômico: o resultado é capital, é capitalista, mas o modo de obtê-lo não o é. *O que a peonagem tem promovido na frente pioneira*, desde pelo menos a expansão dos cafezais brasileiros para o oeste de São Paulo, no século XIX, *é a produção de fazendas*[17] e não, fundamentalmente, a produção de mercadorias, nas fazendas, para o mercado de consumo; isto é, *a peonagem tem produzido, sobretudo nos casos recentes, os meios de produção a serem utilizados pelo capitalista na produção de mercadorias*. E não principalmente nem diretamente as próprias mercadorias. Nesse sentido, o caso brasileiro recente mostra que a *expansão territorial do capital* e sua extensão às atividades agropecuárias não se dão exclusivamente nem predominantemente como resultado de reaplicação de capital num setor econômico novo. Ao contrário, elas se apoiam em incentivos fiscais e subsídios governamentais, de um lado, e no uso não capitalista da mão-de-obra necessária à fundação propriamente dita do novo empreendimento.[18] Ou seja, *a reprodução ampliada do capital, nesses casos, inclui a produção não capitalista de capital*.

Essa característica da peonagem tem sido recorrente na história brasileira, mesmo na época da escravidão negra, em que o escravo constituía um caro investimento para os fazendeiros. A fase de formação das fazendas utilizava trabalhadores livres, ao invés de escravos, que trabalhavam por empreitada em troca do direito de cultivarem nas novas terras gêneros alimentícios. Obrigavam-se, em contrapartida, durante alguns anos, a desmatar o terreno e a plantar as mudas de café fornecidas pelo fazendeiro. Entre as jovens plantas de café podiam, durante algum tempo, plantar milho e feijão para seu consumo e até para venda. Ou seja, os fazendeiros preferiam reduzir seus dispêndios financeiros com a fase de formação das fazendas para aplicá-los no seu funcionamento produtivo normal, ainda que, neste caso, com a compra de escravos negros. Essa é a característica que não se perdeu no caso da Amazônia atual e da frente pioneira.

Se, principalmente no período recente, a peonagem tem sido a forma predominante de exploração do trabalho para formação das novas fazendas, houve outras situações, e ainda há, em que foi e é a forma regular de exploração do trabalho no processo rotineiro de produção. Refiro-me ao chamado regime de aviamento na produção da borracha e da castanha-do-pará na região Amazônica, um regime de trabalho que se tornou particularmente disseminado a partir dos anos 70 do século XIX e que ainda persiste, com modificações, em algumas áreas. O regime de aviamento tem, como a peonagem recente, uma ampla variedade de características. Como observou Teixeira, no seu bem-feito estudo sobre os seringais, são várias, "e não apenas uma, as relações que se desenvolvem sob a égide do aviamento".[19] Sobretudo por ser a forma normal e permanente de exploração do trabalho, produz resultados sociais que não podem ser observados na peonagem atual. O aviamento se tornou não só um regime de exploração do trabalho, mas também um sistema de dominação política e de manifestação do poder pessoal. Na verdade, ele passou a regular inteiramente as relações sociais dos trabalhadores dos seringais, do trabalho à festa. Ele se firmou como um modelo de relacionamento entre o trabalhador e o patrão derivado da dominação de tipo patrimonial. No aviamento, o núcleo da relação de trabalho parece se constituir em variações de um duplo *sistema de crédito sem dinheiro*, bancário e comercial,[20] em que os juros são cobrados extorsivamente ao longo da cadeia de financiamentos que vai da casa exportadora de borracha ao trabalhador do seringal. Aí operam velhos mecanismos de extorsão e usura. Há situações recentes em que as relações de trabalho no seringal *aparecem* (e iludem) como relações de arrendamento da terra pago em produto, com toda a produção ou uma parte dela, como se o núcleo do vínculo fosse o do trabalho autônomo, como se o trabalhador fosse um camponês.[21] Tende a aparecer, também, como exploração mercantil, e não diretamente como exploração do trabalho.

A época de florescimento recente da peonagem, no início dos anos 1970, foi também época do chamado "milagre brasileiro", época de grande crescimento econômico. A expansão da fronteira coincidiu com a ampliação das alternativas de investimentos em outros setores da economia, em que, aparentemente, a rentabilidade do capital era maior e mais rápida do que na agropecuária. Chegou-se a supor, na época, que havia transferência clandestina dos incentivos fiscais, obtidos pelas empresas, da frente pioneira para a área mais desenvolvida e industrializada do país, o Sudeste, principalmente para aplicações financeiras. A fundação de fazendas (ou de indústrias) na Amazônia era o meio de obter os recursos dos incentivos fiscais. Mas isso dependia de mecanismos atrasados e arcaicos de exploração do trabalho e acumulação de capital, como a peonagem e a expropriação violenta dos ocupantes originais da terra, os índios e posseiros. *A expansão territorial do capital não podia depender do capital propriamente dito, atraído para setores mais lucrativos, restabelecendo-se mecanismos e processos de acumulação primitiva.* A ocupação da fronteira se inseria marginalmente no processo de reprodução ampliada de capital. A expansão territorial do capital revelou-se, assim, uma forma diversa e peculiar de sua reprodução ampliada. O objetivo da expansão territorial não era a produção pecuária, mas a produção de fazendas.

A disseminação da peonagem também em áreas de ocupação tradicional, fora, portanto, da frente pioneira e da região amazônica, sugere, em princípio, que esse regime de trabalho não floresce unicamente em áreas de ocupação territorial recente e de simultânea escassez de mão-de-obra, embora seja característico delas. Nessas áreas não amazônicas têm sido ocupados 26,2% dos peões em atividades de implantação de fazendas. Portanto, um fenômeno similar ao da frente pioneira (e, de certo modo, um fenômeno residual e retardatário da passagem da frente pioneira por área já incorporada à economia nacional) e ao de implantação de novas atividades econômicas em áreas já ocupadas (como o reflorestamento). Em atividades permanentes, as da rotina normal das fazendas, têm sido empregados 73,8% dos peões, inclusive na indústria (que tem 4,9% dos peões empregados fora da região amazônica), embora indústria primitiva, como é o caso das olarias. Nas tarefas rotineiras da agricultura, esses trabalhadores têm sido usados sobretudo no corte da cana-de-açúcar, na colheita de café e na colheita de semente de capim para formação de pastos. São atividades sazonais em que normalmente emprega-se o trabalho do chamado boia-fria, cujas condições de vida têm sido reiteradamente denunciadas pelos sindicatos e outras agências como inferiores às que possam assegurar a mínima sobrevivência ao trabalhador e a sua família.[22] O aparecimento de casos de escravidão nesse tipo de trabalho é indicativo não só de intensificação da exploração dos trabalhadores rurais, mas é indicativo, também, de que *a escravidão atual é, no limite, uma variação extrema do trabalho assalariado, e o que lhe dá origem e sentido é a precedência da composição orgânica do capital nos setores de ponta da economia.*[23]

O fato de que seu emprego se dê em setores da economia agrícola, tradicionalmente voltados para o mercado interno e para a exportação, faz pensar que, nesses casos, aparentemente, não estamos em face de uma modalidade de exploração do trabalho pelo grande capital segundo regras da acumulação primitiva. Entretanto, minha hipótese, mesmo em relação a regiões não pioneiras, é a de que mecanismos e procedimentos de acumulação primitiva podem se estender pelo interior do próprio processo de reprodução ampliada do capital, especialmente em setores situados à margem daqueles de maior vitalidade e rentabilidade econômica. Estamos, na verdade, em face de uma situação de superexploração. O capital pode extrair mais-valia além do limite determinado pela reprodução da força de trabalho, pagando aos trabalhadores salários insuficientes para a recomposição de suas forças físicas após a jornada de trabalho, ou após o pagamento do salário. Nesse caso, o salário pago, sendo insuficiente, compromete a sobrevivência do trabalhador e/ou dos membros de sua família, comprometendo a reprodução da mão-de-obra. Isso é possível, evidentemente, quando o excesso relativo de mão-de-obra torna o trabalhador substituível e descartável.

O que parece explicar a acentuada redução nas condições de vida desses trabalhadores, que vivem no limite do assalariamento normal, é que trabalham em atividades já inseridas, ainda que marginalmente, em setores e processos modernos da economia capitalista, nos quais há grande investimento de capital, seja nas plantações seja nos equipamentos ali necessários. Teoricamente, esses empreendimentos deveriam ter uma alta composição orgânica do capital, isto é, o montante de capital variável (de capital empregado na compra de força de trabalho) deveria ser proporcionalmente inferior ao montante de capital constante (o capital empregado em máquinas, equipamentos e tecnologia).

Devido à inserção dessas novas atividades nos setores propriamente dinâmicos da economia, como o capital industrial e o capital financeiro, a rentabilidade das atividades agrícolas assim vinculadas é determinada por uma taxa de lucro acima do que seria a taxa real de lucro do empreendimento. Isso porque a composição orgânica do capital dessas novas empresas é *de fato* inferior à composição que deveria ter ou inferior à composição média. Justamente por isso é que ao setor mais débil no conjunto dos fatores econômicos envolvidos, o da força de trabalho, se atribui uma remuneração residual em relação à do capital, cuja taxa de lucro fica assim assegurada, como se fosse um setor moderno, organizado segundo composição orgânica mais alta do que a real. Desenvolvem-se estratégias de redução de salários, sem a contrapartida do desenvolvimento das forças produtivas e, portanto, sem redução no trabalho propriamente dito. Essas estratégias permitem, ao mesmo tempo, diminuir a participação relativa do capital variável em face do capital constante na composição orgânica do capital da empresa. Embora sejam setores realmente de baixa composição orgânica do capital, funcionam como se fossem setores de alta composição orgânica do capital. O que, no fim das contas, assegura ou impõe que se amplie a extração de trabalho excedente, não pago, ao peão.

Esse processo já opera no caso do trabalhador boia-fria, frequentemente submetido à superexploração de sua força de trabalho. Quando a superexploração se acentua, em face da necessidade de redução adicional do capital variável, isto é, do dispêndio em salários, a exploração do trabalho facilmente desliza para a peonagem e os mecanismos repressivos da escravidão por dívida. É o que explica alguns dos problemas trabalhistas nos canaviais de usinas de açúcar no Mato Grosso do Sul.

Basicamente, os mecanismos são os mesmos que se encontram na frente pioneira e no trabalho de implantação de novas fazendas na área amazônica e que explicam o uso da peonagem naquela região. Porém ali é imediatamente visível que a escassez de mão-de-obra é uma das causas do emprego de métodos coercitivos e violentos de manutenção dos trabalhadores no interior da fazenda. No final, também nas áreas não amazônicas a peonagem acaba sendo utilizada por empresas que, muito provavelmente, têm dificuldades para recrutar sua mão-de-obra pelo salário que estão dispostas a pagar, sobretudo porque operam em setores, como o do corte de cana, em que muitas fazendas, até um certo limite, estão dispostas a recrutá-la. Mesmo aí, a *reprodução ampliada do capital* é assegurada por um desfrute da força de trabalho além da possibilidade de reprodução desta. Isso indica que essa reprodução ampliada de capital se faz mediante a incorporação de mecanismos de *produção* de capital, isto é, de acumulação primitiva. É o que assegura a certos setores e a certas economias a inserção no processo capitalista de produção, mesmo não estando organizados segundo padrões típicos de relacionamento entre o capital e o trabalho.

Os mecanismos sociais de gestação da escravidão

O caso brasileiro sugere, porém, que a relação entre peonagem e acumulação de capital seja vista na diversidade de características que a peonagem assume concretamente. Sob o rótulo comum de escravidão por dívida, há uma razoável variedade de situações envolvendo os peões das grandes fazendas brasileiras, sobretudo na região amazônica.

É nesse sentido, também, que há diferenças substantivas entre a escravidão negra extinta em 1888 e as novas formas de escravismo. A escravidão negra estava definida pelo costume e pela lei e ganhava sentido no fato de que legalmente o cativo era mercadoria. Na nova situação, o peão pode se tornar ou não se tornar mercadoria. Isso depende de circunstâncias locais e setoriais. Portanto, *a peonagem não é uma instituição*. Fato que dificulta a sua compreensão quando se põe a ênfase no aspecto meramente conceitual do problema. No arrolamento que fiz há casos de escravidão de curta duração, os mais comuns sendo os que duram a estação seca na Amazônia, período em que se faz a derrubada da mata para queimá-la antes das chuvas e ter o terreno limpo para semear o capim. Depois disso os trabalhadores são libertados. Mas há casos, também, como o dos índios tükunas, do Amazonas, que em 1985 denunciaram que haviam sido escravizados, por duas gerações, por mais de vinte anos, por dois fazendeiros. Ou casos em que, após o término da empreitada, os peões são vendidos a outro fazendeiro a pretexto de que estão endividados. Além de casos de notória mercantilização da pessoa, há casos em que o mecanismo do endividamento não impede que o peão, ao final do período de trabalho, disponha de um pequeno saldo em dinheiro. Essa é, provavelmente, a ocorrência mais comum. Há casos em que o peão pode ir nos fins de semana, ou a cada mês, ao povoado, quando este é relativamente próximo. O que sugere que aí o mecanismo da dívida é muito mais para assegurar o seu retorno ao trabalho ou a sua permanência no trabalho, e não um mecanismo importante de acumulação de capital. Mas há outros casos em que os peões são proibidos de deixar a fazenda e o acampamento mesmo quando atacados de malária ou por qualquer outro motivo de saúde e, nesses casos, precisariam recorrer ao médico ou ao hospital da cidade mais próxima, quase sempre muito longe. Pistoleiros se encarregam de impedir as saídas. Na Fazenda Codeara, do Banco de Crédito Nacional, no Mato Grosso, no início dos anos 1970, só era possível sair com salvo-conduto.

Se por um lado é preciso explicar a peonagem pelos mecanismos de acumulação de capital, como parte do processo global de acumulação, por outro é preciso compreender que *grande parte da sua dimensão propriamen-*

te dramática procede do que se poderia chamar de **pequena acumulação**. Refiro-me à importância que tem a peonagem nos ganhos dos membros do pequeno mundo que se organiza em torno dela:[24] os traficantes propriamente ditos, responsáveis pelo recrutamento dos trabalhadores, pelo endividamento inicial através do adiantamento deixado com a família do peão e que, afinal, os vendem às fazendas; donos de prostíbulos nas regiões de peonagem (que estabelecem com as prostitutas uma relação de escravidão similar à do peão), onde o peão que consegue saldo em relação às suas dívidas gasta boa parte do pouco dinheiro que recebe; os vendedores de roupas e bugigangas (como rádios de pilha, relógios, óculos de sol etc); os donos de pensões que abrigam e financiam a manutenção dos peões quando seu dinheiro acaba e que os vendem a um novo traficante ou recrutador que apareça à procura de trabalhadores; a polícia, que a pedido de traficantes de mão-de-obra prende forasteiros à noite, nos povoados, confisca os bens dos presos e cobra deles ilegalmente a carceragem (isto é, o tempo de permanência na prisão), que acaba sendo paga pelo traficante que os compra, começando, assim, uma nova dívida; os pistoleiros empregados pelos traficantes e pelos capatazes das fazendas para vigiar e disciplinar os peões ou persegui-los quando fogem (houve casos em que esses mesmos pistoleiros mataram os peões que haviam recebido saldos, tocaiando-os na saída das fazendas para se apropriarem do dinheiro, como ocorreu, nos anos 1970, em Ribeirão Cascalheira, no Mato Grosso).

É nesse pequeno universo que se cria a complexa teia de relações sociais que reproduz o cativeiro do peão e que transforma a superexploração em escravidão. É nesse pequeno universo que a escravidão se reproduz em primeira instância, pois é sobretudo nele que se recria o endividamento do peão, e não necessariamente ou, ao menos, nem sempre nas próprias fazendas, pois estas necessitam dos trabalhadores apenas temporariamente. De qualquer modo, a fazenda não aparece como a responsável *imediata* pela escravidão do peão nem como a primeira beneficiária da exploração de que ele é vítima, embora, em segunda instância, seja na economia das fazendas que operem os mecanismos que determinam a superexploração e, no limite, a escravidão. Isto é, *embora todas essas relações se deem no interior do processo de reprodução ampliada de capital, ainda que não imediatamente no interior do processo capitalista de trabalho.*

Uma parte desses pequenos acumuladores se torna comerciante, estabelecido e enraizado, depois da passagem da frente pioneira. Ao menos um deles, que transportava os peões de avião para as clareiras da selva onde se fazia o desmatamento para as novas fazendas, organizou uma pequena companhia de transporte aéreo que acabou se tornando uma das mais importantes empresas brasileiras de transporte aéreo. Ou então migram acompanhando o deslocamento da frente pioneira e dos peões. Na verdade, temos aí duas situações bem distintas: a das pequenas atividades econômicas resultantes do dinheiro posto em circulação com o saldo dos peões que conseguem pagar suas dívidas; e a dos intermediários no recrutamento e manutenção dos esquemas repressivos, que oneram diretamente a contabilidade da fazenda, considerados que são custos de mão de obra, responsáveis pela redução ainda maior do pagamento real ou nominalmente destinado ao trabalhador.

A escassez de mão de obra nas áreas em que tem sido empregado o regime de peonagem é certamente um de seus fatores. Mas não é o único nem necessariamente o que predomina do ponto de vista dos próprios trabalhadores. Basicamente, o que os traficantes fazem é transferir trabalhadores de áreas em que há excesso deles e há desemprego ou subemprego para as áreas que deles necessitam. Por falta de dados, é impossível calcular, em termos de número de pessoas, de onde vêm e para onde se destinam os peões que trabalham para fazendas acusadas de promover a escravização de seus trabalhadores.

Mas é possível distribuir as fazendas por referência aos locais de origem e destino de seus peões, tendo em conta apenas aquelas para as quais essa informação existe. Dessas fazendas, 74,1% estão na Amazônia e 25,9% nas outras regiões. Das que estão na Amazônia, 50,2% recrutaram seus peões na própria Amazônia e 49,8%, fora da Amazônia. Mas é necessário considerar que recrutamento na própria Amazônia significa quase sempre que um peão amazônico que trabalha numa fazenda do Mato Grosso, por exemplo, foi provavelmente recrutado no estado de Goiás. Ou seja, quase sempre muito longe da sua morada habitual. Das fazendas que não estão na Amazônia, 0,5% os recrutaram na Amazônia e 92,5%, fora da Amazônia. Porém, no conjunto do país, apenas 29,7% das fazendas têm recrutado seus trabalhadores no Sul e no Sudeste, isto é, nas áreas mais modernas e onde, com maior probabilidade, eles já têm o que se poderia chamar de uma carreira de assalariados agrícolas. Esses trabalhadores, normalmente, são empregados nessas mesmas regiões, geralmente como boias-frias. Portanto, acidentalmente foram empregados em fazendas que os submeteram a formas servis de trabalho por meio do endividamento.

Se juntarmos, como regiões de recrutamento, o Centro-Oeste, o Norte e, também, o Nordeste, poderemos ver que 70,4% das fazendas do país que têm escravos buscam ali os seus peões (31,1% os recrutam no Nordeste, a maior área de recrutamento de cativos, sobretudo para a região amazônica). Nesse caso, as indicações que se têm sugerem que esses trabalhadores são membros de famílias de pequenos agricultores pobres,[25] que se empregam sazonalmente como assalariados, quase sempre em lugares diferentes e distantes dos de sua própria residência habitual. Sobretudo entre o fim da colheita e o início do plantio, os jovens são estimulados a aceitar essas ocupações temporárias fora do lugar onde vivem, de modo a não sobrecarregar a economia familiar num momento de desocupação ou subocupação. Ou, ao menos, tolera-se que o façam, pois muitas vezes eles próprios querem sair para ganhar algum dinheiro próprio, coisa difícil na pequena economia de excedentes agrícolas, precária ou insuficientemente mediada pelo dinheiro, o que inviabiliza a aquisição de pequenos "luxos", como o rádio portátil, a roupa vistosa etc. O pagamento de um abono à família, por parte do traficante, isto é, um adiantamento em dinheiro pelo trabalho que seu membro deverá realizar, além de ser o primeiro passo do endividamento, é também um meio que faz da família cúmplice do recrutamento e da escravização.

Justamente por isso, fica difícil, sobretudo no caso da Amazônia, supor que o cativeiro é apenas um recurso para assegurar mão de obra para as fazendas. A hipótese de que a peonagem se desenvolve onde não há terras disponíveis e onde os trabalhadores não têm a alternativa de se tornarem ou se manterem camponeses[26] não se confirma no caso dessa frente pioneira. Sendo região onde tem havido as chamadas "terras livres", embora cada vez mais escassas, aparentemente sem dono e portanto disponíveis para a ocupação por novos lavradores, poderiam os peões optar por trabalharem para si mesmos como camponeses. Isso não se dá, porém, em consequência do próprio modo como a peonagem entra na vida dos trabalhadores.

Sobretudo por causa dos vínculos da família, que ficou em outro lugar e que os espera de volta, de preferência com dinheiro. Não se dá, também, porque a aventura de deixar a casa da família, muitas vezes a casa paterna, tem por objetivo justamente escapar das limitações patriarcais da economia camponesa de excedentes, uma economia mercantil simples em que o dinheiro circula de modo insuficiente ou escasso. E o único meio de fazê-lo é trabalhando para quem possa pagar em dinheiro pelo trabalho do peão.

As indicações até agora obtidas por outros pesquisadores e também por mim são de que boa parte dos peões que tem trabalhado nas novas fazendas da Amazônia são principalmente jovens que procedem de famílias camponesas do Nordeste e do Centro-Oeste. Embora haja também casos de peões escravizados que foram recrutados em cidades e até cidades grandes, como Goiânia e Teresina.[27] Se há, ciclicamente, como parece, na história familiar dos camponeses um momento de ruptura entre o pai e os filhos homens,[28] início de uma nova unidade familiar ou surgimento de uma alternativa de vida, há também a poderosa interferência da necessidade de dinheiro na vida das novas gerações. Essa origem camponesa parece essencial para compreender porque, apesar das denúncias de violência e de escravização, a peonagem persiste como meio de recrutamento e de formação da mão de obra de que as fazendas necessitam. Eles imaginam estar migrando temporariamente para um ganho adicional em dinheiro num momento de falta de trabalho nos locais de origem.

Certamente, um fator de adesão dos trabalhadores à condição supostamente temporária de peões é o de que *nem todos os peões se tornam escravos*. Provavelmente, a maioria dos peões deslocados para a frente pioneira, apesar das péssimas condições de trabalho, não se torna efetivamente escrava. Na verdade, o sistema *funciona*, isto é, *nem sempre o trabalhador cai num regime que **ele** possa reconhecer como servil*. Além disso, entra em relações de trabalho que, no geral, não são piores do que as que conhece habitualmente.

A peonagem parece ser, assim, a ponta extrema de uma condição de trabalho que é dela diferente. A peonagem se configura quando as condições propriamente servis das relações de trabalho dominam o relacionamento entre o peão e a fazenda (isso talvez explique por que os que, com justiça, se compadecem e se preocupam com a violação dos direitos humanos com facilidade estendam suas denúncias a situações que não podem ser formalmente caracterizadas como de peonagem). O material que reúni sobre a peonagem é indicativo de que a condição de escravo emerge à consciência do trabalhador quando ele se dá conta de que não tem liberdade de deixar a fazenda, mesmo abrindo mão de qualquer ganho, pois está endividado. Essa consciência emerge quando os pistoleiros da fazenda exibem armas ostensivamente ou torturam na frente dos demais os que eventualmente tenham tentado escapar sem pagar o débito. Ou ainda quando matam o fugitivo e deixam o cadáver exposto, ou então o retalham e o dão para os porcos, para aterrorizar e dissuadir da fuga os outros peões.[29] A consciência que produz a crítica das relações de trabalho e as classifica como escravidão é uma consciência fluida. Ela pode surgir ou não surgir em face de condições idênticas de trabalho, dependendo de uma grande variedade de circunstâncias na definição da subjetividade do peão.

Essa ponta extrema sugere um quadro em que as relações de trabalho rurais combinam inovações de relacionamento e tradições de exploração com tempos diversificados e histórias diversificadas. Isto é, aparentemente, persistem componentes de relações de trabalho servis do passado, que não foram totalmente abolidas ou superadas. E não o foram porque suas condições de reprodução também persistem. Entre elas, uma certa cultura da servidão e da dependência pessoal que ainda se difunde entre as populações pobres do campo e da cidade. Não é demais lembrar que os camponeses pobres das regiões em que ocorre a peonagem tenham em relação aos peões uma atitude de desprezo e temor, considerando-os gente desenraizada, itinerante, pouco afeita à moral e à disciplina – o mesmo que, enfim, se pensava do escravo negro até o século XIX –, sobretudo por temê-los como possíveis candidatos a matrimônio com suas filhas.[30]

Aparentemente, as fazendas preferem o esquema de usar temporariamente o trabalho de camponeses para os quais um provável ganho em dinheiro seria um adicional em relação aos meios de vida habituais, na casa dos próprios pais, sobretudo possível na época de entressafra, quando a família deles não precisa e eles representam uma boca a mais em época de poucos recursos. Os trabalhadores disponíveis estão, por isso, num momento de poucas exigências quanto ao tipo de trabalho, suas condições e sua remuneração. A mão de obra, nesse caso, não circula segundo regras de mercado perfeitas,[31] pois a oferta de trabalho não está condicionada, senão parcialmente, pelas condições de sobrevivência do trabalhador. É um esquema difundido no Brasil e inclui os que vão trabalhar temporariamente nas cidades, quase todos os anos, na construção civil e em outros serviços pesados e mal pagos, para adicionar algum dinheiro às condições de vida da família.[32] Ou então como um prêmio, uma liberação temporária, que os filhos jovens recebem na entressafra, podendo trabalhar para si em vez de trabalhar para a família. Nessa situação, as empresas modernas, sobretudo na agropecuária, podem tirar vantagem dessa temporária superoferta de mão de obra desqualificada que não se disporia a fazer o mesmo trabalho em caráter permanente. No meu modo de ver, justamente uma certa miragem do caráter lúdico desse trabalho fora do lugar (e fora da vigilância e da disciplina dos pais e, também, das esposas)[33] torna o trabalhador acentuadamente vulnerável ao recrutamento e complacente com as más condições de trabalho, o pouco ganho e a violação de seus direitos trabalhistas.

É claro que isso se dá também como consequência da pobreza e da falta de alternativas de emprego nos lugares de origem. Mas sobretudo em consequência da crescente necessidade de dinheiro para fazer frente a novas carências decorrentes da presença cada vez maior da mercadoria na vida das populações camponesas e, ao mesmo tempo, da crônica deterioração das relações de troca entre as mercadorias vendidas pelo camponês e as mercadorias que ele precisa ou quer comprar. Por esse meio fica claro que a superexploração alcança não só o peão propriamente dito, mas todo o seu grupo familiar, base de sua reprodução como força de trabalho e agora força de trabalho para o capital. No fim das contas, por esse meio, o capital tira vantagens das diferenças de preços, custos e necessidades que há entre diferentes regiões e setores da economia, alguns mais e outros menos profundamente inseridos na lógica capitalista.[34] É essa a forma que assume a diferença entre setores inteiramente dominados pela mediação do capital e setores só externamente atingidos por essa mediação. Neste segundo caso, setores em que a reprodução da força de trabalho só complementarmente depende de recursos produzidos diretamente por meio do capital. O capital tira, pois, vantagens comparativas do atraso social e econômico. Sobretudo tira vantagens do amortecimento da consciência de seus peões quando estes usam como parâmetro para medir o valor de sua força de trabalho o complementar e, às vezes, o lúdico e o supérfluo.[35]

* Trabalho apresentado na Conference on Free and Unfree Labour, organizada pelo International Institute for Social History, Amsterdam (Holanda), 13-14 de janeiro de 1995. Publicado, originalmente, em *Tempo Social – Revista de Sociologia da USP*, v. 6, n. 1-2, jun. 1995, pp. 1-25.

Notas

[1] De uma identificação ainda incompleta de grupos econômicos a que pertencem fazendas denunciadas por utilização de trabalho escravo, constam os seguintes, seguidos da referência ao estado e ao ano da denúncia: Agritec (Goiás, 1990), Almeida Prado (Mato Grosso, 1987), Aracruz (Espírito Santo, 1980), Arthur Hopfig (Mato Grosso do Sul, 1983, 1985, 1987 e 1993), Bamerindus (Pará, 1987), BCN - Banco de Crédito Nacional (Mato Grosso, 1970), Bordon (Mato Grosso, 1971; Rondônia, 1986), Bradesco (Fazenda Rio Capim, Pará, 1967, 1976, 1980, 1984; Fazenda Rio Dourado, Pará, 1984, 1987; Fazenda Reunida Taina Recan, Pará, 1973), Brascan (Paraná, 1979; Sta. Catarina, 1979), Café Cacique (Acre, 1981), Capemi (Amazonas, 1980), Coopersucar (Pará, 1984), Copeba (Mato Grosso, 1991), Costa Pinto (Maranhão, 1979), Couto (Acre, 1975, 1977, 1987), Daniel Keith Ludwig (Pará, 1972, 1976, 1980), Encol (Pará, 1984 e 1985; Goiás, 1986), Eucatex (São Paulo, 1986), Ferrari (Paraná, 1993), João Santos (Maranhão, 1986; Pernambuco, 1987), Liquifarm (Mato Grosso, 1971), Lunardelli (Pará, 1985), Mafra (Amazonas, 1980 e 1985), Maginco (Pará, 1994), Manah (Pará, 1991), Marchesi (São Paulo, 1987), Matarazzo (São Paulo, 1986), Matsubara (Pará, 1986), Merck (Pará, 1987), Moura Andrade (Mato Grosso do Sul, 1985), Murad (Pará, 1984, 1985), Mutran (Pará, 1987, 1989, 1991), Nunes (Maranhão, 1995), Papel Simão (Rio de Janeiro, 1983 e 1984), Paranapanema (São Paulo, 1993), Peralta (Mato Grosso, 1989), Pessoa de Queiroz (Mato Grosso do Sul, 1989, 1991, 1992), Quagliato (Paraná, 1991; Pará, 1988), Rossi (Mato Grosso, 1975), Shell (Bahia, 1984), Sílvio Santos (Mato Grosso, 1970 e 1981), Soteco (Mato Grosso, 1986), Supergasbrás (Pará, 1983), Tanagro (Rio Grande do Sul, 1988 e 1991), Volkswagen (Pará, 1983 e 1985), White Martins (Rio de Janeiro, 1984). Os casos de repetidas denúncias indicam persistência no emprego de trabalho escravo, às vezes por mais de uma década, mesmo quando houve ação das autoridades policiais e trabalhistas.

[2] Já antes dessa época, a escravidão por dívida nos seringais da Amazônia foi tema de contundentes e fundamentadas denúncias. Destaco, em especial, o conjunto de ensaios de Euclides da Cunha, escrito no início do século XX (Euclydes da Cunha, *À margem da história*, 6. ed., Porto, Livraria Lello & Irmão Editores, 1946) e o clássico romance, de 1934, de Ferreira de Castro, *A selva* (Rio de Janeiro, Moura Fontes Editor, s. d.). Ferreira de Castro viveu e trabalhou num seringal e conheceu diretamente o drama dos seringueiros escravizados, que é o tema de seu livro. A imprensa desde há muito tem denunciado casos de escravidão no Brasil. Um jornal operário noticiava, em 1913, a ocorrência de escravidão nos ervais da Cia. Mate Laranjeira, no Paraná: Horroroza escravatura operaria no estado do Paraná, em *A voz do trabalhador* (Orgam da Confederação Operaria Brazileira), anno VI, n. 32, Rio de Janeiro, 1 jun.1913, p. 1. A complacência com a escravidão moderna foi quebrada no Brasil pela Carta Pastoral de Dom Pedro Casaldáliga, de 1971, no ato de sua investidura como bispo de São Félix do Araguaia, no Mato Grosso (Cf. Pedro Casaldáliga, *Uma igreja da Amazônia em conflito com o latifúndio e a marginalização social*, São Félix (MT), s. e., 1971, esp. pp. 104-18). E também pelas denúncias do jornalista Lúcio Flávio Pinto, posteriormente incluídas em seus livros (cf., especialmente, Lúcio Flávio Pinto, *Amazônia: no rastro do saque*, São Paulo, Editora Hucitec, 1980, esp. pp. 99-104). A partir de 1975, as ocorrências de escravidão passaram a ser sistematicamente denunciadas pela Comissão Pastoral da Terra. Mais recentemente, entidades internacionais devotadas à defesa dos direitos humanos realizaram suas próprias investigações sobre escravidão em diferentes regiões do Brasil e publicaram úteis relatórios a respeito. Cf. Americas Watch (ed.), *Violência rural no Brasil*, São Paulo, Núcleo de Estudos da Violência da Universidade de São Paulo/Comissão Teotônio Vilela, 1991, esp. pp. 102-17; Alison Sutton, *Slavery in Brazil*: a link in the chain of modernization, London, Anti-Slavery International, 1994.

[3] Tanto Marx quanto Weber assinalaram que o trabalho livre e sua mercantilização pelo próprio trabalhador é condição da reprodução de capital: "[...] para que o possuidor de dinheiro encontre no mercado a força de trabalho, como *mercadoria*, devem cumprir-se diversas condições. A troca de mercadorias, em si e para

si, não implica em maiores *relações de dependência* do que as que surgem de sua própria natureza. Em decorrência desse pressuposto, a força de trabalho, como mercadoria, só pode aparecer no mercado na medida em que e pelo fato de que o *seu próprio possuidor* – a pessoa a quem pertence essa força de trabalho – a ofereça e venda como *mercadoria*. Para que o seu possuidor a venda como mercadoria é necessário que possa dispor dela e que, portanto, seja proprietário livre de sua capacidade de trabalho, de sua pessoa". Cf. Karl Marx, *El capital*: crítica de la economía política, Libro Primeiro, v. i, trad. Pedro Scaron, 11. ed., México, Siglo Veinteuno Editores, 1982, pp. 203-4; "É uma contradição em relação à essência do capitalismo, e o desenvolvimento do capitalismo é impossível, se não há uma camada de destituídos de propriedade, uma classe compelida a vender sua força de trabalho para viver; e é do mesmo modo impossível se *apenas* trabalho não livre está disponível. O cálculo capitalista racional só é possível com base no trabalho livre [...]". Cf. Max Weber, *General Economic History*, trad. Frank H. Knight, New York, Collier Books, 1961, pp. 208-9 (grifo meu); Max Weber, *The Protestant Ethic and the Spirit of Capitalism*, trad. Talcott Parsons, New York, Charles Scribner's Sons, 1958, p. 22.

[4] Cf. Edilson Martins, *Nossos índios, nossos mortos*, Rio de Janeiro, Editora Codecri, 1978; Shelton H. Davis, *Vítimas do milagre*: o desenvolvimento e os índios do Brasil, trad. Jorge Alexandre Faure Pontual, Rio de Janeiro, Zahar Editores, 1978; Vincent Carelli e Milton Severiano, *Mão branca contra o povo cinza*, s. l., Brasil Debates, 1980; José Porfírio Fontenele de Carvalho, *Waimiri-Atroari*: a história que ainda não foi contada, Brasília, s. e., 1982.

[5] Cf. D. Pedro Casaldáliga, *Creio na justiça e na esperança*, trad. Laura Ramo, Antonio Carlos Moura e Hugo Lopes, 2. ed., Rio de Janeiro, Civilização Brasileira, 1978; Ricardo Kotscho, *O massacre dos posseiros*: conflitos de terras no Araguaia-Tocantins, São Paulo, Editora Brasiliense, 1981; Ricardo Rezende Figueira, *A justiça do lobo*: posseiros e padres do Araguaia, Petrópolis, Vozes, 1986; Ricardo Rezende Figueira, *Rio Maria*: canto da terra, Petrópolis, Vozes, 1992; Márcio Souza, *O empate contra Chico Mendes*, São Paulo, Marco Zero, 1990.

[6] Emmi, que realizou pesquisa a esse respeito na região de Marabá, sugere que a expansão capitalista na Amazônia, ao diversificar e ampliar a classe dominante, promoveu a decadência das oligarquias. Seus próprios dados, porém, indicam que a redução do poder político da mais importante família da oligarquia regional se deveu, antes de tudo, à cassação de mandatos políticos de dois de seus membros e não diretamente da própria diversificação social e econômica decorrente da expansão capitalista. Além disso, seus dados mostram claramente que a mesma família tinha 45.135 hectares de castanhais em 1960 e, em 1980, esse número saltaria para 131.332 hectares, embora houvesse diminuição do percentual representado por essas terras sobre o total da área ocupada: de 80,7% para 39,4%. O mesmo aconteceu com as outras grandes famílias da oligarquia regional. Cf. Marília Ferreira Emmi, *A oligarquia do Tocantins e o domínio dos castanhais*, Belém, Centro de Filosofia e Ciências Humanas/Naea/UFPA, 1988, p. 121.

[7] As concepções que, antes do golpe, definiam e polarizavam o movimento camponês no Nordeste do Brasil estão expostas nestes textos de dois protagonistas dos acontecimentos: Francisco Julião, *Cambão – the Yoke*: the hidden face of Brazil, trad. John Butt, Penguin Books, Harmondsworth, 1972; e Clodomir Moraes, "Peasant leagues in Brazil", em Rodolfo Stavenhagen (ed.), *Agrarian Problems and Peasant Movements in Latin America*, Garden City, Anchor Books, 1970, pp. 453-501.

[8] Cf. Sue Branford e Oriel Glock, *The Last Frontier*: fighting over land in the Amazon, Zed Books Ltd., London, 1985, p. 55.

[9] Cf. G. Müller et al., Amazônia: desenvolvimento socioeconômico e políticas de população, São Paulo, Cebrap – Centro Brasileiro de Análise e Planejamento, 1975, mimeo, em Dennis J. Mahar, *Desenvolvimento econômico da Amazônia*: uma análise das políticas governamentais, Rio de Janeiro, Ipea/Inpes, 1978, p. 161; Pedro Casaldáliga, *Uma igreja da Amazônia em conflito com o latifúndio e a marginalização social*, São Félix do Araguaia (Mato Grosso), s. e., 1971, p. 49.

[10] Além dos dados que eu mesmo colhi nos locais em que realizei minha pesquisa sobre a luta pela terra na Amazônia, para redação deste texto vali-me amplamente dos materiais existentes no arquivo da Comissão Pastoral da Terra (CPT), em Goiânia, resultado de um paciente trabalho de seus agentes e funcionários, no registro e sistematização dos dados. Usei, também, os pioneiros, oportunos e imprescindíveis registros feitos pelo padre Antonio Canuto, em São Félix do Araguaia, no Mato Grosso; e os que foram feitos pelo padre

Ricardo Rezende Figueira, em Conceição do Araguaia, no Pará, e pelos membros da Comissão Pastoral da Terra local. Meu débito se estende a Jean Rocha, que me cedeu dados de alguns casos de peonagem constantes de seu próprio arquivo, e a Ana de Souza Pinto, que me deu sugestões inestimáveis para contatos e entrevistas em Ribeirão Cascalheira, no norte do Mato Grosso.

[11] Cf. Tom Brass, Some observations on unfree labour, capitalist restructuring, and deproletarianization, em Tom Brass, Marcel van der Linden e Jan Lucassen, *Free and Unfree Labour*, Amsterdam, International Institute for Social History, 1993, p. 31.

[12] A noção de desproletarização aparece como noção-chave em vários trabalhos de Brass. Entre outros, cf. Tom Brass, Review essay: slavery now. Unfree labour and modern capitalism, *Slavery and Abolition*, v. 9, n. 2, London, Frank Cass & Co. Ltd., set. 1988, p. 187.

[13] Certas situações de crise social, segundo Lefebvre, servem como analisadores-reveladores não só porque permitem melhor compreensão sociológica, mas também porque evidenciam com nitidez as contradições sociais. Cf. Henri Lefebvre, *La Survie du capitalisme: la re-production des raportes de production*, Paris, Éditions Anthropos, 1973, p. 16. Cf., também, Henri Lefebvre, *De l'état*, t. IV, Paris, Union Générale d'Éditions, 1978, pp. 232-3; e Norbert Guterman e Henri Lefebvre, *La Conscience mystifiée*, Paris, Le Sycomore, 1979, p. 3.

[14] Cf. José de Souza Martins, A sujeição da renda da terra ao capital e o novo sentido da luta pela reforma agrária, *Os camponeses e a política no Brasil*, Petrópolis, Vozes, 1983, pp. 151-77.

[15] Cf. Karl Marx, *Elementos fundamentales para la crítica de la economía política (Borrador), 1857-1858*, 3 v., trad. Pedro Scaron, Buenos Aires/México, Siglo Veinteuno Argentina S. A., 1971-1978.

[16] Cf. Henri Lefebvre, *La Pensée de Lénine*, Paris, Bordas, 1957, esp. p. 206 e ss.

[17] Cf. José de Souza Martins, A produção capitalista de relações não capitalistas de produção: o regime de colonato nas fazendas de café, *O cativeiro da terra*, São Paulo, Livraria Editora Ciências Humanas, 1979, pp. 9-93.

[18] Um levantamento realizado em 1970 revelou que só no norte do Mato Grosso, no Centro-Oeste, 66 empresas já haviam obtido aprovação do governo federal e estavam se instalando na região, todas elas com 75% do capital proveniente dos incentivos fiscais, isto é, doações governamentais. A área total de 51 delas era de quase dois milhões e duzentos mil hectares (43 mil hectares, em média, cada uma). Cf. Pedro Casaldáliga, *Uma igreja da Amazônia*, op. cit., pp. 49-59. Dennis Mahar, por seu lado, com base em dados da realidade regional, fez cálculos hipotéticos sobre o impacto do simples assalariamento em dinheiro nos custos de um seringal (um estabelecimento dedicado à extração da borracha) e o impacto do sistema de aviamento, isto é, de endividamento do trabalhador e sua sujeição ao barracão, o armazém da fazenda. No primeiro caso, a receita do seringal seria 7,7% menor do que os custos. No segundo caso, a receita seria 23,5% maior que os custos. Ou seja, o assalariamento daria prejuízo e a peonagem daria lucro. Cf. Dennis J. Mahar, op. cit., p. 207.

[19] Cf. Carlos Corrêa Teixeira, *Servidão humana na selva: o aviamento e o barracão nos seringais da Amazônia* [1980], Manaus, Valer Editora/Editora da Universidade do Amazonas, 2009, p. 18.

[20] Cf. o excelente estudo de Roberto Santos, *História econômica da Amazônia (1800-1920)*, S. Paulo, T. A. Queiroz Editor Ltda., 1980, pp. 155-75.

[21] Cf. Mary Helena Allegretti Zanoni, *Os seringueiros*: estudo de caso de um seringal nativo do Acre. Brasília, 1979. Dissertação (Mestrado em Antropologia) – Universidade de Brasília, p. 63.

[22] Um estudo das condições nutricionais dos boias-frias cortadores de cana, no interior de São Paulo, assinala que "o exame antropométrico das famílias de 'boias-frias' revela condições físicas de nível muito baixo em adultos e crianças, sendo que a maior parte deles mostra sinais de desnutrição proteico-calórica de primeiro grau". Cf. José Eduardo Dutra de Oliveira e Maria Helena Silva Dutra de Oliveira (orgs.), *Boias-frias:* uma realidade brasileira, São Paulo, Academia de Ciências do Estado de São Paulo, 1981, p. 112. A mesma equipe fez avaliações das condições físicas de filhos de trabalhadores "boias-frias" e concluiu "que existe desnutrição entre os adolescentes filhos de 'boias-frias' e que seu crescimento e desenvolvimento, assim como suas respostas fisiológicas, incluindo a capacidade para o trabalho ficam bastante reduzidos, quando comparados com os de adolescentes 'ricos'", pp. 128-9.

[23] Retorno ao tema em José de Souza Martins, *A sociedade vista do abismo:* novos estudos sobre exclusão, pobreza e classes sociais, 3. ed., Petrópolis, Editora Vozes, 2008, esp. pp. 151-62.

[24] Há claras indicações nesse sentido na entrevista que o "gato" Raimundo, de Conceição do Araguaia (Pará), deu a Maria da Conceição Quinteiro a respeito da peonagem: "Lá é uma fazenda boa [Fazenda Macedônia], se o peão ganha o dinheiro, ele recebe, lá também não tem castigo. Porque algumas fazendas, o povo pega o serviço e deixa os peão na agonia, não paga, amarra o peão, até ele fugi. Tem muito gato, põe os home lá, vem pra cá, cai na farra, bebe todo o dinheiro, e deixa os peão por lá." E explica seu próprio ganho: "Empreitei 50 alqueire por cem mil conto; oitenta mil é pros peão, e vinte mil pra mim e pra pagá todas essas despesa" [transporte de caminhão até Redenção e de avião de Redenção até a fazenda], o avião cobrando "mil conto o voo". Cf. Octavio Ianni, *A luta pela terra:* história social da terra e da luta pela terra numa área da Amazônia, Petrópolis, Vozes, 1978, pp. 124-6.

[25] Cf. Neide Esterci, Campesinato e peonagem na Amazônia, *Anuário Antropológico - 1978*, Rio de Janeiro, Editora Tempo Brasileiro, 1980, p. 138; Neide Esterci, Peonagem na Amazônia, em *Dados*, n. 20, Rio de Janeiro, 1979, pp. 124-5.

[26] Bergad sugere que a escassez de mão-de-obra responsável pela peonagem, no caso que estudou, decorria do acesso potencial à terra por parte dos trabalhadores. Cf. Laird W. Bergad, On comparative history: a reply to Tom Brass, *Journal of Latin American Studies*, v. 16, parte 1, Cambridge, Cambridge University Press, 1984, p. 154. Portanto, o "fechamento da fronteira", o cerceamento da ocupação das terras livres, é que responderia pelo incremento da proletarização dos trabalhadores. Um questionamento desse ponto de vista encontra-se em Tom Brass, Review and commentary: free and unfree labour in Puerto Rico during nineteenth century, *Journal of Latin American Studies*, v. 18, parte 1, Cambridge, Cambridge University Press, 1986, p. 187.

[27] Foi o caso de 42 homens recrutados em julho de 1984 na vila São Francisco, um bairro pobre de Teresina (Piauí), com muitos moradores subempregados, para trabalhar no desmatamento da Fazenda Santa Rosa, no sul do Pará. Cf. Em busca de salário e comida: relato da experiência de subempregados de Teresina no trabalho escravo do Pará, *Cadernos do Ceas*, n. 95, Salvador (Bahia), jan./fev. 1985, pp. 40-4.

[28] Cf. Neide Esterci, Campesinato e peonagem na Amazônia, op. cit., p. 127; Neide Esterci, Peonagem na Amazônia, op. cit., p. 124; Neide Esterci, *Conflito no Araguaia:* peões e posseiros contra a grande empresa, Petrópolis, Vozes, 1987, p. 169; Neide Esterci, *Escravos da desigualdade:* um estudo sobre o uso repressivo da força de trabalho hoje, Rio de Janeiro, Cedi/Koinonia, 1994, p. 107.

[29] Este último caso ocorreu na Fazenda Jandaia, em Parauapebas, no estado do Pará, em julho de 1990, e foi comprovado pela Polícia Federal, chamada a intervir diante da denúncia de trabalhadores fugidos. Cf. Fazendeiro mantém trabalho escravo em Xinguara (PA), *Aconteceu*, n. 543, Rio de Janeiro, Centro Ecumênico de Documentação e Informação, 5 de maio a 20 de junho de 1990, p. 6; *O Estado de S. Paulo*, 26 jul. 1990, p. 22.

[30] Cf. Neide Esterci, Campesinato e peonagem na Amazônia, op. cit., p. 134. Cf., também, Judith Matilda Lisansky, *Santa Terezinha:* life in a Brazilian frontier town, Ph. D. thesis, University of Florida [Gainesville], 1980, p. 215 (para a versão publicada desse trabalho, cf. Judith Lisansky, *Migrants to Amazonia:* spontaneous colonization in the Brazilian frontiers, Boulder, Westview Press, 1990). Além do estilo de vida descompromissado com os valores locais e familistas, que os peões levam aos povoados, aparentemente, permaneceu na memória popular o sentido que tinha a palavra peão nos séculos XVI e XVII. Era peão quem estava obrigado a andar a pé e descalço por oposição ao cavaleiro. Portanto, uma distinção estamental que designava quem servia e quem era servido, quem obedecia e quem mandava. Na cultura dos pobres, no Brasil, os sinais externos são ainda fortes indicadores de posição (e dominação) social.

[31] Por razões diferentes, Bauer conclui em seu estudo sobre a ocorrência da peonagem no México, Peru, Argentina e Colômbia, que se trata de uma situação de "mercado imperfeito de trabalho". Cf. Arnold J. Bauer, Rural workers in Spanish America: problems of peonage and oppression, *The Hispanic American Historical Review*, v. 59, n. 1, Dursham, Duke University Press, fev. 1979, pp. 34-63.

[32] Cf. Antonia Alves de Oliveira (org.), *Os nordestinos em São Paulo*, São Paulo, Edições Paulinas, 1982.

[33] Cf. Neide Esterci, *Conflito no Araguaia*, op. cit. p. 145 e 167; Neide Esterci, Campesinato e peonagem na Amazônia, op. cit., p. 130.

[34] No meu modo de ver, é situação similar a dos trabalhadores africanos na França, imigrados das ex-colônias, cuja força de trabalho é comprada *abaixo de seu valor*. Cf. C. Meillassoux, Desenvolvimento ou exploração, em F. Hinkelammert et al., *Formas políticas, econômicas e sociais de exploração*, Porto, Edições Rés Ltda., 1976, pp. 57-70.

[35] Esterci, falando do papel do traficante de mão de obra, diz que "este tem possibilidade de dar 'abono' – adiantamento em dinheiro – seja para 'zuar', como eles dizem, fazer farra antes de voltar ao trabalho, seja para saldar as dívidas contraídas, seja para manter a família quando deixam a casa para se empregar". Cf. Neide Esterci, Campesinato e peonagem na Amazônia, op. cit., p. 128.

3

Regimar e seus amigos:
a criança na luta pela terra e pela vida

"Ninfas" (S. Félix do Araguaia-MT, 1975)

A criança como testemunha

As Ciências Sociais têm, num certo sentido, uma concepção definida de quais são as fontes aceitáveis e respeitáveis do dado sociológico. Do mesmo modo, entre a história oral e a história documental, dificilmente um historiador consideraria a primeira tão importante e segura quanto a segunda. Entre o formulário pré-codificado e o depoimento autobiográfico espontâneo, o sociólogo e o cientista político tenderão a considerar o primeiro fonte mais objetiva que o segundo. Entre o depoimento do chefe da família e o da empregada doméstica dirão que o primeiro é mais completo e mais seguro, quando se tratar de um estudo em que a família for considerada o "sujeito" da investigação.

Todo pesquisador sabe que a relação com o entrevistado é um jogo; que o entrevistado é, de certo modo, vítima do entrevistador, do seu jogo de palavras, de suas intenções ocultas, de questões não reveladas. Sociologicamente, a pesquisa pode ser uma armadilha. O que é dito espontaneamente o pesquisador em geral considera de pouca relevância, porque constitui o que pode ser confessado sem risco. Relevante é o que as pessoas ocultam, o que constitui propriamente elemento de sua vida privada. Portanto, a melhor técnica de pesquisa acaba sendo aquela que induz a vítima a confessar o que, provavelmente, gostaria que não se tornasse público. A pesquisa acaba se revelando uma certa forma de espionagem, de invasão, de violência. Há, nas Ciências Sociais, um nocivo e pernicioso psicologismo, na pressuposição de que as informações mais importantes são aquelas que o entrevistado esconde, deliberadamente ou não, o inconfessável.

Há mesmo correntes sociológicas que consideram a vida social um permanente jogo de ocultamento, de encenação, de fingimento deliberado. O homem comum, a vítima, estaria permanentemente envolvido num mundo de conspiração, permanentemente culpado e obrigado a simular para os outros aquilo que não é.[1] Há casos em que a técnica de pesquisa se transformou numa armadilha sempre preparada para apanhar o entrevistado nas fraquezas do desaviso e das próprias contradições.[2] As Ciências Sociais têm cultivado uma concepção do homem que é objeto de seu interesse e de suas indagações como alguém que mente e finge sempre, alguém que está permanentemente preocupado em enganar os outros. A humanidade seria irremediavelmente enganadora, habitualmente mentirosa. A vida social estaria sendo concebida, basicamente, como uma fraude.[3]

Desde os primeiros tempos, a Sociologia demarca com precisão o terreno dos juízos de valor e o terreno dos juízos de realidade, o que é falso e o que é verdadeiro, o conhecimento de senso comum e o sociológico. E, com isso, define como uma das tarefas do pesquisador a de descobrir os processos objetivos, as significações objetivas, as leis científicas que se ocultam sob os acontecimentos da superfície, sob as significações reveladas pelo próprio sujeito, sob as transformações sociais decididas consciente e deliberadamente e concretizadas na superfície imediata da vida social.[4]

O melhor informante é, também, o pior informante. O que tem mais a dizer é o que, supostamente, tem mais a esconder. Essa duplicidade justifica o trabalho do sociólogo. Supostamente, é este quem tem a possibilidade de armar os truques que fazem a vítima falar, contar aquilo que não gostaria de revelar. E, sobretudo, falar de coisas que não sabe estar revelando, coisas que têm sentido unicamente no âmbito de uma matriz de significados de que não tem domínio. Dificilmente poderá ler e entender a análise sociológica baseada nos dados que forneceu, mesmo que se trate da chamada pessoa "culta".

Por essas razões, a tendência é o cientista social interessar-se por informantes que estão no centro dos acontecimentos, que têm um certo domínio das ocorrências, que têm, supostamente, uma visão mais ampla das coisas, que são os arquitetos da cena e da encenação social. Basicamente, essa opção tende a selecionar informantes que têm poder ou que têm, ao menos, algum poder: o líder local, os dirigentes, o chefe da família, o adulto. Nada confunde mais o pesquisador de campo do que quando, cumprindo as normas estabelecidas pelo "sábio" da pesquisa, chega a uma casa para entrevistar o chefe da família e no lugar dele encontra a viúva, a divorciada, a abandonada pelo marido, a mãe solteira, ou a criança que fica em casa enquanto os pais estão trabalhando. É que, na verdade, a relação do pesquisador com aquele que é sujeito da pesquisa é, também, uma relação de poder ou, mais comumente, uma relação de autoridade, apoiada na concepção de um mundo hierarquizado e classificado previamente. O pesquisador quase sempre pressupõe e descarta, no grupo que estuda, uma parcela de seres humanos silenciosos, os que não falam. De nada adiantaria conversar com eles.[5] São os que em público e diante do estranho permanecem em silêncio: as mulheres, as crianças, os velhos, os agregados da casa, os dependentes, os que vivem de favor. Ou os mudos da história, os que não deixam textos escritos, documentos.

A Sociologia que chegou até nós oculta um sujeito (para afirmá-lo ou negá-lo em nome da sociedade ou em nome da classe social) – o *indivíduo* –, aquele cuja vida social pressupõe a contratualidade das relações e, portanto, um vínculo de natureza histórica particular, o que foi produzido pela mediação da razão, da igualdade, da liberdade. O indivíduo é o sujeito que fala, e não o que se cala. É o que proclama seus direitos e reconhece seus deveres. É o que se baseia na reciprocidade, na igualdade, como conteúdo de (suas) relações sociais. A fala é um instrumento de direito, uma proclamação, negação daquilo que o silêncio é – submissão, complacência, desigualdade, menoridade.[6] Nessa sociologia, a sociedade é a trama oculta, a trama que rege ocultamente as relações sociais e a própria vontade de cada um, na medida em que cada um, pela socialização, converte-se no agente do todo.

Mesmo na pesquisa sociológica opera o pressuposto de que a fala ouvida pelo pesquisador é uma fala delegada. Ainda que os cientistas sociais reconheçam e incorporem em suas investigações a diferenciação social, como as classes sociais ou os gêneros, fazem-no no intuito de resgatar categorias sociais que têm substância e especificidade. Quando o operário fala, é a *fala da classe*; quando a mulher fala, é a *fala do gênero*. Mas as Ciências Sociais têm trabalhado pouco uma outra modalidade de diferença que é metodologicamente fundamental: refiro-me à que diz respeito ao enquadramento ou não das pessoas na linguagem que o instrumental sociológico pode captar e que é, na verdade, um código de poder, uma linguagem de poder (e também de classe média, de gênero masculino, de idade adulta). Na interlocução do sociólogo, a generalidade pressuposta nas técnicas de investigação é falsa. É falso que o cientista social possa compreender a fala do outro sempre, como é falso que só é socialmente eficaz a fala que pode ser compreendida e explicada pelo cientista social. Em suma, há outra diferenciação social cuja relevância não é pequena: há os que falam e há os que silenciam e falam por meio do silêncio. São os que foram calados, excluídos e marginalizados das tribunas da vida, obrigados a dissimular o seu dizer no gesto e na metáfora.[7] As Ciências Humanas, com a possível exceção da Antropologia, não têm sido capazes de decifrar o silêncio daqueles que não foram eleitos pelo saber acadêmico como informantes válidos dos pesquisadores. Quando o são, como ocorre hoje quando se trata da mulher ou do delinquente, para tomar como referência extremos obviamente opostos, é como se fossem informantes menores, que só podem falar ou só falam legitimamente de sua condição específica, como a condição feminina e os "assuntos de mulher" ou como protagonistas de "conduta divergente". Não se reconhece neles, como se reconhece em outros, a condição de autores de falas da universalidade do homem.

Claro que estou deliberadamente radicalizando os limites das técnicas de investigação nas Ciências Sociais. Não são raros os pesquisadores que têm desafiado essas limitações e avançado em direção a situações sociais e sujeitos que enriquecem o entendimento dos fenômenos sociais, na perspectiva peculiar que orienta o modo como tais sujeitos os veem e interpretam.

A pesquisa que resultou neste livro é produto de um desafio desse tipo. Trabalhando longos anos como pesquisador da situação social no campo e, particularmente, dos conflitos sociais na Amazônia, da luta pela terra e dos movimentos sociais, que têm como protagonistas as populações camponesas, vivi diretamente inúmeras vezes a experiência de não poder realizar entrevistas isoladas com determinadas pessoas ou delas obter informações "em privado". Raras vezes pude fazê-lo, quase sempre quando se tratou de conversar com trabalhadores que estavam escondidos, com a vida ameaçada. No mais das vezes, havia sempre um grupo de pessoas, às vezes grande, ouvindo e opinando. O que tem seu sentido. Minhas indagações eram sempre relativas a conflitos que envolviam várias pessoas, grupos grandes, povoados inteiros. De modo que a entrevista, não raro, assemelhou-se a uma assembleia, com apartes de outros, que iam chegando e ficando, com esclarecimentos, sugestões e correções. Sempre me chamou a atenção que nessas horas estivesse presente, de pé ou de cócoras pelos cantos, o grupo numeroso e atento de um público que, aparentemente, não se sentia no direito de falar e perguntar. Refiro-me às crianças. Um grupo que não fala, mas ouve muito. Decidi dirigir-me também a elas na minha pesquisa sobre a luta pela terra. Fazer-lhes perguntas, estimulá-las a se expressarem sobre acontecimentos dramáticos que estavam envolvendo seus pais, parentes, amigos, companheiros e a elas próprias: as migrações por centenas e até milhares de quilômetros de um ponto a outro do país, na direção da fronteira, em busca de um lugar de paz e trabalho; a violência de policiais e pistoleiros contra os trabalhadores pobres, expulsos da terra, torturados, saqueados; a miséria e a fome. Neste capítulo falo da fala das crianças, que por meio dela me falam (e nos falam) do que é ser criança (e adulto) nas remotas regiões das frentes de ocupação do território, em distantes pontos da Amazônia.

Recolhi materiais de dois tipos sobre as crianças e com as crianças, ao longo da pesquisa. De um lado, entrevistas gravadas; de outro lado, quase duas centenas de depoimentos escritos pelas próprias crianças e por adolescentes. O material que aqui utilizo foi recolhido na colônia de Canarana, no estado de Mato Grosso, um núcleo de colonização particular, composto fundamentalmente de gaúchos vindos da região de Tenente Portela, no Rio Grande do Sul. Outros desses gaúchos tinham se deslocado antes para Santa Catarina, Paraná e Mato Grosso do Sul. Foi recolhido, também, em dois povoados da pré-Amazônia maranhense: São Pedro da Água Branca, no município de Imperatriz, e Floresta, no município de Santa Luzia. Na época da pesquisa, esse dois povoados estavam vivendo momentos de grande tensão, sob ameaça constante de grileiros e pistoleiros. Em São Pedro, pouco tempo antes, houve um combate nas próprias ruas do povoado, entre os posseiros e um grileiro e seus capangas. Algumas das entrevistas que fiz com as crianças foram realizadas ao lado de um imenso tronco, arrastado pelos posseiros para perto do rancho que servia como escola, e utilizado como uma das trincheiras durante a luta. Desse confronto, os posseiros saíram vitoriosos, expulsando o grileiro e seus jagunços. Mais tarde, tocaiaram, desarmaram e aprisionaram um grupo de soldados da Polícia Militar do Pará que, agindo ilegalmente como força policial privada, dava apoio e complementava as violências do grileiro da terra. Entregaram-nos ritualmente (e de modo legalmente perfeito) a um contingente da Polícia Militar do Maranhão, acusando-os de terem invadido o estado do Maranhão (onde não tem jurisdição) de armas nas mãos. Assim, os posseiros revestiram de legalidade, inteligentemente, o combate ao ato violento daqueles policiais, caracterizados, desse modo, como reles pistoleiros de aluguel, que de fato eram. Porém, poucos dias antes de minha chegada, os grileiros revidaram e cometeram novas violências no povoado. Entre outras, prenderam e amarraram um dos posseiros sobre um formigueiro da chamada "formiga-de-fogo", deixando-o ali várias horas. Essa violência foi presenciada pelas crianças, que a ela e a outras se referiram nas conversas que comigo tiveram. Antes disso, um grileiro tentara incendiar o povoado, com seus ranchos de barro e palha, onde moram centenas de famílias, num momento em que os pais estavam na roça e nas casas se encontravam apenas as crianças e poucos adultos. Foram salvos porque o vento soprou na direção oposta, levando o fogo para o outro lado.

Em Floresta, localizada no vale do Pindaré, e numa das regiões mais marcadas pela violência rural no Maranhão, a de Santa Luzia, a situação era diferente, mas não era melhor. Ali, também, um grileiro oriundo de Minas Gerais tentava apossar-se das terras dos trabalhadores e expulsá-los. A população era menor do que a de São Pedro e o povoado fica bem na beira da estrada que leva de Santa Luzia a Açailândia. Já São Pedro fica a uns dez quilômetros da estrada que vai do entroncamento da rodovia Belém-Brasília até Marabá, no Pará, no meio da mata. Em Floresta a violência não era tão visível. Porém, pouco depois de minha partida, o grileiro foi assassinado. Mais tarde, o principal líder dos trabalhadores, que me dera de comer em sua casa e arrumara lugar num tijupá das vizinhanças, usado para guardar o arroz recém-colhido, para que ali armasse minha rede, também foi assassinado por pistoleiros, no centro de Santa Luzia, à luz do dia, deixando numerosa família.[8]

O estímulo a que as crianças escrevessem pequenos depoimentos, sobre a migração e o novo lugar, revelou uma grande vontade de falar, uma surpreendente informação sobre os acontecimentos e sobre os limites e possibilidades de suas vidas, além de uma discreta, mas clara, crítica aos adultos por excluírem-nas das discussões sobre o que estava acontecendo. Nas entrevistas gravadas foram tímidas. Mas confirmaram com mais clareza de expressão o amplo conhecimento das ocorrências. A fala das crianças foi uma fala tristemente adulta, privada da inocência infantil que eu, ingenuamente, imaginava encontrar nelas. Fala de crianças habituadas a serem empurradas, até pela violência, como narraram algumas, pelas estradas sem rumo e sem fim, em busca de um lugar para viver, lentamente e desde muito cedo apreendendo na poeira dos caminhos que são estrangeiras na própria pátria.

Metodologicamente, o aspecto mais importante dos depoimentos das crianças foi o de que, nas situações aqui estudadas, há um protagonista coletivo que se expressa na fala e nos atos de cada um, de cada família ou de cada "linhagem", como me explicou um posseiro negro, de postura senhorial, no Maranhão: "eu vim para cá com toda a minha linhagem". Em cada localidade, a fala de cada criança é claramente fragmento de um enredo mais amplo, que protagoniza *com* os outros. Isso não anula o querer de cada uma, ainda que dominado por um destino explicitamente comum, revelado até geograficamente no fato de que as estradas percorridas são as mesmas. Exemplifico esse entrelaçamento com um caso ocorrido em São Pedro, cujos participantes conheci. Uma posseira pobre dera, em outra localidade, a filha recém-nascida a um casal de posseiros, que partia em busca de outro lugar na fronteira para viver. Não tinha condições de sustentá-la. Anos mais tarde, com a filha já adolescente, ambas as famílias foram parar no mesmo povoado de São Pedro, quando já nem tinham notícia uma da outra. Ao reencontrar a antiga vizinha, que estava chegando, o pai adotivo apenas e naturalmente disse à filha: "Peça a bênção a esta mulher. Ela é sua mãe". O protagonismo coletivo revela sua importância nessa concepção aldeã da vida, como se as pessoas se separassem só momentaneamente, para se reencontrarem depois e pouco adiante. Ao mesmo tempo, o espaço de que falam, inclusive as crianças, é um espaço que abrange centenas de quilômetros, não raro fazendo referências a lugares que estão a mais de mil quilômetros um do outro. É nesse amplíssimo espaço que circulam informações sobre "terras livres", trabalho, lugares bons "para um pobre viver". As crianças sabem que estão todas contando a mesma história, quando falam de suas histórias pessoais, e que os fatos diferentes presentes na narrativa de uma delas só têm sentido no conjunto, como componente de uma mesma e única trama. Isso fica claro quando uma emenda o que a outra está dizendo.

Em outras palavras, adultos e crianças mostraram que raciocinam a partir de uma concepção de totalidade de tempo e de espaço. O tempo tanto se abre *na certeza do destino* do menino ou da menina de um pequeno agricultor de Canarana, quanto *na incerteza do destino* da criança dos povoados do Maranhão. Nada tem sentido senão desdobrado no tempo, e tempo demarcado pela sucessão e pela convivência das gerações, quase sempre as dos pais e filhos. Essa totalidade é demarcada, também, no espaço – o espaço em que se move o agricultor gaúcho para assegurar o futuro dos filhos; e o espaço em que o posseiro maranhense, a cada dia, e na sucessão dos dias, "caça o destino".

Recomeçando a família pelo trabalho

A infância é concebida, pelas crianças de Canarana (Mato Grosso), como *preparação para o futuro*. É e não é o momento específico da vida que deva ser vivido por si mesmo, com regras e concepções próprias. A infância se qualifica pelo que vem depois. O futuro, por sua vez, localiza-se no *espaço novo*. Todos os moradores do lugar são migrantes. O núcleo colonial foi fundado em 1972, para absorver excedentes populacionais do Sul do país. Praticamente todas as crianças ouvidas no lugar têm uma espécie de justificativa malthusiana para seu deslocamento do Sul para o Centro-Oeste. Como esclareceu Alencar J., de 14 anos, "nós viemos para Canarana atrás de futuro, porque lá no Rio Grande do Sul tínhamos muito pouca terra: dava só para viver, mas para ajudar um filho não dava [...]". E Marcos M., também de 14 anos, completou: "Nós morávamos [no] município de Tenente Portela, Rio Grande do Sul. Como meus pais tinham pouca terra, e tinham muitos filhos, e lá a terra não ia dar para todos, porque pelo passar do tempo todos iam se casando e não haveria lugar para todo mundo em um pedaço de terra com a quantia [sic] de 25 hectares. Como meus pais queriam dar um futuro melhor aos filhos, viemos para cá".

Não havia futuro no lugar antigo – muita gente, terra insuficiente. A insuficiência foi sendo agravada por outros problemas, como secas e geadas. Adversidades quase que unanimemente mencionadas e responsabilizadas pela destruição dos frutos do trabalho antes que pudessem ser aproveitados pelo homem. Ou, então, ervas daninhas e pedras, que os obrigavam a trabalhar muito para colher pouco.

O futuro revelou-se, assim, preservação de *um modo de vida* – o da *família que trabalha na agricultura, para si mesma, que não trabalha para os outros*.

Temos aí dois componentes fundamentais e combinados: o *trabalho* e a *família*. A emigração do Rio Grande do Sul para o Mato Grosso foi, para muitos, procedimento destinado a manter a família unida e próxima. Convém lembrar que a maioria dos moradores de Canarana é descendente de alemães e italianos. São famílias que chegaram ao Brasil há mais de cem anos, no século xix. Quase todas têm uma história de migrações periódicas desde a pátria de origem. Vieram para o Brasil, localizaram-se, quase sempre, na serra gaúcha; com o tempo, deslocaram-se para outras regiões em busca de terras para incorporar o trabalho das novas gerações, e no mesmo sentido muitos migraram para Santa Catarina, Paraná e Mato Grosso do Sul. A migração mais recente foi esta para o Mato Grosso. Os que não puderam agir assim, tiveram a família dividida, os filhos migrando para as cidades em busca de trabalho.

Em Canarana, além de mencionarem a falta de perspectiva de futuro no lugar de origem, houve os que justificaram a migração com o fato de que no novo lugar "tinham sobrinhos e tios e parentes". Ou, "aqui tinha terra boa e tinha muitos parentes"; "minha família tem vários parentes aqui em Canarana"; "porque o vovô estava morando aqui". Muitas vezes, a família foi migrando aos poucos para a nova localidade na fronteira, de modo a estabelecer uma base segura de sobrevivência. Além disso, a decisão de migrar foi precedida de uma visita à localidade, uma conversa com os futuros vizinhos, uma avaliação das possibilidades de que, de fato, ali fosse um lugar de futuro.

Um segundo componente é o trabalho. As próprias crianças dizem que migraram para trabalhar. De fato, encontrei muitas delas à noite, na escola, fazendo o curso noturno, porque de dia trabalhavam com os pais, na lavoura. Para elas, o trabalho é missão e missão familiar. A família se mantém através do trabalho de todos os seus membros, independentemente da idade.

As crianças de Canarana, espontaneamente, comparam a vida de antes, no Rio Grande do Sul e em outros lugares, de muito trabalho na terra pouca e cujos resultados não garantiam o futuro da nova geração, com a vida de agora, na fronteira, em que o muito trabalho na terra ampla assegura, em princípio, que a nova geração terá o mesmo modo de vida de seus pais. Todas se referem à melhora de condições de vida. Porém, essa melhora não diz respeito ao *nível de vida*, e sim às *possibilidades do trabalho* – trabalho que cultiva maior área de terra, que colhe mais frutos. Ao mesmo tempo, porém, *trabalho que paga dívidas*: a terra, as máquinas e outros equipamentos comprados a crédito. A área maior de terra lança o pequeno agricultor numa outra escala de relacionamento com o capital. A diferença entre a situação atual e a anterior é que lá no Sul o crescimento da família e o crescimento dos filhos geravam uma escala de necessidades que não podia ser atendida pelo trabalho. Fosse porque a terra disponível não absorvesse a força de trabalho existente, ou porque retribuísse com produção proporcionalmente menor do que o trabalho nela investido. Já no Mato Grosso, a terra pode absorver todo o trabalho da família. Mais ainda, o trabalho é insuficiente para ocupar toda a terra existente. Essa insuficiência é suprida por tecnologia. No Sul, ela estava limitada ao arado e ao boi. No Mato Grosso, envolveu o trator e a colhedeira. A incorporação de equipamentos e técnicas muito mais avançados é o meio de conciliar a relação entre a terra e o trabalho, de maneira equilibrada. Nos dois casos, concretamente, é o trabalho o núcleo articulador e definidor da tecnologia empregada. O colono gaúcho vive sob o primado do trabalho.

O primado do trabalho é, na verdade, o primado da família. O trabalho reproduz a família, na medida em que assegura a ampliação da propriedade na extensão das necessidades de sobrevivência de todos os seus membros. É assegurando a existência da propriedade que o pai de família cumpre o seu dever de garantir aos filhos a terra suficiente para que possam, por sua vez, constituir família. O empreendimento não resulta, primordialmente, de uma lógica econômica. Ele é produzido pelo familismo que, por sua vez, não se separa da economia. É nesse sentido que, na fala das crianças de Canarana, a família aparece como *família que trabalha* (e não apenas como *pessoas* que trabalham) e que teme profundamente a falta de possibilidade de trabalhar. Ricardo S., de 12 anos, explicou-me isso de modo simples: "nós estamos aqui no Mato Grosso trabalhando pela vida".

O afã do trabalho não deve ser tomado como o afã de enriquecimento. Ivete D., de 14 anos, disse-me que os pais foram para o Mato Grosso "para comprar mais terras". Mas acrescentou em seguida: "meus pais não vieram para cá para fazer fortuna, e sim para terem um futuro para eles e para nós, seus filhos". Jane G., de 15 anos, também preocupou-se em dar esclarecimento idêntico: "meus pais não vieram a fim de ficar rico, como todos pensam, mas a fim de ter um futuro melhor para nós e, mais tarde, para seus filhos [sic]". José V., de 14 anos, também agregou: "daí surgiu a ideia de virmos para cá, pois nós pensamos num futuro melhor para nós, principalmente. Pois nossos pais já não estão mais tão novos, daí a herança ficaria para nós". A multiplicação da área de terra que cada família possui, em relação ao que possuía no Rio Grande do Sul, é assinalada por todos. Mas não deve ser tomada como busca de enriquecimento. A riqueza pela riqueza, no sentido capitalista que poderia ter, ainda aparece como um fator de vergonha, como se fosse ilícita. Daí a pressa em explicá-la e justificá-la. É que a ampliação da propriedade, conseguida com a migração para uma área pioneira, onde as terras são mais baratas, e os bens correlatos (tratores, caminhões, colhedeiras etc.) são *acumulados para serem desacumulados*: eles se destinam aos *herdeiros*. A herança promove uma *desacumulação cíclica dos bens do camponês*. Nesse sentido, alguém que reconhecesse estar comprando mais terras para ficar rico, estaria necessariamente traindo o dever moral de repartir entre os filhos os bens acumulados para o trabalho. Traindo e subtraindo. Como se fosse apropriação indébita de algo que pertence a outro porque pertence a todos os membros da família.

Essas combinações definem o âmbito e o modo de constituição do futuro. Definem, portanto, a realidade e as possibilidades da infância. Assim se produz a condição de *herdeiro* – o filho é o herdeiro. *A infância é o período da vida em que a criança se prepara para herdar.* É nesse sentido que ir à escola é, também, um tempo de trabalho e tempo de necessidades que prepara o herdeiro para o salto social, econômico e técnico que constitui a nova escala da agricultura familiar, sua dependência em relação ao grande capital e à tecnologia. O destino de cada um é o *destino do herdeiro* e a vida é uma estratégia de adultos e crianças para constituir o patrimônio dos herdeiros. Desse modo, a vida real e cotidiana do agricultor de Canarana move-se permanentemente ao redor de um eixo de tempo que é a presunção do futuro, o *tempo do herdeiro*, da geração seguinte. Mas um *futuro finito*: o ponto de chegada ainda é o ponto de partida, o recomeço da agricultura familiar do pai provedor. *O tempo é circular.* Ao fim de um período, está-se de novo no ponto de partida.[9] Porém, assinalo, esse ponto já não é o mesmo da geração anterior. O recomeço já incorporou técnica, conhecimento, bens equipamentos, produzidos pela expansão do capital, que se tornou a mediação fundamental no processo de reprodução da agricultura familiar.

As categorias que explicam esse *processo cíclico*, que *incorpora a inovação na repetição*, aparecem na linguagem das crianças como categorias emprestadas de outras situações e outras relações sociais. A consciência se move num âmbito conceitual postiço, que explica a realidade social do trabalho pelos conceitos de um mundo em que o capital parece mover-se sozinho.

A única noção que corresponde à realidade da vida dos colonos de Canarana e, também, de suas crianças é a de *trabalho*, mas de trabalho concreto, e não abstrato: trabalho que, basicamente, produz arroz. O fato de as terras do lugar estarem esgotando-se rapidamente, devido às peculiaridades das terras do cerrado e devido à falta de calcário para neutralizar a acidez do solo, começava a produzir um certo temor. Luiz C., de 14 anos, assinalou que "o pior [é] que não está dando mais arroz, as terras estão enfraquecendo e temos que tomar outras providências para outra plantação ou criar gado". Esse temor aparece associado à eventualidade de terem que se dedicar a outra cultura, diferente da que já conhecem desde o Rio Grande, que é a cultura do arroz. Basicamente, é como se a mercadoria ainda fosse concebida no privilégio de seu valor de uso, e não de seu valor de troca. No momento da pesquisa, as crianças começavam a interpretar sua nova situação, no Mato Grosso, nos mesmos termos em que explicavam as razões de sua saída do Rio Grande do Sul. Uma diferença apenas mantinha o compromisso com a ideia de produção do futuro: a de terem muito mais terra do que tinham antes, no mínimo o dobro. Na verdade, uma indicação do início prematuro do processo de esgotamento do ciclo de reprodução da agricultura familiar, que até aqui tem culminado com nova migração para a frente pioneira. Os elementos da desagregação de determinado ciclo já se fazem presentes desde o início, o que parece indicar que a ruptura e a migração são gestados longamente e não procedem de uma constatação súbita e improvisada. Desde o início de cada ciclo, já se vai produzindo a percepção e o registro, na memória dos membros da família, inclusive das crianças, dos elementos desagregadores que comprometem o projeto de reprodução da relação entre família e trabalho. E ao produzirem essa interpretação negativa, privilegiam e reforçam a ideia (e uma estratégia) do retorno cíclico a uma nova base para a agricultura familiar.

As outras noções que procuram dar sentido à prática desses trabalhadores, aparentemente, nada têm a ver com ela. Apaulina G., de 11 anos, explicou-me que sua família de pequenos agricultores migrou do Sul "porque nosso *ordenado* era muito pouco". Mesmo sendo famílias de pequenos agricultores autônomos, ela usa a linguagem do salário e do trabalho assalariado para um patrão. E Élio P. esclareceu que sua família saiu do Sul "porque lá nós não tinha muito *capital*", referindo-se a que "não tinham muita terra", mesmo não se referindo a uma situação em que o capital compra a força de trabalho de quem não a tem, pois sua família trabalha para si mesma. Linor F., de 14 anos, por sua vez, disse-me: "nós temos muito capital, mas 'tá quase tudo pago". Luiz G., de 14 anos, interpretou sua migração do mesmo modo: "nós viemos cá para melhorar a vida e para ter mais capital, plantar arroz". O que esses adolescentes e crianças dizem é que o fruto do trabalho é o ordenado, o *salário*. Mas os meios de trabalho, e estão pensando particularmente na terra, são o *capital*. Elas se pensam e pensam suas famílias vivendo uma unidade real, mas conceitualmente impossível, pois se veem vivendo na duplicidade de duas situações de classe. Elas se autoclassificam por meio de ideias alheias, de classes sociais que são outras – a classe operária e a classe capitalista.

De um lado, um "ordenado" que é, na verdade, último resíduo, resto, ganho gerado no trabalho, mas realizado através de uma teia de relações em que o capital verdadeiro não está nas mãos do agricultor, pois é o capital dos produtores de equipamentos, de insumos agrícolas, de comerciantes de arroz etc. Não é, portanto, um ordenado verdadeiro. Ele trabalha para si mesmo, e sabe disso, pensando-se, porém, por meio de categorias de quem trabalha para outrem. No entanto, o salário está presente na consciência do trabalhador com uma dimensão cósmica e natural de tempo que o salário do operário não tem. O "ordenado" desse pequeno agricultor deve prover não só a *subsistência* da família, mas também a sua *permanência* na agricultura.

De outro lado, um "capital" que é pago e acumulado diretamente pelo trabalhador, *com parte do "ordenado"*, parte daquilo que ele ganha como trabalhador, e não como capitalista, pois é capital que já pertence à permanência e reprodução da família na agricultura familiar. Nesse sentido, ele se concebe como trabalhador que é patrão de si mesmo. Por isso, não vê o comprometimento contínuo do projeto de reprodução da família como produtora independente no mercado, que é de onde o capital extrai o excedente produzido pelo colono. Por isso, explica suas dificuldades econômicas pelo empobrecimento do solo, pela deterioração da natureza, pois esses fatores podem ser compreendidos e explicados pela lógica da autonomia econômica do colono, autonomia que é apenas aparente.

Essa combinação de ambiguidade e ocultamento está amplamente presente na socialização das crianças, na sua interpretação da vida e dos processos sociais que vivem. Ela marca a consciência da criança e do adolescente, impelindo-os a aceitar a ocupação do tempo da infância pelo trabalho e pelo estudo, concebido como trabalho e complemento do trabalho. Ilusão cruel que cria a possibilidade de ser criança, de ter infância, para ocupá-la com os encargos do trabalhador e as preocupações do adulto, para negá-la.

O adulto no corpo da criança

É bem diversa a realidade da criança nos povoados de São Pedro da Água Branca e de Floresta, no Maranhão. São povoados de posseiros, pequenos agricultores que não têm título de propriedade da terra que ocupam, sujeitos facilmente ao despejo que, no mais das vezes, é simples e violenta expulsão pela ação direta do fazendeiro e de pistoleiros, com a conivência da polícia. Diferente da situação dos colonos do Mato Grosso, que são proprietários da terra, com direitos assegurados.

Ao contrário do que aconteceu em Canarana, nos dois povoados maranhenses as crianças falaram de amigos e de brincadeiras. Em sua relação com a vida de todo dia há claramente a mediação do lúdico, apesar dos muitos problemas vividos por suas famílias. Algumas tentaram ensinar-me versinhos de cirandas e brincadeiras de roda. Mas foi em Floresta que ouvi de Antônio P., de 11 anos, esta afirmação crua: "nunca fui feliz em minha vida". E esta outra, de Ariston C., de 11 anos: "eu sou um menino pequeno. Eu passo mal porque aqui não tem as coisas que a gente gosta". Maria N., de 13 anos, cuja irmã é meretriz em Caxias (MA), disse-me: "eu vivo triste porque sou filha de pequeno lavrador e está arriscado ficarmos sem terra para papai trabalhar, bem como [os] pais de muitas outras crianças desta região. Se assim suceder, que vamos fazer na vida?". Maria de Fátima R., também de 13 anos, disse-me que sua vida "é uma vida pensativa. Passa uns tempos bons e outros ruins. Mas dá da gente viver assim mesmo. Porque [ser] pobre [em] todo lugar é ruim". A alegria da brincadeira como exceção circunstancial é que define para as crianças desses lugares a infância como um intervalo no dia, e não como um período peculiar da vida, de fantasia, jogo e brinquedo, de amadurecimento. Primeiro trabalham, depois vão à escola e depois brincam, no fim do dia, na boca da noite. A infância é o resíduo de um tempo que está acabando.

Aqui a infância não é definida pela condição do herdeiro, que justifica o trabalho da família para acumular a herança a ser repartida na maioridade dos filhos. Aqui não há herdeiros porque não há o que herdar. "Nós vamos embora", escreveu com dificuldade o menino Nascimento B. "Aqui, nós [não] pode trabalhar. O pobre [não] pode viver onde não [pode] trabalhar". Muitos, que há pouco tempo chegaram, disseram que já estavam de partida porque não podiam fazer roça. Porém, mesmo que o lugar seja bom, a migração, a busca, é um dado da vida, como aconteceu com a família de Iraci O., que mudou de Açailândia para São Pedro: "saímos sem motivo nenhum". A viagem não é como a dos gaúchos, cinco dias, uma semana, de caminhão, desde o Sul até Canarana, no Mato Grosso. Uns chegaram a São Pedro de barco, até onde deu, outros a pé, outros em lombo de burro. Estevam O., que veio de Goiás para São Pedro, deu nome aos bens dos pobres, nessa vida de migrantes sem herança e sem herdeiros: *cacarecos* e *bagulhos*, que podem ser levados facilmente de um lugar a outro. A pobreza facilita a migração, como esclareceu Maria de Jesus G.: "eu vou sair de São Pedro porque nós não tem nada". E lamenta que, na última mudança, o "nosso pote foi no motor", esquecido que ficou no barco. Era a perda que tinha para lamentar.

"Cacarecos" e "bagulhos" falam de um trabalho que se materializa apenas nesses bens residuais e cotidianos, apetrechos de sobrevivência, opostos aos bens de raiz, que dão sentido ao trabalho do homem do campo. O que não exclui o posseiro que compra posse de outro. De fato, em São Pedro, há duas categorias de posseiros: os que abriram posse e os que compraram posse, isto é, que compraram de outro a posse já feita, o serviço, a terra brocada. São vendedores alguns dos posseiros que estão partindo, que já foram ameaçados ou que já pressentiram a ameaça de expulsão por parte do suposto dono da terra. São vendedores, também, os "trambiqueiros" de terra, cuja atividade essencial não é o trabalho agrícola, mas a abertura e venda de posses de terra. Darli, do segundo ano primário, escreveu que, "assim que nós chegamos aqui um homem foi lá em casa vender uma roça e nunca pagou", isto é, nunca a entregou. E completa: "falta é muita coisa neste lugar [...], falta união neste lugar". Darli denuncia, assim, o núcleo problemático do processo em curso, que é a *falta de união*, a pobreza transformada em carência moral. Isto é, o *fim das lealdades* básicas, o próprio pobre tentando lesar o pobre em nome de uma mediação estranha e marginal à vida tradicional do camponês – o dinheiro, instrumento da trapaça, que deixa de ser assim expressão do trabalho (e do valor por ele criado) para se constituir em negação do trabalho.

Porém, há uma polarização maior que dá sentido a todos os desencontros e carências. Essa polarização surge no momento em que se desvenda a realidade de não ter terra para trabalhar. Valnez L. veio de Pernambuco porque sua família ouviu dizer que "o São Pedro da Água Branca era bom, mas acho ruim, porque não é a liberação livre – os lavradores não têm roça para trabalhar...". Vera Lúcia B., cuja família chegara há poucos dias, disse-me que "nós viemos para São Pedro porque sempre 'via algumas pessoas falar que São Pedro era um lugar ótimo. Nós estamos gostando. Só não gostamos mais porque o lugar tem dificuldade para os lavradores, porque não têm o direito de trabalhar em terras livres [...] Então, isto é uma dificuldade para os pobres...".

A polarização que indica o lugar do pobre no mundo surge quando as crianças reconhecem o agente imediato da inexistência de terra para o pobre botar roça. Uma das crianças explicou que "São Pedro é um lugar pobre. Quando os lavradores estão trabalhando, os donos chegam e mandam parar com o serviço. Por isso já foi muitas pessoas embora...". E à medida que essas crianças falam sobre a situação vão revelando personagens, categorias, regras que demarcam e definem as ocorrências e sua interpretação. Regras que tornam reconhecíveis o adversário antes invisível e, em consequência, as novas carências que redefinem a condição de pobre. Evarista P. disse que "o problema de São Pedro [é] porque os lavradores não podem trabalhar, porque os donos das terras não deixam trabalhar. E a maioria do povo já foi embora, porque os donos de terra não deram roça para eles trabalharem". Regina F. também afirmou "que os pobres não têm direito em terra para botar uma roça. Quando estão trabalhando, os donos chegam e mandam parar com o serviço. Por causa desses problemas já foram muitas famílias embora do São Pedro". O menino Armando de O., do segundo ano, conta que "antes de nós chegarmos aqui, o povo falava [que] o São Pedro é bom, porque não tem dono de terra. Quando nós chegamos, já foi a confusão de terra. Os donos de terra disseram: não faz roça. Papai já estava roçando; não parou o trabalho. Um dia o dono da terra parou o serviço". Josefa P., também do segundo ano, indicou quem são os participantes da situação e o que ocorre com eles: "... o papai vai sair daqui porque o pobre é que bota roça e os mais ricos tomam do pobre, [que] fica só olhando". Maria C. disse que "nós vamos sair do São Pedro porque o homem tomou a nossa roça [...] e com as confusões nós ficamos desanimados".

Algumas crianças nomearam quem cria esses problemas. Valdineto S., de São Pedro mesmo, disse que "os baianos não querem deixar o povo brocar". Lenildes V., recém-chegada, disse que São Pedro "é um povoado sensacional e, se não fosse esta confusão, seria melhor porque o São Pedro 'tava maior do que está: a maioria do povo foi embora por causa desta confusão, destes baianos não quererem que o pessoal fizesse roça na terra. Chegou tanta gente e agora o povo foi ficando com medo". Maria Salete B. também afirmou que "os baianos não dão terra para os lavradores trabalhar e, quando os homens estão brocando, os baianos mandam embora". Maguinali B. não estava achando São Pedro um bom lugar porque "os pobres não têm direito de botar uma roça: quando os pobres estão trabalhando, os baianos mandam se arrancar". E Maria Oneide também afirmou que "os baianos não dão roça para os pobres. Por isso, os pobres já foram muito embora. Por isso, os pobres não podem viver sem a lavoura". Raimunda S. disse que "não tem terra para os lavradores trabalharem. Se os homens vão trabalhar, os baianos mandam parar com o serviço". Antônio P., do segundo ano, vindo de Altamira do Maranhão, repetiu que "não tem terra para a gente trabalhar. Quando um pobre vai botar uma roça, os baianos vão e tomam a roça do pobre. Aí os pobres vão botar uma roça somente para os baianos tomarem". Das crianças de São Pedro, Helena O., vinda de Goiás, fez o relato mais rico dos acontecimentos: "...os baianos estão tomando as terras dos pobres. E os polícias do São Pedro da Água Branca surram os pobres, porque os baianos querem tomar as roças dos pobres. [...] teve uma guerra muito forte de balas, que os pobres tiveram noites de sono [insônia] porque não podiam dormir...". João B. também se refere à polícia: "os polícias não querem deixar os lavradores botarem roça".

No povoado de Floresta, há, igualmente, uma designação para os que querem expulsar os lavradores. Cléber M., de 13 anos, disse que "os mineiros querem tomar terra aqui da Floresta". E o mesmo disse Maria N., também de 13 anos: "os mineiros querem tomar as terras dos lavradores".

O *não ter terra para trabalhar* não deriva seu sentido diretamente da propriedade e do direito de propriedade. Deriva-o do advento do *dono*, que também não é reconhecido como proprietário, pois é encarado como alguém que se tornou *dono de terra livre* e com isso interpôs-se entre o *lavrador* e a *livre liberação da terra*. Na interpretação das crianças, trata-se da *interposição de uma autoridade*, e não da *imposição da propriedade*. Os donos são classificados como os que *não querem deixar* brocar ou fazer roça, *não dão* terra para trabalhar, *tomam* a roça dos lavradores. Em Floresta, Antônio C., de 14 anos, explicou-me que "os mineiros querem tomar, aqui, os direitos nossos. Querem deixar nós, aqui, sem nada. E, se eles tomarem as terras, como é que os parentes vão trabalhar? Não têm direito. Tudo tomado, aí". As crianças de São Pedro e de Floresta entendem que suas famílias, e particularmente seus pais, *estão sendo privadas do direito de trabalhar*; *os direitos é que estão sendo tomados, tirados do outro*. Essa privação aparece como consequência do *não querer*, do *não dar* e do *tomar*. Ou seja, de uma medida de autoridade, do poder pessoal e, portanto, de uma violência. Essa violência incide, para as crianças, diretamente sobre o trabalho, *no ato de trabalhar*. É no momento do trabalho que aparecem os "baianos" e "mineiros", os supostos donos e os policiais, para fazer cessar o trabalho.

É com a violência do *dono* que as crianças reconhecem seus pais e a si mesmas como *pobres*. A categoria *pobre* surge sempre que é necessário falar na violência do *dono*. Sem isso, quando a fala ainda é sobre terras sem donos, as crianças falam de *os homens*, de *o povo*. Dono é uma diferenciação da categoria *homem*,[10] que a degrada e desfigura, porque viola o direito do outro trabalhar e viver. O *pobre* surge, pois, dessa degradação dos *homens* pela mediação do *dono*, que desfigura o *homem*. Pobre não é aquele que não é proprietário, mas aquele que não tem direito de trabalhar, isto é, aquele que não tem *permissão*. Dono tem, portanto, também o antigo sentido de *dom*, de senhor, aquele que *dá*, aquele que *permite*, que *consente*, que tem o *senhorio*, o *domínio* sobre algo, e não o que definimos hoje como propriedade.

As crianças pressentem que há algo por trás do aparecimento do dono. Já o indicam quando falam na participação dos *policiais* na violência contra os *lavradores*, os *pobres*. Porém, quase não falam na *polícia*, na instituição, mas na *pessoa* em quem se manifesta o poder de polícia: dizem *os polícias*, e não *a polícia*. O policial é, também, diferenciação da categoria *homens*, mas sua diferença deriva da existência do *dono*, a quem serve, embora não seja legalmente essa a sua missão. Mesmo quando aparece a palavra *polícia*, não é no sentido de instituição policial, mas da pessoa que age na condição de polícia, como nesta frase de Francisco E.: "aqui a polícia tem batido no povo". Notam, porém, que o *dono* é alguém que *vem do lugar do poder*. Iraci B. escreveu: "eu não estou mais gostando daqui porque aqui está de confusão. Quando a gente compra uma terra, chega um de Brasília e diz: 'esta é minha'. Aí, pronto, a gente perde a terra e o dinheiro". Essa referência a *Brasília* e à relação entre o dono e o centro do poder no país não corresponde à realidade imediata do conflito de São Pedro. Mas intui o relacionamento entre o poder e o fim da liberdade da terra para os pobres, que é, na verdade, o advento, em suas vidas, da propriedade que pertence a outro.

Em Floresta, Maria N., de 13 anos, disse-me que os "mineiros querem tomar as terras dos lavradores [...], terra para trabalhar [...]. Querem a terra para cercar. Os lavradores não estão achando certo. Vão trabalhar em quê?". E Elsa Maria, de 12 anos, também diz que estão cercando a terra para fazer pasto. O que dizem é que a terra já está dividida em *terra para trabalhar* e *terra para cercar*. O destino da terra foi mudado e é ele que impõe quem a ela tem direito. Uma concepção de antagonismo surge aí na constatação de que *terra para cercar* é negação de *terra para trabalhar*.

Mas o *dono* ainda não é o contrário do *pobre*. É aquele que se desvia das regras que definem o que são *os homens*, na medida em que, ao se apropriar da terra, não permite o trabalho dos lavradores, *mas poderia permiti-lo se o quisesse*. A *lógica da cerca* poderia ser submetida à *lógica do homem*. Esse desvio constitui ininteligível violação de direito para as crianças. Mais grave porque *os donos expulsam os pobres da terra no próprio momento em que estes fazem a roça, no próprio ato de trabalhar*. Tomam a terra brocada ou a roça e, nesse sentido, se apropriam do trabalho do pobre. Fazem-no para cercar a terra e formar o pasto, para criar gado. Portanto, a roça não tem para eles qualquer valor. A mesma menina, Elsa Maria, fez um julgamento conclusivo, que sintetiza de modo notável a ruptura de mundo que se dá com o advento dos donos de terra: "Gado sem arroz ninguém come". Os supostos donos de terra são criadores de gado ou precursores dos pecuaristas. Os posseiros pobres são plantadores de arroz. Na refeição dos pobres do lugar, o *arroz é o alimento* e a *carne é a mistura*,[11] o complemento. O arroz é a *comida do trabalho*. A carne, escassa e cara, é a *comida da festa e do ócio*. O arroz é o *principal* e a carne é o *secundário*. Arroz sem carne tem sentido. Carne sem arroz não o tem. A comida não é supérflua na vida do posseiro. Ela é, também, o limite. A menina Ducilene B., de São Pedro, cujo pai estava longe, no garimpo, disse-me que sua família havia perdido tudo, porque comera tudo o que tinha. Essa associação entre o *ter* e o *comer* define o ter pelo comer e, portanto, a precariedade do *ter, um ter reduzido ao que se pode comer*. O arroz constitui, assim, naquela região, alimento que simboliza a própria vida, recurso do limite da sobrevivência. Ele é quase tudo o que as pessoas têm ou podem ter nesse precário ter.

O cercamento do que fora *terra de arroz* (e *de pobre*) para transformá-la em *terra de gado* (e *de dono*), no antagonismo que encerra, introduz uma equivalência aparente entre alimento e mistura, que subverte as concepções e as relações sociais. Arroz e carne, antes distinguidos qualitativamente, tornam-se quantitativamente equivalentes, reduzidos à mesma qualidade pela mediação quantitativa do preço e do dinheiro. O dono de terra aparece no lugar como agente do dinheiro, isto é, do capital e, portanto, dessa subversão na vida dos pobres. Não é mais o *comer* que classifica a importância das coisas, o destino do trabalho, o uso da terra, as relações entre as pessoas, a *união*. Agora, em seu lugar, está o *ganhar*. Antes, os *homens* e suas necessidades constituíam a medida das coisas e da vida. O mercado era complemento. Agora já não é assim: a medida é o *capital*, ou melhor, a *renda da terra*. Por isso, não decorre daí apenas a tomada da roça do pobre. Decorre, também, a sua humilhação, como técnica para expulsá-lo da terra. Marilene G. de São Pedro, denunciou: "... aqui, até um corte de roça eles tomam do povo. Eles botam no formigueiro e batem muito. O papai tinha um corte de roças e eles tomaram". Marilene se refere à violência de alguns dias antes do nosso encontro, quando um posseiro de São Pedro foi torturado e amarrado sobre um formigueiro de "formigas-de-fogo", aí permanecendo durante muitas horas, à vista de todos. Marinalva G. faz denúncia idêntica: "eles batem tanto que os pobres ficam com a mão inchada que faz pena". Não é demais lembrar que se trata de bater na mão com palmatória, velho instrumento de castigo de escravos e crianças. Ou, então, com a lâmina do terçado. A ferramenta do castigo carrega consigo forte simbolismo de classe. Não só humilha aquele que apanha, mas também indica o seu lugar social em face daquele que impõe o castigo. "Levar bolos" nas mãos, isto é, apanhar de palmatória, é castigo que se inflige a quem está na condição de menor e subalterno, a quem não tem direito de ter a própria vontade, a quem está obrigado a obedecer.

As crianças de São Pedro e de Floresta entendem que seus povoados deixaram de ser bons lugares para viver quando seus pais, os posseiros, começaram a ser ameaçados, atacados e impedidos de trabalhar. Disseram mesmo que só é bom o lugar onde a terra não tem dono. Armando B., cujo pai perdeu a roça, concluiu simplesmente que "aqui não tem justiça", o que, aliás, é verdade no mundo do poder pessoal.

Foi a pequena Regimar F., de 11 anos, miúda e arrumadinha, que, sentada ao lado da trincheira do recente tiroteio dos posseiros contra o grileiro, que se diz dono da terra, em revide a um ataque que sofreram, ao lado da escola, falou-me da sua vida de criança adulta e demarcou o *espaço agora duplicado, o dos pobres e o dos donos*, numa carta geográfica imaginária, em que toda a força do mundo que acaba, e que foi subjugado, ganha contorno de esperança na aventura de uma nova migração. Só que *já não se trata de buscar a terra livre, mas de escapar da cerca e da humilhação*.

Sua família é de Nova Caru, no Maranhão. Um irmão mais velho, que estivera no território de Roraima, a mais de 1,3 mil quilômetros de distância, voltou anunciando que "o lugar parecia um céu, era bom demais pra um pobre morar". Venderam o que tinham e foram, num grupo, para Caracaraí, onde havia trabalho na construção de uma estrada, atravessando o conflitivo território da guerra dos brancos contra os índios waimirisatruahis. "Chegamos no Caracaraí, a firma soube. Que [se] lá a gente não tiver dinheiro, a firma ajuda a gente. E levou nós. Chegamos aí no território, papai arranjou um bocado de coisinhas, ele se empregou, a mamãe se empregou também, eu fiquei estudando no colégio. Aí eu estudava. Eu vinha do colégio, fazia um almocinho, comia, deixava pra mamãe. Aí eu voltava, ia trabalhar de bordar". Regimar viveu em Caracaraí dos 7 aos 11 anos, levando essa vida. Mas o pai ouviu falar das terras livres de São Pedro: "papai enlouqueceu pra vir para cá. Chegamos, ele tá falando de voltar de novo [para Roraima]". "Nóis véve mal aqui. Ruim de vida, mesmo". Antes o pai não passava "sem um dinheirinho no bolso, que nem aqui ele 'tá passando". Também ele foi expulso da terra pelos "baianos". Teve de sair de onde estava botando roça. "Agora ele 'tá trabalhando muito longe. Ele sai de casa bem de manhã e chega lá só meio-dia. Muito longe. Mais de três léguas [quase vinte quilômetros]".

"Seu" Cassiano, pai de Regimar, está botando a última roça no Maranhão para conseguir recursos e poder voltar a Roraima. Vai voltar só, para se empregar. "Depois é que manda a firma vir buscar nós, pra nós ir de novo pra lá", diz Regimar. "Lá é bom mesmo pro pobre viver, porque pra cá um dia de serviço é trinta, pra lá é cem cruzeiros. Só um dia de serviço!".

Regimar gostava muito de Roraima, "porque lá era melhor, é um lugar grande. Só não gostei mais porque não era do Brasil. *Era estrangeiro*".

Tanto em São Pedro quanto em Floresta, as crianças entendem que as *pessoas têm o seu lugar*, um lugar a que pertencem e que lhes pertence, ideia que não se confunde com a de propriedade. Quando começam a chegar os *donos de terra*, que não deixam brocar e tomam as roças para fazer pasto e cerca, recebem uma denominação que os diferencia dos *homens*, do *povo*, como vimos. São considerados estranhos, forasteiros, no sentido de estrangeiros. São *mineiros* ou *baianos*, são *de fora*, não são *de dentro*. Porém, todos os posseiros dessas duas localidades são migrantes, vieram de outros lugares. Por que, então, não se consideram a si mesmos de fora e não reconhecem nos estranhos os mesmos direitos que julgam ter no lugar? Porque eles, posseiros, vieram para trabalhar. É o trabalho, a roça, que justifica e legitima a permanência. Não chegaram ali buscando terra. Chegaram buscando um lugar para trabalhar e viver. Os outros vêm como donos de terra, e não como homens de trabalho; não vivem no lugar, isto, é não compartilham a labuta da terra e, portanto, não fazem parte do mundo dos pobres. *Outros*, até porque são agentes de violência e de privação. A única outra forma de legitimar sua presença e seus direitos seria através do cumprimento das obrigações de *dono* – o respeito às roças e ao serviço dos lavradores. Nesse âmbito, as relações seriam de favor e, portanto, de reciprocidade. Não o são, porém. Em suma, o que as crianças disseram é que *o lugar de cada um é o lugar de seu trabalho, o lugar em que tem direito de trabalhar.*

O confronto com o de fora, o dono de terra, reveste-se de um certo nativismo. Como mencionei antes, os posseiros de São Pedro tocaiaram, prenderam e desarmaram, numa verdadeira operação de guerra, os soldados da Polícia Militar do Pará que, a serviço do grileiro, do dono de terra, para ali se dirigiam a fim de atacar e expulsar os lavradores. Os soldados presos foram entregues à Polícia Militar do Maranhão. Os posseiros agiram como se estivessem defendendo os limites de seu estado contra a invasão de força armada de outro estado. Sabiam, porém, e o disseram, que estavam defendendo seu povoado, suas vidas e suas posses. Para eles, aliás, seu estado e suas posses não correspondem a realidades diferentes entre si. São a mesma coisa, são o *seu lugar*. Por seu lado, o pai de Regimar retornou ao Maranhão com a família, depois de ter estado em Roraima, porque queria "voltar para o *lugar dele*". Mas os "baianos" já estavam expulsando os pobres da terra. O lugar já não era dele, mas do estranho, do *de fora*. E Cléber M., de Floresta, pergunta: "Por que os mineiros vêm lá do terreno deles, pra lá, vem tomar terra aqui na Floresta, dos pobres? Devia acontecer é os mineiros irem embora. Mas eles não vão pro *lugar deles*, em Minas".

A chegada dos donos de terra não somente impede os pobres de trabalharem no cultivo do arroz. A cerca e o pasto proclamam que o trabalho, isto é, o cultivo do arroz, já não tem utilidade. Já não são as necessidades do pobre que definem o uso da terra, mas sim o mercado e o lucro. Com isso, o trabalho do lavrador tornou-se desnecessário e o próprio lavrador tornou-se supérfluo, sobrante, sem terra e sem destino. Na fazenda de gado não há lugar para o cultivador de arroz. O estranho que veio de fora, o dono de terra, transformou-o em estranho em sua própria terra, privou-o de seus direitos de botar roça, tornou-o um homem sem direito, isto é, *um pobre*. As crianças de São Pedro falam constantemente dos que estão indo embora, mais uma vez. E Regimar fala de um lugar, que ela julga um céu, um país estrangeiro, Roraima, "bom demais pra um pobre morar". Lá há trabalho e o trabalho do pobre vale mais do que na terra onde eles não têm mais lugar. Lá longe o pobre sempre tem um dinheirinho no bolso. E quem cuide dele.

Na utopia da família de "seu" Cassiano, lá no "estrangeiro", para onde vai, as velhas regras da reciprocidade são respeitadas. A firma, da qual vai ser, na verdade, um assalariado, é vista como o patrão provedor, que agrega e protege o trabalhador e sua família. Sabe que está perdendo sua liberdade e foi por isso que voltou às terras livres do Maranhão, também elas já submetidas ao cativeiro da cerca. Esse caminho estava atravessado pelo arame farpado da propriedade privada. Vai ter de voltar. Regimar, por seu lado, não pode ver e compreender que se sua família precisa da firma, a firma precisa da força de trabalho de seu pai, de sua mãe, de seus irmãos. E que esse trabalho deixará de existir com o término da construção da estrada. Também não pode ver que um adulto já nasceu no interior do seu corpo de criança, obrigada a cuidar dos afazeres de casa e trabalhar fora, além de ir à escola, enquanto a mãe trabalha. Com os olhos nos direitos que os *homens* devem ter, não pode ver que o capital mobilizou e incorporou à força de trabalho toda sua família, inclusive ela mesma, sem cujo trabalho a mãe teria de deixar de trabalhar fora, reduzindo a oferta de mão de obra para o capital nas terras violentas da fronteira mais remota. Mas no Maranhão já não há lugar para eles, pois não há lugar para o favor e a reciprocidade. Em Roraima, porém, a mãe de Regimar, além da possibilidade do emprego, tem crédito na conta-corrente do clientelismo político. Em Caracaraí, "a mamãe votou pro candidato e vai passar pra cidade. Não era cidade, agora vai passar pra cidade". Votou, portanto, em plebiscito para decidir a autonomia administrativa do lugar. Isso significa funções e empregos públicos para políticos e cabos eleitorais, paternalismo em relação aos eleitores leais. Regimar, portanto, nos fala de uma entrada no *futuro*, no mundo "estrangeiro" das relações da empresa e do capital, com os olhos e as esperanças do *passado*, do clientelismo, do patrão protetor, onde é bom para o pobre viver a sua pobreza.

* * *

Há uma distância no tempo que separa as crianças dos colonos do Mato Grosso e as crianças dos posseiros do Maranhão. Essa distância é demarcada pelo modo como o capital entra na vida de cada um desses grupos. Os colonos compraram a terra, pagaram a renda fundiária à empresa de colonização, que assim converteu terra em capital, têm título de propriedade, têm direitos, adquiriram equipamentos modernos, tornaram-se fornecedores de empresas que comercializam o arroz em grande escala. Trabalham para o grande capital ao trabalharem para si mesmos. Vivem a ilusão da autonomia na coesão da família, do trabalho sem patrão que unifica o esforço das gerações. E não podem perceber que o capital transformou a família em capataz de adultos e crianças, homens e mulheres, velhos e moços.

Já os posseiros não têm a propriedade da terra. Também produzem arroz na escala pequena do roçado, de onde tiram primeiro a própria subsistência para vender depois os excedentes previstos numa escala de necessidades que ainda não é imediata e diretamente regulada pelo capital. Sua relação com o capital é aparentemente tênue, mas insidiosa e corrosiva, presente nas pequenas dívidas e carências, que, no limite, forçam os pobres a comer tudo o que têm. É em outra dimensão que o capital invade suas vidas: na expulsão, na grilagem, na violência. O posseiro se transforma, assim, em obstáculo ao uso capitalista da terra. A terra já foi convertida em equivalente de mercadoria, seu uso já está antecipadamente regulado pelas necessidades do capital, e não pelas necessidades do trabalhador: é a reprodução do capital que está em jogo, e não a reprodução do trabalhador e de sua família. Ao contrário do que ocorre com os colonos, o posseiro ainda não caiu prisioneiro, em escala significativa, da reprodução ampliada do capital.

Essa diferença faz com que *ser criança*, em cada uma dessas situações, constitua um modo diferente de viver essa fase da existência, ainda que aparentemente igual. Em ambas, as crianças trabalham desde muito cedo na vida, frequentemente em tarefas consideradas pesadas e, portanto, de adulto. Em ambos os casos, há uma *falsa infância*. Entre os colonos, o *tempo circular* abrange um período em que a criança se prepara para o futuro, mas o faz desde já fazendo o que fará na condição de adulto, trabalhando. Mesmo uma atividade que a rigor não é trabalho, como a escolar, já está tomada pela disciplina e pelo afã do trabalho. As crianças não *estudam*, e sim *estudam para*. Entre os posseiros, a infância é resíduo de um tempo em que *houve infância*, um tempo que está no fim. Mesmo que o posseiro sobreviva, seja pelo prolongamento de sua agonia social, seja pela vitória sobre seus inimigos, mediante a legalização do direito alternativo de propriedade fundado no trabalho, que ele em parte representa, esse tempo e essa infância provavelmente deixarão de existir. O ritmo e as necessidades da vida de cada dia estão sendo transformados; e também, para eles, muito do que era a substância do trabalho autônomo e da liberdade está se convertendo em forma superficial, máscara e mediação, que os submete ao processo político e ao processo econômico mais amplo. Nesse resíduo de infância ainda há fragmentos de danças populares antigas, literatura oral do passado, teatro popular de outros tempos, jogos que celebram as lutas dos cavaleiros e o amor romântico das donzelas. Mas o tempo disponível para o lúdico foi amplamente sacrificado pelas carências cotidianas, que são também ampliação de necessidades decorrentes do cercamento da terra de trabalho e da supressão da possibilidade de sobrevivência dos pobres do campo. Esses posseiros estão vivendo o doloroso momento de sua conversão em mão-de-obra sobrante, que obriga o chefe de família a abandonar o trabalho na terra para a mulher e os meninos, enquanto as meninas substituem a mãe na casa, e a buscar ganho nos garimpos de cassiterita ou na abertura de estradas em regiões longínquas. De qualquer modo, é o provisório. A rigor, suas crianças já nascem sobrantes e, por isso, ao contrário dos filhos de colonos, nascem sem destino. No caso dos colonos, a infância já foi incorporada pelo trabalho. No caso dos posseiros, foi marginalizada pelo trabalho.

Em ambas as situações, há um componente comum. Tanto as crianças dos colonos quanto as crianças dos posseiros pensam sua vida em termos de futuro. Mas concebem esse futuro em termos de valores, modos de vida, relações sociais, que são objetivamente do passado, de uma realidade que está sendo desorganizada, mutilada, transformada, mas não suprimida. Entre os colonos, porque a migração para a frente pioneira restaura a possibilidade da economia e do trabalho familiar, revitalizando, portanto, os valores e concepções que lhes correspondem. Entre os posseiros, porque a nova situação é produzida pela violência, pela injustiça, pela exclusão, não assegurando um novo lugar social para os trabalhadores e seus filhos nas transformações que estão ocorrendo. Nela, adultos e crianças são apenas vítimas. O sentimento de pobreza é, em parte, produto do desencontro entre o modo de ser, que vem dos velhos tempos, e o modo de viver, que é imposto pelos novos tempos de privação. A nova realidade não é saturada de possibilidades. Ao contrário, é saturada de carências.

Nos dois casos, o passado é a fonte da esperança, a matriz da utopia, porque é uma referência concreta e uma experiência vivida. Já não é sobrevivência e anacronismo pura e simplesmente. É a recusa de ser privado daquilo que encheu a vida de poesia e de sentido, que tem animado a busca demorada, sofrida e paciente de um novo lugar. Na prática dessa recusa, o tempo se transfigura. Já é *outro tempo*, embora pareça o mesmo.

* Trabalho publicado, originalmente, como capítulo do livro de José de Souza Martins (org.), *O massacre dos inocentes*: a criança sem infância no Brasil, São Paulo, Editora Hucitec, 1991, pp. 51-80.

Notas

[1] Cf. Erving Goffman, *La presentación de la persona en la vida cotidiana*, trad. Hilgarde B. Torres Perrén e Flora Setaro, Buenos Aires, Amorrortu Editores, 1971, pp. 244-9.

[2] É o caso, por exemplo, da etnometodologia de Garfinkel, em que os subentendidos do senso comum são utilizados contra a vítima do experimento para forçá-la a tomar consciência e a revelar os significados de seu agir cotidiano. Cf. Harold Garfinkel, *Studies in Ethnomethodology*, Englewood-Cliffs, Prentice-Hall Inc., 1971.

[3] Cf. Alvin W. Gouldner, *The Coming Crisis of Western Sociology*, London, Heinemann, 1972, p. 384.

[4] Cf. Émile Durkheim, *Sociologie et Philosophie*, Paris, Presses Universitaires de France, 1963, p. 119; Émile Durkheim, *As regras do método sociológico*, 2. ed., trad. Maria Isaura Pereira de Queiroz, Companhia Editora Nacional, São Paulo, 1960, p. 2; Max Weber, *Essais sur la théorie de la science*, trad. Julien Freund, Paris, Librairie Plon, 1965, p. 334-8; Karl Marx, O dezoito brumário de Luís Bonaparte, em K. Marx e F. Engels, *Obras escolhidas*, v. I, Rio de Janeiro, Editorial Vitória, 1961, p. 203.

[5] Em 1944, Florestan Fernandes produziu um estudo pioneiro e primoroso de grupos infantis de rua, as chamadas "trocinhas", em bairros da cidade de São Paulo. E observou: "Utilizei-me [...] sempre dos meninos e meninas dos grupos estudados, com os quais tinha amizade. Mesmo quando pertencentes a outras 'trocinhas', a sua opinião e as suas críticas são valiosíssimas. Esta colaboração com os pesquisados, por seu lado, criou muitas vezes condições favoráveis ao entabulamento de conversas mais ou menos demoradas com os

membros das 'trocinhas'". O que lhe permitiu constatar que: "Após a observação minuciosa e prolongada de algumas 'trocinhas', o pesquisador fica habilitado a compreender certos aspectos do comportamento dos imaturos em seus próprios grupos sociais, desenvolvimento de sua personalidade, obediência a determinadas regras etc., que comumente escapam aos adultos em geral e aos pesquisadores mais afoitos ou menos treinados." Cf. Florestan Fernandes, As trocinhas do Bom Retiro, *Folclore e mudança social na cidade de São Paulo*, São Paulo, Editora Anhambi, 1961, p. 157.

[6] O sentido e o lugar do silêncio em face da fala foram compreendidos e analisados de modo rico e sugestivo pelo antropólogo Luigi Lombardi Satriani. Cf. Luigi M. Lombardi Satriani, *Il silenzio, la memoria e lo sguardo*, Palermo, Sellerio Editore, 1980, esp. pp. 27-31 e 34-7.

[7] Cf. José de Souza Martins, *Caminhada no chão da noite:* emancipação política e libertação nos movimentos sociais do campo, São Paulo, Editora Hucitec, 1989, pp. 117-8.

[8] Sobre esse assassinato, há um bem-feito documentário cinematográfico de Murilo Santos, *Quem matou Elias Zi?*, da Brasiliana Produções Artísticas.

[9] Cf. José Vicente Tavares dos Santos, *Colonos do vinho*, São Paulo, Editora Hucitec, 1978, p. 146 e 154.

[10] Nas localidades que indico, a noção de *os homens* tende a se referir aos próprios lavradores, e não a seus opositores. É definição oposta à que registrou Lygia M. Sigaud entre os canavieiros do Nordeste. Cf. Lygia Maria Sigaud, Trabalho e tempo histórico entre proletários rurais, *Revista de Administração de Empresas*, v. 13, n. 3, Rio de Janeiro, Fundação Getúlio Vargas, jul./set. 1973, pp. 105-12.

[11] Antonio Candido apontou e estudou a distinção de *comida* e *mistura* entre caipiras do interior de São Paulo. Cf. Antonio Candido, op. cit., pp. 105-6.

4
O tempo da fronteira: retorno à controvérsia sobre o tempo histórico da frente de expansão e da frente pioneira

"A margem esquerda do rio" (S. Félix do Araguaia – MT, 1975)

Com razão, observa Alistair Hennessy que as sociedades latino-americanas ainda estão no estágio da fronteira.[1] Ainda se encontram naquele estágio de sua história em que as relações sociais e políticas estão, de certo modo, marcadas pelo movimento de expansão demográfica sobre terras "não ocupadas" ou "insuficientemente" ocupadas. Na América Latina, a última grande fronteira é a Amazônia, em particular a Amazônia brasileira, como assinalou Foweraker, ou "última fronteira terrestre que desafia a tecnologia moderna", como observou Posey.[2] Desde o início da Conquista, foi ela objeto de diferentes movimentos de penetração: na caça e escravização do índio, na busca e coleta das plantas conhecidas como "drogas do sertão", na coleta do látex e da castanha. A partir do Golpe de Estado de 1964 e do estabelecimento da ditadura militar, a Amazônia brasileira transformou-se num imenso cenário de ocupação territorial massiva, violenta e rápida, processo que continuou, ainda que atenuado, com a reinstauração do regime político civil e democrático em 1985.

A história do recente deslocamento da fronteira é uma história de destruição. Mas é também uma história de resistência, de revolta, de protesto, de sonho e de esperança. A nossa consciência de homens comuns e também a nossa consciência de intelectuais e especialistas se move no território dessa contradição. Como tantos outros pesquisadores, também fui e tenho sido testemunha desse movimento, que acompanhei pessoal e diretamente num ritmo impróprio para a pesquisa sociológica moderna, o ritmo da paciência, da observação demorada e reiterada. Meu trabalho certamente diverge dos trabalhos costumeiros sobre a fronteira, do pesquisador com prazo e pressa, que precisa concluir sua tarefa nos limites de uma cronologia apertada. E que, muitas vezes, deve limitar sua pesquisa de campo a lugares acessíveis, pacíficos e pouco representativos da conturbada realidade da fronteira, que já não são propriamente fronteira. Ou que, sobretudo, pode fazê-la somente muito depois das ocorrências mais características e violentas da vida social na fronteira, quando a rigor a população local já não se encontra na *situação de fronteira*.[3]

A história contemporânea da fronteira, no Brasil, é a história das lutas étnicas e sociais. Entre 1968 e 1987, diferentes tribos indígenas da Amazônia sofreram pelo menos 92 ataques organizados, principalmente por grandes proprietários de terra, com a participação de seus pistoleiros, usando armas de fogo. Por seu lado, diferentes tribos indígenas realizaram pelo menos 165 ataques a grandes fazendas e a alguns povoados, entre 1968 e 1990, usando muitas vezes armas primitivas como borduna e arco e flecha. Houve ocasiões em que diferentes tribos fizeram ataques em diferentes lugares no mesmo dia. Nestes últimos trinta anos, diferentes facções da tribo kayapó lançaram continuados ataques às fazendas de sua região, inicialmente para rechaçar os civilizados e depois de pacificados para impedir que continuassem invadindo seu território. Em 1984, os kayapós-txukahamães sustentaram uma verdadeira guerra de 42 dias contra as fazendas e o governo militar, que culminou com o fechamento definitivo de extenso trecho da rodovia BR-080, maliciosamente aberta através de seu território para possibilitar futura invasão das terras por grandes fazendeiros. Nessas lutas, houve mortos de ambos os lados, verdadeiros massacres.

Não só os índios da fronteira foram envolvidos na luta violenta pela terra. Também os camponeses da região, moradores antigos ou recentemente migrados, foram alcançados pela violência dos grandes proprietários de terra, pelos assassinatos, pelas expulsões, pela destruição de casas e povoados. Entre 1964 e 1985, quase seiscentos camponeses foram assassinados em conflitos na região amazônica, por ordem de proprietários que disputavam com eles o direito à terra.

O que há de sociologicamente mais relevante para caracterizar e definir a fronteira no Brasil é, justamente, a situação de conflito social.[4] E esse é, certamente, o aspecto mais negligenciado entre os pesquisadores que têm tentado conceituá-la. Na minha interpretação, *nesse conflito,* **a fronteira é essencialmente o lugar da alteridade**. É isso o que faz dela uma realidade singular. À primeira vista é o lugar do encontro dos que por diferentes razões são diferentes entre si, como os índios de um lado e os ditos civilizados de outro; como os grandes proprietários de terra, de um lado, e os camponeses pobres, de outro. Mas o conflito faz com que a fronteira seja essencialmente, a um só tempo, um lugar de descoberta do outro e de desencontro.[5] Não só o desencontro e o conflito decorrentes das diferentes concepções de vida e visões de mundo de cada um desses grupos humanos. O desencontro na fronteira é o desencontro de temporalidades históricas, pois cada um desses grupos está situado diversamente no tempo da história. Por isso, a fronteira tem sido cenário de encontros extremamente similares aos de Colombo com os índios da América: as narrativas das testemunhas de hoje, cinco séculos depois, nos falam das mesmas recíprocas visões e concepções do outro.[6]

A fronteira só deixa de existir quando o conflito desaparece, quando os tempos se fundem, quando a alteridade original e mortal dá lugar à alteridade política, quando o *outro* se torna a parte antagônica do *nós*. Quando a história passa a ser a *nossa história*, a história da nossa diversidade e pluralidade, e nós já não somos nós mesmos porque somos antropofagicamente nós e o outro que devoramos e nos devorou.[7]

Frente de expansão e frente pioneira: a diversidade histórica da fronteira

Os estudiosos do tema da fronteira no Brasil, quando examinam a literatura pertinente, se deparam com duas concepções de referência, através das quais os pesquisadores têm procurado dar um nome específico a essa realidade singular que é objeto de sua investigação. Os geógrafos, desde os anos 1940, importaram a designação de *zona pioneira* para nomeá-la, outras vezes referindo-se a ela como *frente pioneira*.[8]

Os antropólogos, por seu lado, sobretudo a partir dos anos 1950, definiram essas frentes de deslocamento da população civilizada e das atividades econômicas de algum modo reguladas pelo mercado como *frentes de expansão*. Como sugere Darcy Ribeiro, autor do mais importante estudo sobre essas frentes, elas constituem as fronteiras da civilização. Se tomarmos como referência a emblemática frente de expansão da região amazônica, temos nela um primeiro contraste com a frente pioneira dos geógrafos: "Aqui a terra em si mesma não tem qualquer valor... [...] Não se cogita, por isto de assegurar a posse legal das terras... [...] E este domínio não assume, senão acidentalmente a forma de propriedade fundiária".[9] A designação de frentes de expansão, que o próprio Ribeiro havia formulado, tornou-se de uso corrente, até mesmo entre antropólogos, sociólogos e historiadores que não estavam trabalhando propriamente com situações de fronteira da civilização. Ela expressa a concepção de ocupação do espaço de quem tem como referência as populações indígenas, enquanto a concepção de frente pioneira não leva em conta os índios e tem como referência o empresário, o fazendeiro, o comerciante e o pequeno agricultor moderno e empreendedor.

Portanto, o que temos, nas duas definições, é, antes de tudo, *modos de ver* a fronteira, diferentes entre si porque são diferentes, nos dois casos, os lugares sociais a partir dos quais a realidade é observada: o do chamado pioneiro empreendedor e o do antropólogo preocupado com o impacto da expansão branca sobre as populações indígenas.[10] Esse antropólogo não vê a frente de expansão como sendo apenas o deslocamento de agricultores empreendedores, comerciantes, cidades, instituições políticas e jurídicas. Ele inclui nessa definição também as populações pobres, rotineiras, não indígenas ou mestiças, como os garimpeiros, os vaqueiros, os seringueiros, castanheiros, pequenos agricultores que praticam uma agricultura de roça antiquada e no limite do mercado.

Quando difundiram no Brasil o conceito de frente pioneira, os geógrafos mal viam os índios no cenário construído por seu olhar dirigido. Monbeig define os índios alcançados (e massacrados) pela frente pioneira no oeste de São Paulo como *precursores* dessa mesma frente, como se estivessem ali transitoriamente, à espera da civilização que acabaria com eles. A ênfase original de suas análises estava no reconhecimento das mudanças radicais na paisagem pela construção das ferrovias, das cidades, pela difusão da agricultura comercial em grande escala, como o café e o algodão.

Não há, à primeira vista, nessas concepções de frente de expansão e de frente pioneira, a intenção de supor uma realidade específica e substantiva. Por isso mesmo não são propriamente conceitos, mas apenas designações através das quais os pesquisadores na verdade reconhecem que estão em face dos diferentes modos como os civilizados se expandem territorialmente. Mais do que momentos e modalidades de ocupação do espaço, referem-se a modos de ser e de viver no espaço novo. Entendo que essas distintas e, de certo modo, desencontradas perspectivas levam a ver diferentes coisas porque são expressões diferentes da mesma coisa.

A concepção de frente pioneira compreende implicitamente a ideia de que na fronteira se cria o novo, nova sociabilidade, fundada no mercado e na contratualidade das relações sociais. No fundo, portanto, a frente pioneira é mais do que o deslocamento da população sobre territórios novos, mais do que supunham os que empregaram essa concepção no Brasil. A frente pioneira é também a situação espacial e social que convida ou induz à modernização, à formulação de novas concepções de vida, à mudança social. Ela constitui o ambiente oposto ao das regiões antigas, esvaziadas de população, rotineiras, tradicionalistas e mortas.[11]

Entretanto, as ideias subjacentes às duas concepções, de frente de expansão e de frente pioneira, sugerem que, apesar das aparências em contrário, elas se referem a realidades sociais substantivas, modos singulares de organização da vida social, de definição dos valores e das orientações sociais. Realidades substantivas que não foram definidas por aqueles que as empregaram. Os antropólogos, quando falam de frente de expansão, fazem-no basicamente para poupar palavras na definição daquilo com que se defronta o índio. Não estão dizendo nada de específico e definido. Estão dizendo que sobre os territórios tribais se move a fronteira populacional e cultural dos brancos. A noção de frente de expansão, nesse contexto, se apoia essencialmente em subentendidos. Esses subentendidos afloraram nas duas últimas décadas, nos trabalhos dos autores que fizeram pesquisa na região amazônica. Para uns, a frente de expansão aparece como sendo expansão da sociedade nacional; para outros, como expansão do capitalismo[12] e para outros, até, como expansão do modo capitalista de produção. Originalmente, era expansão da fronteira da civilização. Obviamente não há qualquer relacionamento imediato entre essas diferentes definições. Já a concepção de frente pioneira desaparece aos poucos, diluída na de frente de expansão, na medida sobretudo em que a frente de expansão passa a ser entendida, predominantemente, como uma frente econômica.

A perda de substância antropológica da concepção de frente de expansão e sua redução aos aspectos meramente econômicos da vida na fronteira é certamente um fato a lamentar, pois empobreceu enormemente o estudo da expansão da fronteira no momento em que ele poderia ter sido antropologicamente mais rico. Antes dessa perda de substância, Roberto Cardoso de Oliveira pusera o tema da frente de expansão em termos mais adequados, mais ricos e mais promissores do que os que prevaleceriam depois. Em seus trabalhos, a frente de expansão se define pela *situação de contato*, isto é, pelo pressuposto metodológico da totalidade, como é próprio da tradição dialética.[13] Aí as relações interétnicas são relações de *fricção interétnica*, o equivalente lógico, mas não ontológico, como ele esclarece, da luta de classes.[14] Embora Oliveira esteja se referindo às relações entre índios e brancos, sua interpretação já é indicativa da impossibilidade de analisar a realidade dos protagonistas da fronteira de outro modo que não seja como momento de uma totalidade dialética e, portanto, momento de contradição e lugar de conflito.[15]

No meu modo de ver, o desencontro entre o que foi visto originalmente pelo geógrafo e o que foi visto pelo antropólogo, como disse antes, é produto de observações feitas em desiguais lugares sociais. No entanto, esses lugares sociais correspondem à própria realidade da fronteira. Eles viram a partir do vínculo que tinham com a fronteira na pesquisa científica. Viram, portanto, o que a fronteira lhes mostrava e o que estavam profissionalmente dispostos a ver. O desencontro de perspectivas é, nesse caso, essencialmente expressão da *contraditória diversidade da fronteira*, mais do que produto da diversidade de pontos de vista sobre a fronteira. Diversidade que é, sobretudo, diversidade de relações sociais marcadas por tempos históricos diversos e, ao mesmo tempo, contemporâneos.

A diferença inicial que os dois pontos de vista sugeriam era de que quando os geógrafos falavam de frente pioneira estavam falando de uma das faces da reprodução ampliada do capital: a sua reprodução extensiva e territorial, essencialmente mediante a conversão da terra em mercadoria[16] e, portanto, em renda capitalizada, como indicava e indica a proliferação de companhias de terras e negócios imobiliários nas áreas de fronteira em que a expansão assume essa forma. Nesse sentido, estavam falando de uma das dimensões da reprodução capitalista do capital.

Quando os antropólogos falavam originalmente da frente de expansão, estavam falando de uma forma de expansão do capital que não pode ser qualificada como caracteristicamente capitalista. Essa expansão é essencialmente expansão de uma rede de trocas e de comércio, de que quase sempre o dinheiro está ausente, sendo mera referência nominal arbitrada por quem tem o poder pessoal e o controle dos recursos materiais na sua relação com os que explora, índios ou camponeses. O mercado opera, através dos comerciantes dos povoados, com critérios monopolistas, mediados quase sempre por violentas relações de dominação pessoal, tanto na comercialização dos produtos quanto nas relações de trabalho (sendo aí característica a peonagem ou escravidão por dívida). Portanto, muito longe do que tanto Marx quando Weber poderiam definir como capitalista.

Neiva, em trabalho contemporâneo dessas formulações, assinalara que, no Brasil, era (e é) necessário distinguir, no interior das fronteiras políticas do país, a fronteira demográfica e a fronteira econômica, esta nem sempre coincidindo com aquela, geralmente aquém dela.[17] Isto é, a linha de povoamento avança antes da linha de efetiva ocupação econômica do território. Quando os geógrafos falam de frente pioneira, estão falando dessa fronteira econômica. Quando os antropólogos falam de frente de expansão, estão geralmente falando da fronteira demográfica. Isso nos põe, portanto, diante de uma primeira distinção essencial: entre a fronteira demográfica e a fronteira econômica há uma zona de ocupação pelos agentes da "civilização", que não são ainda os agentes característicos da produção capitalista, do moderno, da inovação, do racional, do urbano, das instituições políticas e jurídicas etc.[18]

É possível, assim, fazer uma primeira *datação histórica*: adiante da fronteira demográfica, da fronteira da "civilização", estão as populações indígenas, sobre cujos territórios avança a frente de expansão. Entre a fronteira demográfica e a fronteira econômica está a frente de expansão, isto é, a frente da população não incluída na fronteira econômica. Atrás da linha da fronteira econômica está a frente pioneira, dominada não só pelos agentes da civilização, mas, nela, pelos agentes da modernização, sobretudo econômica, agentes da economia capitalista (mais do que simplesmente agentes da economia de mercado), da mentalidade inovadora, urbana e empreendedora. Digo que se trata de uma primeira datação histórica porque cada uma dessas faixas está ocupada por populações que ou estão *no limite da história*, como é o caso das populações indígenas, ou estão inseridas *diversamente na história*, como é o caso dos não-índios, sejam eles camponeses, peões ou empresários.

Cada uma dessas realidades tem o seu próprio tempo histórico, se considerarmos que a referência à inserção ou não na fronteira econômica indica também diferentes níveis de desenvolvimento econômico que, associados a níveis e modalidades de desenvolvimento do modo de vida, sugerem datas históricas distintas e desencontradas no desenvolvimento da sociedade, ainda que contemporâneas. E não me refiro apenas à inserção em diferentes etapas coexistentes do desenvolvimento econômico. Refiro-me sobretudo às mentalidades, aos vários arcaísmos de pensamento e conduta que igualmente coexistem com o que é atual.[19] E não estou falando de atraso social e econômico. Estou falando da contemporaneidade da diversidade. Estou falando das diferenças que definem seja a individualidade das pessoas, seja a identidade dos grupos.

Essa distinção não é conceitual nem é classificatória, ao contrário do que entendem diferentes pesquisadores que trataram da fronteira a partir do surto expansionista de 1964. Nesse equívoco repousa a controvérsia sobre o tempo histórico da frente de expansão e o tempo histórico da frente pioneira, pois não se reconhece que o tempo histórico de um camponês dedicado a uma agricultura de excedentes é um. Já o tempo histórico do pequeno agricultor próspero, cuja produção é mediada pelo capital, é outro. E é ainda outro o tempo histórico do grande empresário rural. Como é outro o tempo histórico do índio integrado, mas não assimilado, que vive e se concebe no limite entre o mundo do mito e o mundo da história. Como ainda é inteiramente outro o tempo histórico do pistoleiro que mata índios e camponeses a mando do patrão e grande proprietário de terra: seu tempo é o do poder pessoal da ordem política patrimonial, e não o de uma sociedade moderna, igualitária e democrática que atribui à instituição neutra da justiça a decisão sobre os litígios entre seus membros. A bala de seu tiro não só atravessa o espaço entre ele e a vítima. Atravessa a distância histórica entre seus mundos, que é o que os separa. Estão juntos na complexidade de um tempo histórico composto pela mediação do capital, que junta sem destruir inteiramente essa diversidade de situações.

A distinção entre frente pioneira e frente de expansão é, na melhor das hipóteses, um instrumento auxiliar na descrição e compreensão dos fatos e acontecimentos da fronteira.[20] É um instrumento útil quando as duas concepções são trabalhadas na sua unidade, quando destaca a temporalidade própria da situação de cada grupo social da fronteira e permite estudar a sua diversidade histórica não só como diversidade estrutural de categorias sociais, mas também como diversidade social relativa aos diferentes modos e tempos de sua participação na história. No entanto, diferentes pesquisadores a interpretaram como uma tipologia da fronteira e a ela se referiram e a reduziram ao esquematismo classificatório da controvérsia latino-americana dos anos 1960 e 1970 sobre o desenvolvimento do capitalismo no campo, sobre a natureza histórica das mudanças (e das lutas sociais) que estavam ocorrendo no campo: eram transformações *no* capitalismo ou era transição de pré-capitalismo (e, para alguns, até feudalismo) *para* o capitalismo?

Tal esquematismo procurou legitimidade no marxismo estruturalista de inspiração althusseriana que se difundiu na América Latina nesse período, sobretudo através de manuais de vulgarização do pensamento de Althusser. Porém, penso que o marxismo estruturalista não pode reconhecer nos processos sociais a diversidade e contemporaneidade dos tempos históricos, porque os separa em agregados referidos à lógica do espaço. Assim, o modo capitalista de produção, em sua perspectiva, é estritamente constituído por um jogo de categorias que, embora contraditórias, tem uma mesma e única data, a do tempo da burguesia e do proletariado. Quase sempre essa data única está subjacente à ideia do capitalismo como sistema (e como conceito) que, por isso, reduz todas as relações, por mais diversificadas que sejam, a uma única, definida como capitalista. O recurso ao conceito estruturalista de formação econômico-social é um artifício que procura manter uma certa ideia de totalidade, porém constituída de níveis, isto é, camadas de realidades desiguais, dotadas de autonomia relativa umas em relação às outras e, portanto, esvaziadas de historicidade. A partir daí não se distingue entre sistema mercantil e capitalismo, entre dinheiro e capital, entre propriedade privada e propriedade capitalista (isto é, propriedade de meios de produção destinados à exploração caracteristicamente capitalista da força de trabalho), entre modo de produção capitalista e modo de produção especificamente capitalista, entre processo de trabalho e modo capitalista de produção etc.

As relações sociais de data diversa, isto é, que encerram outra temporalidade, nessa orientação são reconhecidas unicamente na definição de um outro modo de produção (no fundo, uma espécie de tipo ideal). Em vez da coexistência de tempos históricos na contradição dos processos sociais, essa orientação reconhece os desencontros dos tempos históricos apenas em termos de *articulação* de modos de produção[21] (e não de *contradição* contemporânea no interior das próprias relações sociais). Além disso, a lógica espacial dessa orientação impõe a distinção de níveis da realidade, ainda que combinados, como se fossem instâncias dotadas de autonomia, como a da economia, da política, da ideologia. São, na verdade, artifícios que permitem classificar a realidade ajustando-se as partes, as peças, numa arquitetura em que o pesquisador apenas intui, mas não demonstra, o lugar de cada uma. Portanto, nessa perspectiva é impossível reconhecer o desencontro dos tempos históricos contidos nas relações sociais reais, como expressão da diversidade na unidade, própria da sociedade capitalista e moderna. E, principalmente, torna-se impossível reconhecer, a não ser por um artifício mecanicista, a possibilidade de transformação do presente e nele a possibilidade da história, a virtualidade da história, a história não só como passado, mas como promessa contida na luta pela vida, pelas concepções da vida como vir a ser, no destino de todos. Sobretudo ela reduz as contradições (e as alternativas que anunciam) ao anúncio de um único destino histórico para todos indistintamente, todas as classes, todos os grupos, todas as histórias singulares (como a dos índios, dos camponeses, dos operários, dos jovens, das mulheres etc.). No fundo, uma concepção totalitária. Reduz o destino de todos ao destino da burguesia na sua contrafação histórica: a classe média. E não toma como referência, obviamente, o destino do gênero humano na sua diversidade.

Os confins do humano e a fronteira da história

A categoria mais rica e apropriada para a reflexão sociológica é a de frente de expansão porque ela se refere a lugar e tempo de conflito e de alteridade. Já em Turner, a concepção de fronteira era a do limite entre civilização e barbárie.[22] Em perspectiva oposta, é para Ribeiro limite da civilização. No Brasil, para os próprios membros do que se poderia chamar provisoriamente de sociedade da fronteira,[23] a fronteira aparece frequentemente como o limite do humano. A fronteira é a fronteira da humanidade. Além dela está o não-humano, o natural, o animal. Se entendermos que a fronteira tem dois lados e não um lado só, o suposto lado da civilização; se entendermos que ela tem o lado de cá e o lado de lá, fica mais fácil e mais abrangente estudar a fronteira como concepção de fronteira do humano. Nesse sentido, diversamente do que ocorre com a frente pioneira, sua dimensão econômica é secundária.

O Brasil é um país particularmente apropriado para se estudar a fronteira nessa perspectiva. As últimas décadas têm sido uma época em que grupos humanos de diferentes tribos indígenas foram contatados pela primeira vez pelos civilizados. Ao mesmo tempo, civilizados muito diversificados entre si, com mentalidades muito desencontradas a respeito de seus lugares nesse dramático confronto da condição humana e de concepções de humanidade: o camponês, o peão, o garimpeiro, o grande fazendeiro, o empresário, o religioso (de diferentes confissões religiosas), o funcionário público, o antropólogo.

O que poderia ter sido um momento fascinante de descoberta do homem, foi um momento trágico de destruição e morte. Mas isso não tira a dimensão épica e poética dos fugidios instantes do encontro de diferentes humanidades como tem ocorrido na região amazônica.[24] Para mim, o mais expressivo documento desse ato de achar o outro é a fotografia de um jovem índio da tribo kreenakarore, o rosto pintado de urucum, no cenário da floresta, os brancos que os procuravam e os viam pela primeira vez também: os olhos arregalados descobriam e deixavam descobrir uma outra humanidade.[25] Foi em outubro de 1972. A existência dessa tribo havia sido descoberta no dia 6 de fevereiro por um sertanista que sobrevoava a selva, para saber se havia populações indígenas no trajeto por onde passaria a rodovia Cuiabá-Santarém, para atraí-las e contatá-las. Nesse dia foi avistada uma de suas aldeias. No dia 14, uma expedição encontrou os primeiros vestígios de sua existência: picadas na mata, restos de fogueiras e ossos de animais. No dia 25 de maio, às onze da manhã, os kreenakarores atacaram os brancos pela primeira vez e feriram um trabalhador. No dia seguinte, o comando militar encarregado da abertura da estrada suspendeu os trabalhos a apenas vinte quilômetros do acampamento da expedição. No dia 27, um helicóptero retirou o trabalhador que fora flechado pelos índios. Na noite seguinte, os sertanistas ouviram várias vezes o pisar das folhas secas do chão de seu acampamento por visitantes que se tornavam invisíveis quando o foco da lanterna era dirigido para o local de onde vinha o ruído. Isso foi interpretado como sinal de que os índios queriam entrar em contato com os brancos. Na tarde do dia seguinte, os membros da expedição colocaram presentes no local em que o trabalhador fora flechado: facões, machados, facas, colares, peças de alumínio. Assustados pelo tiro que um trabalhador dera num macaco que estava numa copa de árvore sob a qual se encontrava um grupo de índios, e sentindo a aproximação da expedição, os kreenakarores queimaram sua aldeia e se refugiaram na mata. Mas deixaram para os brancos vários presentes: bordunas, flechas, arcos. De fato, também eles estavam tentando contatar os brancos. No dia 4 de outubro, os índios recolheram os presentes deixados pelos brancos na margem do rio Peixoto de Azevedo. No dia 15 apareceu nas proximidades um grupo numeroso de índios que falavam alto e gesticulavam muito. No dia 19, reapareceram na margem esquerda do rio, acenando para a expedição. Um dos sertanistas chegou a dez metros de distância de um casal, que o ameaçou retesando o arco e, em seguida, internando-se na mata. No dia 31 de dezembro, os índios começaram a reconstruir a aldeia que haviam queimado. No dia 13 de fevereiro de 1973, eram finalmente atraídos para viver no acampamento dos brancos e contados: eram 350 pessoas. Dois anos depois desses episódios e do contato com os brancos, em janeiro de 1975, só restavam vivos 79 deles (40 homens e 39 mulheres), todos com sinais visíveis de tuberculose. Um ano depois, um sertanista denunciava que brancos podiam ter submetido os índios a severas humilhações, que eles não faziam mais roça e havia entre eles vários casos de doenças venéreas transmitidas pelos brancos, sem contar 35 índios com gripe, inclusive o cacique. Os índios estavam abandonando a aldeia e construindo suas malocas na beira da rodovia, expostos ao contato indiscriminado com os trabalhadores da estrada. Se queremos insistir no nosso conceito de civilização e civilizado, a suposta civilização da frente pioneira havia triunfado sobre a suposta barbárie da selva.

Essa não é uma história única. Pelo menos 34 tribos indígenas foram atraídas e contatadas na Amazônia, a partir de 1965, entre tribos até então desconhecidas e facções arredias de grupos já conhecidos.[26] Sem contar tribos fragmentadas em grupos dispersos, em relação a cada qual o contato foi específico. Vinte e seis delas o foram entre 1970 e 1975. Na quase totalidade desses grupos, a história do contato não varia muito em relação ao caso dos kreenakarores.

Os brancos utilizam usualmente as palavras *atração*, *pacificação* e *contato* para se referir à ação de neutralização das populações indígenas que geralmente reagem quando percebem que seus territórios estão sendo invadidos. Essas são palavras técnicas do jargão oficial, usadas pelos funcionários da Fundação Nacional do Índio para caracterizar seu trabalho. O homem comum, porém, sintetiza essas diferentes ações no verbo *amansar* os índios. É uma palavra que dá bem a medida do lugar que o índio ocupa no imaginário do civilizado da fronteira: ele é geralmente classificado como animal.[27]

Várias localidades da Amazônia receberam o nome de *São Félix*, inclusive no período recente. É que São Félix, na crença católica popular, é o santo que protege o homem contra *os animais peçonhentos e os índios*. Na região, os não-índios, brancos ou não, chamam a si mesmos de *cristãos*. E classificam os índios como *caboclos*, isto é, pagãos, por oposição aos cristãos.[28] Certa vez, em São Félix do Araguaia (no Mato Grosso), caminhando pela rua à beira do rio, ouvi quando algumas crianças começaram a caçoar de um índio karajá que passava. Perguntei-lhes por que faziam aquilo, pois o índio era gente como elas e elas certamente não gostariam que alguém lhes fizesse o mesmo. Um dos meninos disse-me com espanto: "Ele não é gente como eu. Ele é caboclo e eu sou cristão!" Lembro-me, ainda, do cacique xavante Aniceto, numa reunião em Goiânia, opondo-se aos bispos católicos que, por uma questão de respeito aos índios, não se julgavam no direito de batizá-los. Para Aniceto, o batismo constituía o reconhecimento da humanidade do índio e uma proteção em relação aos brancos que, pela falta do batismo, os consideravam animais. A distinção entre cristão e caboclo é, nesses casos, usada para distinguir os humanos dos bichos-do-mato.[29]

Nesse período recente, não foram raros os casos de expedições de caça ao índio organizadas pelos brancos da frente de expansão, para removê-los de "suas" terras e prevenir ataques. Como em 1963, quando os responsáveis por um seringal no Mato Grosso ordenaram a destruição e o massacre de toda uma aldeia de índios cintas-largas: de avião, em voos rasantes, foram jogadas dinamites sobre a aldeia, ao mesmo tempo em que uma metralhadora era disparada sobre os índios que corriam em pânico. Os atacantes, já em terra, metralharam outro grupo de índios acampados à beira de um rio. Ouvindo um choro abafado de criança, voltaram e encontraram, sob dois corpos crivados de bala, a mãe viva e uma garotinha. Enquanto violentavam a mulher, que matariam depois, com um tiro estouraram os miolos da menina que tentara socorrer a mãe.[30] Isso depois de o principal responsável pela firma ter dito diante de testemunhas: "Estes parasitas destes índios sem-vergonha... Já é tempo de acabar com eles, de liquidar com eles... [...] Vamos liquidar com estes vagabundos." Os kayapós, no final dos anos 1950, eram considerados bichos pelos seringueiros e pelos donos dos seringais e tratados com repugnância.[31]

O que se conhece de como os próprios índios de diferentes tribos viram e interpretaram a chegada dos brancos, e a invasão de seus territórios por eles, é igualmente sugestivo. Quando os suruís de Rondônia se viram pela primeira vez frente a frente com um grupo de brancos, o assustado cacique a estes se dirigiu dizendo: "Branco, eu te amanso!"[32] Várias tribos se designam a si mesmas como *gente*, para diferençar-se dos outros humanos. É o caso dos mesmos suruís, que, em sua língua, chamam a si mesmos de *paiter*, isto é, *a gente* (nós mesmos) "em detrimento de outros, que não seriam humanos".[33] Nas concepções dos bororos, do Mato Grosso, os civilizados estão na mesma categoria dos seres maléficos e mortais, isto é, são semelhantes, mas não idênticos, às cobras venenosas, aos inimigos e aos espíritos maléficos, designados por *bope* (isto é, coisa ruim). Em suas concepções, o gado bovino é reconhecido como companheiro dos civilizados porque destrói plantações e, desse modo, rouba alimento dos índios. Aliás, a vaca não possui um lugar no cosmo bororo.[34]

Juruna, um índio xavante, entende mesmo que, no rio das Mortes, foram os índios que atraíram e amansaram os brancos: "Deu muito trabalho atrair branco. Branco sempre com medo. Foi uma luta amansar branco. Branco matou muito índio, até xavante poder amansar branco."[35] Mesmo amansado, o branco permanece excluído do mundo xavante. Em seu excelente estudo sobre esses índios, Aracy Lopes da Silva sublinha que o dualismo de seu pensamento e de sua organização social se expressa na classificação de "nós" e "eles". As cisões internas "dão lugar ao surgimento de uma consciência que se expressa na concepção de um 'nós' sempre ampliado" que, em certas circunstâncias, "extravasa os limites do mundo xavante e passa a incluir os outros índios". Trata-se de uma cultura em que há "a necessidade lógica dos muitos 'outros' com que, nas sociedades jê, se constrói a noção de pessoa e de identidade individual [...]". E conclui que "à falta do branco, ou melhor, à falta de meios para enfrentar o branco [...] ele seja substituído pela onça: igualmente outro, elemento da natureza, assim como o branco excluído do universo cultural xavante".[36]

Para o índio, o avanço da frente de expansão não repercute apenas por colocá-lo diante de uma humanidade diferente, a dos civilizados. Repercute nos rearranjos espaciais de seus territórios e nas suas relações com outras tribos, sobretudo as inimigas. Essas mudanças resultam em muitas perdas, não só do território, mas também de vidas e de elementos culturais. Os asurinis do Xingu não só estavam sendo acossados pelos civilizados desde o século XX, como também por tribos vizinhas e inimigas que os atacaram várias vezes e os forçaram a deslocar-se em diferentes ocasiões. Foram expulsos do Ipixuna pelos araweté, que por sua vez estavam sendo atacados pelos kayapós-xikrins e pelos parakanans. No Ipixuna cultivavam 76 variedades de plantas, "mas, devido à retirada precipitada que efetuaram quando foram atacados pelos araweté, só conduziram 46, e destas estão cultivando apenas 11".[37]

Muito antes da linha fronteiriça definir o limite da presença do civilizado num território determinado, a frente de expansão já se expande indiretamente empurrando os grupos indígenas mais próximos para territórios de seus vizinhos mais distantes. No geral, tem decorrido daí guerras intertribais e até o extermínio de algumas populações indígenas por parte de outros grupos indígenas. A escassez de estudos que combinem a etno-história com a história dificulta uma visão ampla desse imenso e múltiplo conflito que se dá além da fronteira, que se mostra, assim, além do mais, *fronteira da história*, como resultado da histórica expansão da sociedade civilizada.

Os preciosos estudos de Dominique Gallois sobre o povo waiãpi, que vive hoje na fronteira com a Guiana Francesa, são justamente indicativos da importância que tais estudos podem ter para melhor compreensão dos aspectos propriamente dramáticos da expansão da fronteira. Desde o final do século XVII e início do século XVIII, os waiãpis vêm migrando em direção ao norte e à Guiana. Deslocaram-se fugindo, empurrados pelos brancos, desde o rio Xingu. Atravessaram o rio Amazonas e se localizaram na região do rio Jari, avançando, depois, em direção às suas cabeceiras. Nessa lenta migração de cerca de trezentos anos, há muitos episódios de guerra com outras tribos cujos territórios estavam invadindo, assim como há episódios de cooptação pelos civilizados para que se empregassem na caça de outros índios para reduzi-los à condição de escravos. Sem contar complicados arranjos e relacionamentos entre tribos indígenas para efetivar um comércio primitivo de ferramentas produzidas pelos civilizados.[38]

Os estudos de Gallois sobre esse povo mostram uma complexa e surpreendente teia de relacionamentos entre diferentes grupos indígenas, incluindo um grupo de ex-escravos negros fugidos das fazendas da Guiana Francesa e retribalizados, para fazer circular esses produtos entre eles. Um comércio inteiramente extracapitalista e, até se poderia dizer, extracomercial porque inteiramente estranho aos princípios e realidades econômicos em que esses produtos foram gerados. Sobretudo porque nesse mundo indígena e tribal tais mercadorias estão separadas de seu mundo de origem por uma nítida fronteira social e cultural e por uma lógica de circulação de produtos inteiramente diversa, distante de qualquer concepção de equivalência. Isso fica claro na destruição de bens até caros, procedentes dos civilizados, por ocasião dos rituais fúnebres dos respectivos donos, em diferentes tribos.[39] A mercadoria é apenas adicionada à cultura tribal, mas não incorporada segundo sua implícita lógica mercantil e acumulacionista. Provavelmente porque a mercadoria só pode sê-lo se conservar o valor de uso, que se manifesta nas circunstâncias, inclusive culturais, em que é usada. Enquanto o branco põe a ênfase de sua relação com a mercadoria no valor de troca, mesmo quando a usa (e já não tem valor de troca), o índio põe a ênfase no valor de uso e numa concepção de uso que anula o "pecado original" da troca.

Diversas tribos indígenas contatadas no período recente foram surpreendidas migrando lentamente, por longas distâncias, para o interior do país em consequência de pressões anteriores da frente de expansão, diretamente sobre elas ou sobre seus vizinhos: os tapirapés se fixaram no Mato Grosso após um longo percurso a partir do Maranhão; os xavantes estão agora encurralados no Mato Grosso, entre fazendas de gado e lavouras de camponeses pobres, mas procedem de Goiás e da Bahia.[40] Há mesmo casos de tribos originárias de um ambiente ecológico específico que, em consequência dessas migrações, deslocaram-se para ambientes completamente diferentes, o que as obrigou, em alguns casos com sucesso e em outros sem sucesso, a reelaborarem sua relação com a natureza, sua cultura e suas concepções: os iranxes, originários da região de mata, onde haviam elaborado "sua experiência histórica de vida", foram deslocados para o cerrado, onde se adaptam mal; já os kayapós foram empurrados do cerrado para a floresta e levaram mais de cem anos para se adaptarem ao novo ambiente e produzirem conhecimentos a ele adequados.[41]

Em vários casos, a chegada dos civilizados se deu praticamente no mesmo período de confrontos devastadores entre diferentes tribos. Em meados dos anos 1940, um etnólogo relatava o estado de pânico que se apossara dos índios tapirapés, do Mato Grosso, em relação aos seus mais perigosos inimigos, os kayapós. A mais intensa aproximação da frente de expansão de seu território coincidia com o fato de que "os kayapó não somente avançam em direção ao Araguaia para acabar com os sertanejos e suas casas. Marcham para o sul atacando tampiitaua", a aldeia tapirapé.[42] O encontro, portanto, para esses grupos, se deu em momentos dramáticos, acrescentando um inimigo de certo modo inesperado aos inimigos conhecidos. Compreende-se que várias dessas tribos tenham aceito e até procurado a sujeição aos brancos. E tenham imediatamente se disposto a colaborar na atração e contato de tribos inimigas. Frequentes vezes, no fundo, os índios imaginaram que estavam envolvendo os civilizados em seus próprios conflitos. Só recentemente diferentes grupos indígenas se deram conta do que estava de fato acontecendo e passaram a se aliar a seus antigos inimigos para enfrentar os brancos. Esse é certamente um dos aspectos novos da expansão da fronteira no Brasil. E outro aspecto novo e fundamental é que populações indígenas têm pressionado os brancos, com êxito, no sentido da expansão das fronteiras de seus territórios de confinamento, como tem se dado com os kayapós; ou reocupando fazendas abertas em seus antigos territórios, inclusive instalações, como ocorre com os xavantes.

Esse cenário de conflito não se desenha necessariamente sobre o imaginário de um território aberto e ilimitado. Lux Vidal, no seu minucioso estudo sobre os kayapós-xikrins, relata que eles "reconhecem dois pontos cardeais: leste e oeste". E que, em oposição ao leste, que é bem definido, por ser o lugar de sua origem e de origem de seus mitos, "o oeste é simplesmente um ponto de referência convencional de delimitação do espaço [...], mas, não definido, ninguém poderia situá-lo. Segundo os índios 'é o fim do mundo'". É também o lugar da noite perpétua.[43] Segundo Gallois, também os waiãpis, no mito em que se referem ao lugar Mairi, mencionam que ali está o buraco do final da terra. Na sua reconstituição da relação entre mito e história, Gallois descobriu que Mairi é a cidade de Almeirim, antiga localidade de referência, embora distante, da fortaleza de Macapá, construída pelos portugueses no período colonial. Há nessa fortaleza o que parece ser um calabouço em forma de poço. Um índio conhecedor do mito, ao visitar a fortaleza pela primeira vez, disse: "Quando conheci a fortaleza, reconheci o lugar". O "buraco do final da terra" era o lugar onde "jogavam as pessoas". De qualquer modo, ali efetivamente termina a terra, como terminava a vida; depois dali é o oceano.[44]

A disputa pela concepção de destino na situação de fronteira

Quem conhece a fronteira sabe perfeitamente que nela, de fato, essas "faixas" se mesclam, se interpenetram, pondo em contato conflitivo populações cujos antagonismos incluem o desencontro dos tempos históricos em que vivem. A recente expansão da fronteira mostrou isso de maneira muito clara. Práticas de violência nas relações de trabalho, como a escravidão por dívida, próprias da história da frente de expansão, são adotadas sem dificuldade por modernas empresas da frente pioneira. Pobres povoados camponeses da frente de expansão permanecem ao lado de fazendas de grandes grupos econômicos, equipadas com o que de mais moderno existe em termos de tecnologia. Missionários católicos e protestantes, identificados com as orientações teológicas modernas da Teologia da Libertação, encontram lugar em suas celebrações para as concepções religiosas tradicionalistas do catolicismo rústico, próprio da frente de expansão.[45]

A dinâmica da frente de expansão não se situa num único mecanismo de deslocamento demográfico. Tradicionalmente, a frente de expansão se movia, e excepcionalmente ainda se move, em raros lugares, em consequência de características próprias da agricultura de roça. Trata-se de um deslocamento lento regulado pela prática da combinação de períodos de cultivo e períodos de pousio da terra. Depois de um número variável de anos de cultivo do terreno, os agricultores se deslocam para um novo terreno. Onde essa prática é mais típica, como o Maranhão, o deslocamento se dá no interior de um território de referência ao redor de um centro, de um povoado. Quando a roça fica distante do centro, a tendência é a criação de um novo centro, ao redor do qual os lavradores abrem suas roças segundo critérios de precedência e antiguidade dos moradores e segundo concepções de direito muito elaboradas, isto é, quem tem direito de abrir roça onde, por exemplo. Desse modo, a fronteira se expande em direção à mata, incorporando-a à pequena agricultura familiar.

A tendência observada até agora é a da aceleração do deslocamento da frente de expansão, ou mesmo seu fechamento, em decorrência da invasão das terras camponesas por grileiros, especuladores, grandes proprietários e empresas.[46] Quando não integrados no mercado de trabalho, os camponeses eram e são expulsos de suas terras e empurrados para "fora" da fronteira econômica, ou para "dentro" como assalariados sazonais. Se encontram terras livres mais adiante, continuam a tendência migratória, mesmo que para pontos mais distantes. É notável a circulação de informações sobre terras livres ou presumivelmente livres, entre camponeses, centenas de quilômetros adiante. A teia de relações de parentesco e de compadrio se encarrega de difundir as informações sobre a localização de novas terras que ainda podem ser ocupadas. O que é facilitado pelo lento deslocar de fragmentos de grupos familiares desses camponeses. Embora tendencialmente migrem em família e até em grupo,[47] há uma rede familiar mais extensa e viva que constitui a referência nesse movimento. Em cada etapa do deslocamento, os membros da família, os compadres, os antigos vizinhos já chegados, acolhem os que vêm depois e serão acolhidos mais adiante pelos que se foram antes.[48] A verdadeira estrutura social de referência das populações camponesas da fronteira não é a local e visível. Ela se espalha por um amplo território, num raio de centenas de quilômetros, e é uma espécie de estrutura migrante, uma estrutura social intensamente mediada pela migração e pela ocupação temporária, ainda que duradoura, de pontos do espaço percorrido. Os estudos sociológicos que tomam como referência uma localidade específica não apanham a realidade social mais profunda que dá sentido à existência dessa espécie de sociedade transumante.

Quando não há perspectiva de encontrar novas terras nem há perspectiva ou disposição de entrar na economia da miséria no interior da fronteira econômica, geralmente começa a luta pela terra, o enfrentamento do grande proprietário e seus jagunços. Em algumas regiões tem sido possível, nos últimos vinte anos, observar a passagem das migrações espontâneas, decorrentes da saturação da terra, para as migrações forçadas pelas expulsões violentas da terra. E observar, neste último caso, que mesmo aí os camponeses migram para não muito longe, como que circulando ao redor de um ponto ou ao longo de uma rota de referência. Quando a pressão se combina com a falta de alternativa, surge o conflito, como ocorreu em vários pontos do sul do Pará.[49] A história recente das lutas camponesas no Brasil tem, aliás, mostrado abundantemente que, mesmo quando não se configura a falta de alternativas, os camponeses ameaçados optam pela luta pela terra, pelo questionamento seja dos supostos direitos dos alegados proprietários, seja da própria legitimidade desses direitos. As diferentes modalidades de acomodação desses conflitos por parte do Estado, com as desapropriações de terras para reforma agrária, até preventivamente nos casos de probabilidade de tensão social, mostram que os trabalhadores rurais, ainda que por via indireta, conseguiram abrir uma alternativa poderosa e em grande parte sua numa situação de aparente falta de alternativas.[50]

São eles, por isso, agentes característicos da frente de expansão, embora não sejam os únicos nem necessariamente os decisivos. Por isso, violam a linha da fronteira demográfica e avançam sobre territórios que são sempre territórios tribais, isto é, territórios de algum modo incluídos no circuito de perambulação de algum grupo tribal. Além das situações de conflito com as populações indígenas que procuram resistir a esse avanço, há também as situações de fuga dos mesmos indígenas, que se deslocam mais para o interior à procura de novos espaços, geralmente à custa de graves conflitos entre as próprias populações indígenas, de tribos diferentes ou até do mesmo grupo indígena (como tem ocorrido entre facções da grande nação kayapó).

O conjunto da informação histórica que hoje se tem sobre a frente de expansão e a frente pioneira sugere que a primeira foi a forma característica de ocupação do território durante longo período. Começou a declinar com a chamada Marcha para Oeste, em 1943, e a intervenção direta do Estado para acelerar o deslocamento dos típicos agentes da frente pioneira sobre territórios novos, em geral já ocupados por aqueles que haviam se deslocado com a frente de expansão. Tipicamente, a frente de expansão foi constituída de populações ricas e pobres que se deslocavam em busca de terras novas para desenvolver suas atividades econômicas: fazendeiros de gado, como ocorreu na ocupação das pastagens do Maranhão por criadores originários do Piauí; seringueiros e castanheiros que se deslocaram para vários pontos da Amazônia. E mesmo agricultores. Levaram consigo seus trabalhadores, agregados sujeitos a formas de dominação pessoal e de exploração apoiadas no endividamento e na coação.

Quando a economia da borracha entrou em crise e decadência aí por 1910, muitos desses empreendimentos extrativos, que eram essencialmente comerciais e não agrícolas, simplesmente encerraram suas atividades. Ficaram para trás os trabalhadores, dedicados à própria subsistência e comercialização de excedentes em pequena escala. Essencialmente, houve um refluxo da economia, expresso diretamente no retorno a uma economia baseada na produção direta dos meios de vida por parte dos trabalhadores.[51] Isso tinha sentido, porque os donos de seringais e castanhais eram meros posseiros ou foreiros que haviam arrendado suas terras do Estado. Portanto, a partir desse momento, a frente de expansão ficou caracterizada como uma frente demográfica de populações camponesas e pobres residualmente vinculadas ao mercado. Ao invés de estagnar, continuou crescendo e se expandindo pela chegada contínua de novos camponeses sem terra originários sobretudo do Nordeste, no caso da Amazônia, que foram ocupando as terras real ou supostamente livres da região.

Uma característica importante da frente de expansão em todo o país, para datá-la historicamente, é que, quando se deslocavam juntos ricos e pobres, deslocavam-se com base nos direitos assegurados pelo regime sesmarial. Embora o regime de sesmarias tenha cessado às vésperas da Independência e só tenha sido substituído por um novo regime fundiário com a Lei de Terras de 1850, ele continuou norteando as concepções de direito à terra de ricos e pobres e, em muitos casos, norteia até agora.

Ainda hoje, quando um posseiro da Amazônia justifica seu direito à terra, ele o faz invocando o direito que teria sido gerado pelo trabalho na terra. Ao mesmo tempo, reclama e proclama que seu direito está referido aos frutos de seu trabalho, que por serem seus está no direito de cedê-los ou vendê-los. A concepção de que é preciso ocupar a terra com trabalho (na derrubada da mata e no seu cultivo) antes de obter reconhecimento de direito era própria do regime sesmarial. Do mesmo modo, a concepção de que o trabalho gera direito de propriedade sobre os frutos do trabalho também era própria desse regime fundiário. Nele, o *domínio* estava separado da *posse útil*. O domínio era da Coroa. Quando, por acaso, o sesmeiro deixasse de cultivar a terra ou de obter dela frutos para pagar tributos, a terra se tornava devoluta (ou realenga, como então se dizia, isto é, pertencente ao rei). Podia, por isso, ser novamente distribuída pelo representante da Coroa, bastando que alguém a ocupasse e, depois, a requeresse, como ocorreu frequentemente. Do mesmo modo, a casa de um agregado construída em terras de sesmaria ou data de outrem, bem como suas roças e cultivos, não sendo ele escravo, pertenciam-lhe legalmente, sendo a relação com o sesmeiro apenas relação de *enfiteuse*. Portanto, o trabalho de fato gerava direito sobre bens produzidos e sobre a terra beneficiada ou, melhor, sobre o benefício incorporado à terra pelo trabalho, como era o caso do desmatamento.

É comum encontrar-se nos arquivos documentos de transferência da propriedade de uma casa a um terceiro, construída em terras de um segundo, que apenas recebia o laudêmio, um tributo quase simbólico de reconhecimento do seu senhorio, e não de sua propriedade (já que o proprietário eminente era o rei). A Lei de Terras de 1850 é que juntaria num único direito, o de propriedade (mantendo, porém, separados os conceitos), a posse e o domínio. O vocabulário e o imaginário monárquicos, ainda tão fortes nas frentes de expansão, não são devidos unicamente a arcaísmos religiosos, mas também a uma concepção de direito muito próxima dos pobres: a dos direitos (de uso) gerados pelo trabalho em oposição aos direitos (de propriedade) gerados pelo dinheiro.[52]

A partir de 1943, a frente pioneira que em outras regiões se movia impulsionada pelos interesses imobiliários do grande capital, das empresas ferroviárias e da grande agricultura de exportação, como o café no Sudeste, na Amazônia passa a depender da iniciativa do governo federal. Ela se torna a forma característica de ocupação das novas terras. Os grandes episódios desse impulso foram a Expedição Roncador-Xingu e a Fundação Brasil Central, ambas oficiais, nos anos 1940; a construção da rodovia Belém-Brasília, nos anos 1950; e, finalmente, a política de incentivos fiscais da ditadura militar a partir dos anos 1960.[53] A política de incentivos, ao subsidiar a formação do capital das empresas amazônicas, dando-lhes assim uma compensação pela imobilização improdutiva de capital na aquisição de terras para abertura das fazendas (onde era esse o caso), promoveu a aliança entre os grandes proprietários de terra e o grande capital.

Nesse quadro, o deslocamento da frente pioneira sobre as terras já ocupadas pela frente de expansão foi acelerado[54] e deu à superposição dessas distintas frentes de ocupação territorial uma violenta dimensão conflitiva.

Tornaram-se frequentes e numerosos os despejos violentos e dramáticos de posseiros das terras que ocupavam. Com ou sem base em decisão judicial, os supostos donos, muitas vezes apoiados em documentos falsos, têm conseguido com facilidade o reconhecimento de direitos indevidos. A aceleração do avanço da frente pioneira em diversas regiões adiantou-se à própria frente de expansão e entrou diretamente em contato com as populações indígenas. Se nos anos 1970, no Mato Grosso, a distinção entre as duas modalidades de ocupação territorial ainda podia ser facilmente feita, o mesmo não se deu nos anos 1980, no Pará. Aqui os índios ainda em fase incipiente de integração na sociedade nacional combateram diretamente as grandes empresas modernas que se instalavam em sua região com grandes fazendas, interditando-lhes o acesso às terras que pretendiam ocupar. Foi o que ocorreu especialmente com os kayapós. No Mato Grosso, os xavantes e os bororos só reagiram contra os fazendeiros após passar um certo tempo de sua pacificação. Especialmente os primeiros, atacando fazendas já instaladas em seus antigos territórios e retomando-as.

Porém, o avanço da frente pioneira sobre a frente de expansão e a conflitiva coexistência de ambas é mais do que contraposição de distintas modalidades de ocupação do território. Ao coexistirem ambas na *situação de fronteira*, dão aos conflitos que ali se travam – entre grandes proprietários de terra e camponeses e entre civilizados, sobretudo grandes proprietários, e índios – a dimensão de conflitos por distintas concepções de destino. E, portanto, dimensão de conflitos por distintos projetos históricos ou, ao menos, por distintas versões e possibilidades do projeto histórico que possam existir na mediação da referida situação de fronteira. Essa situação de fronteira é um ponto de referência privilegiado para a pesquisa sociológica porque encerra maior riqueza de possibilidades históricas do que outras situações sociais. Em grande parte porque, mais do que o confronto entre grupos sociais com interesses conflitivos, agrega a esse conflito também o conflito entre historicidades desencontradas.

No meu modo de ver, o encontro de relações sociais, mentalidades, orientações historicamente descompassadas, até propriamente no limite da história, introduz a mediação das relações mais desenvolvidas e poderosas na definição do sentido das relações mais "atrasadas" e frágeis, ou melhor, das relações diferentes, com outras datas e outros tempos históricos. A sobreposição da frente pioneira e da frente de expansão produz uma situação de contemporaneidade dessas relações de tempos distintos. E nela a mediação das relações mais desenvolvidas faz com que o *atraso* apareça, na verdade, como *diferença*. As relações mais avançadas, mais caracteristicamente capitalistas, por exemplo, não corroem nem destroem necessariamente as relações que carregam consigo a legitimidade de outras épocas. Portanto, nesses casos, a diferença não tem sentido como passado, mas como contradição, e nela como um dos componentes do possível, o possível histórico de uma sociedade diversificada, que ganha sua unidade na coexistência das diferenças sociais e étnicas. Seria muito ingênuo imaginar que elas constituem uma receita de tendências históricas, antagônicas ou alternativas, decorrentes da situação singular do posseiro ou de cada grupo indígena. Seria supor a possibilidade da história social não como transformação, mas como retorno a um tempo que a dura crueza do presente tornou idílico.

Isso não quer dizer, muito ao contrário, que o capital não estenda sobre o território da frente de expansão uma rede de relações comerciais para nelas integrar os produtos da indústria extrativa ou mesmo os produtos agrícolas, especialmente os que são típicos da subsistência regional, como a farinha de mandioca, o arroz etc. Ou, até, estenda seus vínculos diretamente às populações indígenas acuadas, como têm feito as grandes empresas na extração de madeira e minérios nos últimos tempos. E isso não transforma nem os camponeses nem os índios em típicos operários de empresa capitalista. O que não impede, também, que grandes empresas, dotadas de organização empresarial e técnica moderna e sofisticada, recorram à peonagem, isto é, a escravidão por dívida, sobretudo nas atividades de derrubada da mata e de implantação de suas fazendas, o que é próprio dos seringais e castanhais da frente de expansão. Como não impede, ainda, que bolsões de populações indígenas e camponesas sobrevivam no interior da frente pioneira, ou mesmo em regiões de ocupação antiga, como ocorre no Nordeste e no Sul do país, ainda que num certo sentido enclausuradas em terras de menor interesse econômico ou em territórios demarcados. E que, a partir daí, se integrem marginalmente (ou não) no mercado de produtos agrícolas.

Sobrevivência e milenarismo no mundo residual da expansão capitalista

Justamente essa primeira constatação da diversidade das temporalidades históricas na fronteira sugere a possibilidade de um equívoco no uso das concepções de frente de expansão e frente pioneira como instrumentos de classificação e definição dessa realidade. Ainda que os geógrafos tenham acentuado a importância da urbanização, das modernas vias de comunicação, dos empreendimentos econômicos modernos, da mentalidade moderna, sugeriram com razão a precedência dos fatores econômicos no deslocamento da frente pioneira, o principal dos quais, sem dúvida, a conversão da terra em equivalente de mercadoria. Entretanto, os que incorporaram a distinção entre frente de expansão e frente pioneira, simplificadamente, como instrumentos de classificação e definição da realidade da fronteira, transferiram, inclusive os críticos, a precedência do econômico para a análise também da frente de expansão.[55] Com isso, o que é próprio e característico dessa última situação de fronteira se desfigura, aparecendo como etapa (e não como expressão de contradição), por exemplo, na expansão do capital na Amazônia.

No meu modo de ver, as relações sociais (e de produção) na frente de expansão são predominantemente relações *não capitalistas* de produção mediadoras da reprodução *capitalista* do capital. Isso não faz delas outro modo de produção. Apenas indica uma insuficiente constituição dos mecanismos de reprodução capitalista na frente de expansão. Insuficiência que decorre de situações em que a distância dos mercados e a precariedade das vias e meios de comunicação comprometem a taxa de lucro de eventuais empreendedores. Portanto, aí tendem a se desenvolver atividades econômicas em que não assumem forma nem realidade própria os diferentes componentes da produção propriamente capitalista, como o salário, o capital e a renda da terra. Os meios de produção ainda não aparecem na realidade da produção como capital nem a força de trabalho chega a se configurar na categoria salário. Portanto, o produtor não tem como organizar sua produção de modo capitalista, segundo a racionalidade do capital. O capital só entra, só se configura, onde sua racionalidade é possível.

Se a frente pioneira se define essencialmente pela presença do capital na produção, o mesmo não ocorre, portanto, na frente de expansão, que não se constitui pela *precedência* do que *nós* definimos como econômico na constituição de seus modos de vida e da mentalidade de seus agentes. Embora sua dinâmica resulte da ação e dos interesses do capital, combinados com as concepções próprias do camponês e mesmo do índio integrado.[56]

A frente de expansão tornou-se, no fundo, o mundo residual da expansão capitalista, o que está além do território cujas terras podem ser apropriadas lucrativamente pelo capital. Explico-me: tanto Monbeig quanto Waibel mostraram claramente que na frente pioneira o capital se torna proprietário de terra, recria no terreno os mecanismos da sua reprodução ampliada. Expande-se sobre o território, de que se apossa como *seu* território. Essa expansão territorial traz para a própria fronteira a infraestrutura da reprodução capitalista do capital: o mercado de produtos e de força de trabalho e com ele as instituições que regulam o princípio da contratualidade das relações sociais, que é o que caracteriza a sociedade moderna. O mercado se constitui na mediação essencial que dá sentido ao processo de ocupação do território.

A frente de expansão também é expansão de relações mercantis. Mas numa concepção inversa à da expansão da produção propriamente capitalista. As relações que na história da fronteira no Brasil têm precedido o avanço da frente pioneira propriamente dita não se caracterizam pela ação do empreendedor que expande a reprodução capitalista do capital *no território novo*. Antes, sua ação é no sentido de estender as relações mercantis além dos limites do território propriamente incorporado na reprodução capitalista do capital. Há um limite além do qual não é possível extrair renda *capitalista* da terra. Provavelmente por isso, os territórios sobre os quais se move a frente de expansão são claramente marcados pela ausência da propriedade fundiária moderna, predominando a posse efetiva ou o aforamento. *A teoria da fronteira é, no meu modo de ver, basicamente um desdobramento da teoria da expansão territorial do capital.* Novos terrenos são ocupados de *modo capitalista* quando é possível extrair deles a renda capitalista da terra, ao menos a renda absoluta, isto é, quando é possível embutir nos preços dos produtos nela cultivados, além da renda territorial, a taxa média de lucro do capital.[57] Se a distância em relação ao mercado a que o produto se destina implica em transferir ao transporte esse lucro, nenhum capitalista estará interessado em investir em atividades econômicas geograficamente localizadas além de um certo limite.[58] Se o capitalista tiver que deduzir do seu lucro o preço do transporte para fazer o produto chegar ao mercado e aí realizar o seu ganho, ele certamente haverá de considerar a alternativa de outros investimentos para seu capital.

Além desse limite, está a frente de expansão, mas não a frente pioneira. Por isso, a frente de expansão está mais próxima da economia mercantil simples do que da economia capitalista e, ao mesmo tempo, está próxima da mera economia de subsistência. O camponês produz aí seus próprios meios de vida, além dos excedentes comercializáveis. Ele não pode se inserir plenamente na divisão social do trabalho que rege o conjunto da economia. Porque, se o fizer, terá que se especializar, dedicar-se de preferência aos produtos mais rentáveis naquela terra e naquele lugar. E adquirir no mercado seus meios de vida. Ora, os meios de vida que circulam através do mercado são meios de vida cujo preço incorporou a taxa de lucro do capital que os produziu e/ou que os comercializou. Desse modo, eles impõem à reprodução de seus consumidores e da força de trabalho a rentabilidade e a mediação do capital. Para que a força de trabalho se reproduza, terá que receber por seu produto o seu valor, isto é, o que foi dispendido em meios de vida por quem trabalha, pois do contrário a força de trabalho não poderá reproduzir-se. Onde a distância do mercado não viabiliza a extração da renda capitalista da terra, o camponês terá que organizar sua economia em outras bases. Ele terá que produzir e assegurar seus próprios meios de vida. Com isso, poderá vender seus produtos como excedentes, e não como produtos cujo preço de venda pelo produtor esteja eventualmente baseado numa contabilidade de custos, como ocorre na atividade organizada em bases empresariais. Isso fica mais claro se considerarmos os produtos que tanto são produzidos na frente de expansão quanto na frente pioneira e nas regiões antigas.

No Brasil, de modo geral, um desses produtos é o arroz. Até uma certa distância do mercado consumidor, o arroz poderá ser produzido de modo empresarial, como ocorre nas grandes regiões arrozeiras do Sul, do Sudeste e do Centro-Oeste. A partir desse limite, isto é, além da frente pioneira, não poderá ser produzido de modo empresarial. A partir daí terá que ser produzido sem que o produtor possa assegurar sua sobrevivência apenas com sua comercialização. Em consequência, a sobrevivência do agricultor dependerá de que ele possa assegurá-la por outros meios. Ele o faz organizando sua produção como uma atividade complementar da produção direta de seus meios de vida. A isso chamo de *economia de excedentes* para diferençá-la de mera economia de subsistência. Nela o excedente já aparece como tal na própria produção. O essencial nessa interpretação é que os meios de vida do agricultor não são imediatamente estabelecidos pela mediação do mercado. Mesmo que o camponês venha a ter que comercializar também parte de seus meios de vida, ele *sabe* que está vendendo aquilo que originariamente fora destinado à sua subsistência. É diferente da situação do assalariado e mesmo do pequeno agricultor capitalista que, no momento da produção, *não sabe* e não pode distinguir entre o que vai constituir seus meios de vida e o que vai constituir o excedente apropriado pelo capital, num caso, ou destinado à sua própria acumulação, no outro. O excedente do camponês da frente de expansão é um excedente concreto, produto de trabalho concreto, do mesmo modo que seus meios de vida. Os meios de vida de quem trabalha para o capital, como ocorre com o operário ou o assalariado do campo, têm seu montante definido pela mediação do capital e é materialização de trabalho abstrato e, portanto, social. Não é o próprio trabalhador que calcula e define quanto da produção vai se constituir em seus meios de vida.[59]

Muitas ressalvas têm sido equivocadamente apresentadas a essa concepção. Há, frequentemente, situações concretas em que, embora o agricultor produza de fato seus próprios meios de vida, toda sua atividade está dominada pela produção do excedente comercializável. E mesmo que não esteja, seu estado de pobreza o leva frequentemente a reter para sua subsistência e de sua família o que sobra do que foi obrigado a vender ao comerciante e intermediário. Não raro tendo que endividar-se junto ao armazém para assegurar a sobrevivência de sua família durante o ano, vendendo antecipadamente a colheita que ainda não fez, do produto que ainda não está maduro, em vez de vender a sobra previamente calculada da produção direta de seus meios de vida. Portanto, aparentemente não estaríamos, nesse caso, em face de uma economia de excedentes, mas de uma autêntica economia de mercado.

As coisas, porém, não são assim. O excedente não é o resto ou a sobra.[60] Não se trata de que o agricultor assegure para si e sua casa a subsistência e só *depois* venda o que sobrou, embora isso possa ocorrer.[61] Trata-se de uma economia de excedentes porque o raciocínio que preside a organização da produção, isto é, o que plantar e sobretudo quanto plantar e até onde plantar, está organizado a partir da ideia de que, do que se planta, uma parte deveria destinar-se primeiramente à subsistência da família do produtor e um excedente deveria ser produzido para troca ou comércio. O acréscimo no tamanho da roça em relação à subsistência depende da disponibilidade de força de trabalho familiar ou da possibilidade de pagar a terceiros para que a façam. Essa é uma das razões pelas quais a saída de casa do filho homem e adulto acarreta em geral uma redução nas condições de vida da família, um certo empobrecimento.[62] O excedente depende de vários fatores. De um lado, do número de braços na família. De outro lado, da fertilidade remanescente do terreno. Como em geral na frente de expansão o que se pratica é agricultura de roça, há sempre necessidade de novas terras (e, portanto, de paulatino deslocamento dos agricultores em direção a terras virgens). Mas depende, também, de que não ocorra uma doença na família, pois isso geralmente implica em despesas extraordinárias com remédios, o que, muitas vezes, leva à comercialização do produto destinado à própria subsistência e ao endividamento posterior para repô-lo quando se fizer necessário. Situação que se repete quando algum desastre natural reduz a produtividade do trabalho, como chuvas excessivas ou seca.

Muitas das dificuldades para compreender as peculiaridades e os efeitos dessa economia simples vêm de pesquisadores que limitaram suas observações, quando as fizeram, a regiões em que a economia camponesa está em crise, sobretudo em consequência da sua maior dependência do mercado devido a alterações nas necessidades da família camponesa, quando a desorganização da economia de excedentes já está adiantada. E sobretudo em regiões em que as roças camponesas já estão cercadas pelas grandes fazendas de gado. Os camponeses não podem, por isso, concretizar o deslocamento cíclico de suas roças para áreas próximo de mata e terras virgens. O declínio da produtividade agrícola e o que é, de certo modo, seu confinamento comprometem a reprodução desse campesinato e a dinâmica da frente de expansão.

Mesmo que tais populações se tornem acentuadamente dependentes do mercado e dos pequenos comerciantes de seus povoados, seu vínculo mercantil será acessório, limitado e marginal, no sentido de que não é ele que organiza a totalidade do mundo camponês. Em seu mundo, o mercado é constituído pelos precários terminais de uma rede de aquisição de produtos agrícolas ou extrativos, adquiridos basicamente em troca de outros produtos, sobretudo industrializados, que chegam ao camponês por preços várias vezes multiplicados em relação aos grandes centros urbanos. Isso, porém, não quer dizer que, ao mesmo tempo, os comerciantes de povoado não constituam parte integrante e, mesmo, essencial desse mundo, como de fato constituem.[63] Porém, os produtos não circulam de modo autenticamente mercantil, até porque tem aí escassa presença o dinheiro, predominando as trocas.[64] Seus preços não refletem o mercado, mas as condições monopolistas da comercialização e, sobretudo, o poder pessoal do comerciante. No geral, a troca se dá no interior de uma relação que é sobretudo patriarcal relação de dominação. Estamos, portanto, em face de uma inserção imperfeita do camponês no mercado porque é imperfeito e não capitalista o mercado que chega até ele e que procura envolvê-lo em sua teia de exploração econômica. Essa é a forma da conversão, pelo capital comercial e usurário, do excedente físico em lucro.

A frente de expansão não tem sido apenas constituída pelo campesinato. Nela há uma grande diversidade de personagens, atividades econômicas e relações sociais específicas. Há uma espécie de burguesia de fronteira que muitas vezes toma a iniciativa pela expansão desses modos marginais de produção das mercadorias. Ela é responsável pela implantação desses terminais de sucção de produtos e desproporcional distribuição de mercadorias trazidas de fora.

A frente de expansão está mais próxima das relações servis de trabalho do que das relações propriamente capitalistas de produção. Os casos de peonagem ou escravidão por dívida, no Brasil, ocorrem com muito mais frequência na frente de expansão do que nas outras regiões. É evidente que são relações produzidas no processo de reprodução ampliada do capital, que recorre a mecanismos de acumulação primitiva em certos momentos dessa reprodução ampliada,[65] isto é, recorre seja ao confisco de bens, como a terra, seja ao confisco de tempo de trabalho mediante ampliação da margem de trabalho não pago.

Tem sido característica da frente de expansão, no Brasil, a ausência da propriedade formal da terra, esta última constituída de simultâneos direitos de posse e domínio. A população camponesa é geralmente posseira ou ocupante de terra, sem título de propriedade. Os patrões, onde os há, foram durante longo tempo, até há poucos anos, ou meros posseiros, como os camponeses, ou arrendatários de terras públicas, pagando ao Estado foros quase simbólicos e, sobretudo, pagando com favores políticos e eleitorais, de tipo clientelista, as concessões territoriais recebidas.[66] Essa precária relação de pobres e ricos com a posse da terra na frente de expansão não é só resultado da precária institucionalização do direito de propriedade, mas também resultado de que tais territórios estão fora do circuito rentável da renda da terra ou da aplicação de capital na aquisição de terrenos.

Se na frente pioneira a racionalidade econômica e a constituição formal e institucional das mediações políticas estão visivelmente presentes em todos os lugares e momentos, já na frente de expansão é notório o predomínio dos valores sociais, das crenças, do imaginário na formação, definição e sustentação dos vínculos sociais. Nesta, com frequência, os instrumentos da economia mercantil, especialmente o dinheiro, chegam como expressão do mal e do diabólico. O que se explica porque nela o poder de corrosão dos processos econômicos é extremamente mediatizado, não atua direta e imediatamente sobre mentes e relações sociais. No meu modo de ver, isso está relacionado com a produção direta de meios de vida e a produção complementar (mesmo que em primeiro lugar) de excedentes para escambo e comércio. O dinheiro e a mercadoria não são direta e predominantemente responsáveis pela reprodução social. E, nesse caso, quanto mais é marginal e, ao mesmo tempo, corrosiva e violenta a inserção no mercado, mais se acentua a força do imaginário no modo de vida dessas populações e na tentativa de compreensão de seus próprios dramas e misérias.

Nesse sentido, não se pode compreender a frente de expansão reduzindo-a à expressão material de simples busca de terra por parte dos camponeses pobres expulsos das áreas de latifúndio, sobretudo no Nordeste. Essa busca não raro precede o próprio ato de expulsão ou, então, quando o sucede, tem características muito diversas da de uma súbita desagregação de vizinhança. Ela tende a se definir no ambiente do ajustamento precário a uma nova situação decorrente da expulsão, a um novo relacionamento do homem com a natureza, frequentemente envolvendo perda cultural, realidades novas que impõem redefinição de costumes e tradições. Sobretudo porque essas mudanças acarretam desagregação de grupos de constituição antiga, no mais das vezes apoiados numa estrutura de vínculos de parentesco real ou ritual. Uma certa consciência de proximidade do fim dos tempos, decorrente de uma sensação de inexplicável desmoralização, privação, provação e castigo, impõe às vítimas da expropriação material e cultural uma certa compreensão apocalíptica dos acontecimentos.[67]

A busca tem um forte caráter comunitário, o que se vê claramente nos locais de imigração ao longo do Tocantins e do Araguaia e mesmo em Rondônia. Em parte porque esses grupos são constituídos por extensas parentelas, agregando ascendentes, descendentes e colaterais, grupos que mesmo uma dramática adversidade econômica não destrói. Um certo simplismo economicista sugere que a expropriação produz mecanicamente a individualização e a integração no mercado de trabalho, já não mais do grupo, mas de cada um de seus antigos membros. No entanto, as evidências mostram que mesmo quando, aparentemente, as coisas ocorrem desse modo, com as migrações para as grandes cidades, o que temos é o contrário: migrações temporárias em grupo dão lugar a migrações definitivas feitas aos poucos, geralmente começando pelos mais jovens, depois os homens e finalmente a família toda. A migração dos membros de uma família tende a durar muitos anos, até que todos se transportem de um lugar a outro.[68] Em parte, tanto num caso quanto noutro, porque esses grupos se concebem como comunidades de destino e de pertencimento. De certo modo, da mesma maneira que para as populações indígenas esse pertencimento inclui os ancestrais. A insistência com que algumas tribos tentam recuperar terras ancestrais, como é o caso dos xavantes, tem a ver, em parte, com a localização de seus cemitérios. O sentido do dilaceramento que a destruição desse mundo desperta no íntimo de muitos camponeses da frente de expansão pode ter uma intensidade dramática de difícil identificação a partir de esquemas convencionais de participação.

A história das frentes de expansão no Brasil, neste último século, inclusive no Sul, tem sido ao mesmo tempo a história do milenarismo camponês.[69] Praticamente todos os movimentos milenaristas ou messiânicos do período ocorreram nas frentes de expansão, ou em bolsões de tradicionalismo em que o modo de vida é idêntico ao que pode ser observado naquelas, e ocorreram nos momentos em que os camponeses estavam sendo expulsos da terra ou estavam ameaçados de expulsão.

Pude observar diretamente que as migrações espontâneas do Nordeste para a Amazônia, para um número muito grande de pessoas, estão motivadas por concepções milenaristas. Em diferentes pontos de uma extensão de cerca de oitocentos quilômetros ao longo do rio Araguaia, encontrei diversos grupos de camponeses que chegaram à região inspirados pelas profecias do padre Cícero sobre a existência de um lugar mítico depois da travessia do grande rio. E tive notícia de um grupo desgarrado, empenhado na mesma busca, que se estabelecera à beira do rio Tocantins. Esse lugar mítico é reconhecido como o lugar das Bandeiras Verdes, que ninguém sabe dizer exatamente o que é nem onde é. Mas seria reconhecido quando fosse encontrado, por ser um lugar de refrigério, de águas abundantes, de terras livres, em contraste com o Nordeste árido e latifundiário.[70]

Trata-se, claramente, de milenarismo medieval e europeu, como é próprio da maioria dos casos de milenarismo no Brasil. Os que procuram as Bandeiras Verdes andam em grupos. Geralmente são grupos de parentes e vizinhos no local de origem.[71] Sua trajetória dos pontos de origem no Nordeste aos lugares em que se estabeleceram varia de seiscentos a oitocentos quilômetros. O deslocamento é lento, em vários casos tomando dos peregrinos muitos anos, com paradas demoradas ao longo do trajeto. O fenômeno vem ocorrendo há mais de cinquenta anos e se tornou muito intenso nos anos 1970.

É extremamente significativo que os peregrinos se desloquem na direção leste-oeste, que é a mesma direção do deslocamento da fronteira e do movimento de efetiva ocupação do território. Geralmente seguem o sentido de orientação da Via Láctea, a que chamam de Caminho de São Tiago. Lembro aqui que São Tiago é o mesmo *Saint Jacques* que dá nome às *jacqueries*, às revoltas camponesas. E o Caminho de São Tiago é o mesmo Caminho de Santiago de Compostela, na Espanha, seguido pelos peregrinos que no tempo das cruzadas partiam para a terra santa, para a guerra contra os infiéis e para resgatar o túmulo de Cristo. Nesse sentido, o deslocamento atual, na direção supostamente indicada pela Via Láctea, segue um rumo oposto ao do percorrido pelos cruzados na Idade Média europeia. Lembro, também, que Compostela é "campo de estrelas", isto é, a Via Láctea.[72] Portanto, na fronteira, há um imaginário místico, que mescla e adapta ao sentido de movimento próprio da frente de expansão vários e diferentes componentes do imaginário medieval. Pode-se dizer que "adapta" na medida em que a realidade que sustentava esse imaginário, na origem, era a do movimento do oeste em direção a leste. Aqui é o contrário, como se os camponeses recorressem ao que parece ser o arquétipo do confronto com o desconhecido, com a natureza, com o outro e, sobretudo, com o próprio limite do humano.

Há um certo componente de guerra santa nesse universo, como ocorreu numa frente de expansão do sul do país, de 1912 a 1916, quando houve a chamada Guerra do Contestado.[73] É como se a humanização do homem tivesse em qualquer circunstância a dimensão de uma peleja mortal, não só entre Deus e o diabo, mas entre o humano e o inumano. As influências das heresias medievais se anunciam através das inversões das relações sociais: é nos opostos que está o sentido do que aparentemente perdeu o sentido. No Contestado, era preciso morrer para renascer no exército divino de São Sebastião; os velhos deveriam se tornar jovens, a sabedoria e o poder estavam com as crianças. Além disso, quem não se recolhesse aos redutos santos era inimigo.

Além dos seguidores da Bandeira Verde, há outros grupos de camponeses peregrinos como o de Maria da Praia, que há muitos anos se desloca de Goiás, no Centro-Oeste, para o Norte. Depois de alguns anos atravessando Goiás e Mato Grosso, o grupo se encontra hoje no Pará. E o grupo dos romeiros do padre Cícero, dirigido por Justino, um grupo que teve início em 1967, em Barreira do Campo, no Pará.[74] Aparentemente, tais grupos fundem distintos milenarismos, pois eu mesmo encontrei no Mato Grosso grupos de romeiros do padre Cícero a quem atribuem a profecia de procura das Bandeiras Verdes.[75]

Na frente de expansão do Vale do Rio Doce, em Minas Gerais, em 1955, o milenarismo de um pequeno grupo de camponeses assumiu a forma de alucinação coletiva e durou uns poucos dias. Aí também a inversão se deu pela troca de nomes das pessoas, pelo recebimento de um novo nome. Ao mesmo tempo, promoveu a configuração do inimigo: os possuídos pelo demônio.[76]

Há muitas indicações de joaquimismo nesses movimentos, inclusive nos recentes, na Amazônia, e nessa religiosidade de fronteira. Isto é, aparentemente há influências das ideias de Gioacchino Da Fiore, um monge calabrês do século XII, responsável pela elaboração e difusão de concepções relativas à chegada do tempo do Espírito Santo.[77] A utopia joaquimita se manifesta, no milenarismo sertanejo, nas práticas comunitárias, já que sua previsão é a de que há de chegar um tempo de justiça, de fraternidade, de liberdade, de fartura – um tempo de libertação.

Têm sido muito fortes na região as representações do mal que aflige os camponeses ameaçados de expulsão da terra pelos grandes proprietários e pelas grandes companhias na figura da Besta-fera apocalíptica. Frequentemente, os diferentes, os de fora, os antagônicos, são considerados "correios da Besta", enviados da Besta. A Besta é também a configuração do dinheiro nesse universo marcado pelo grande fluxo do capital, agente reconhecido das violências contra esses camponeses.[78] Um posseiro do Araguaia explicou-me a associação entre o dinheiro e a Besta-fera somando os valores do papel-moeda, ainda o cruzeiro, então em circulação: 500+100+50+10+5+1. O total era 666, o número apocalíptico da Besta.

Também entre as populações indígenas na situação de contato têm ocorrido movimentos messiânicos no período relativamente recente, como entre os tükunas, os ramkokamekras-canelas, os krahôs e diferentes grupos tupis.[79] Frequentemente, concepções messiânicas relacionadas com a proximidade do branco e a desorganização do mundo tribal que ela acarreta. Baseiam-se, quase sempre, na alteridade que o branco representa, na desigualdade de forças no confronto entre índios e brancos. Se são tentativas de incorporar os brancos nas suas referências míticas, são também construções míticas da inversão possível dessas relações, como ocorreu no messianismo krahô.

O reavivamento, entre os civilizados, de concepções arquetípicas de origem medieval na frente de expansão parece indicar, em termos muito gerais, uma certa dificuldade para elaborar uma consciência própria dos conflitos e da desagregação das relações sociais, sobretudo as relações de parentesco e vizinhança, na situação singular que ali se constitui.

Os desencontros próprios da frente de expansão envolvem consequências e elaborações muito mais profundas do que ocorreria se os camponeses que nela se encontram apenas estivessem buscando terra ou se os índios apenas estivessem tentando reter ou ampliar seu território. Eles estão, certamente, também buscando terra para trabalhar e assegurar a sobrevivência e a continuidade da família ou tentando manter territórios revestidos de uma certa sacralidade na memória tribal. Mas o fato de que se encontrem numa situação que é também limite do humano, fronteira de humanidade, limite e fim de mundo, parece impor-lhes a necessidade de deslocar para imaginários mais profundamente estabelecidos a busca de sentido para a vida nos confins do humano, na fronteira. A revitalização do imaginário medieval e de um imaginário milenarista e cristão, inclusive, direta ou indiretamente, em alguns grupos indígenas, repõe um sistema de referência também baseado na ideia de limite e fronteira: o confronto entre cristãos e infiéis, entre o bem e o mal. Eles estão, sim, buscando a terra prometida, que é muito mais do que o instrumento material da produção que domina o interesse dos pesquisadores e suas análises da frente de expansão. Nesse sonho se manifesta a grande transfiguração produzida pela fronteira, de certo modo definidora da sua singularidade temporária e histórica: tempo e espaço se fundem no espaço-limite concebido ao mesmo tempo como tempo-limite. É no fim que está propriamente o começo.

* Exposição de abertura da Conferência "The Frontier in Question", Department of History, University of Essex, Colchester (Reino Unido), 21-23 de abril de 1995. Publicado, originalmente, em *Tempo Social – Revista de Sociologia da USP*, v. 8, n. 1, maio 1996, pp. 25-70.

Notas

[1] Alistair Hennessy, *The Frontier in Latin American History*, London, Edward Arnold, 1978, p. 3.

[2] Joe Foweraker, *A luta pela terra:* a economia política da fronteira pioneira no Brasil de 1930 aos dias atuais, trad. Maria Júlia Goldwasser, Rio de Janeiro, Zahar Editores, 1982, p. 11; Darrel A. Posey, Time, space, and the interface of divergente cultures: the kayapó indians of the Amazon face the future, *Revista de Antropologia*, v. 25, São Paulo, Departamento de Ciências Sociais–FFLCH/USP, 1982, p. 89.

[3] No meu modo de ver, é o caso do útil estudo da economista Leonarda Musumeci, *O mito da terra liberta:* colonização "espontânea", campesinato e patronagem na Amazônia oriental, São Paulo, Anpocs/Vértice, Editora Revista dos Tribunais, 1988. Apesar de seu estudo se referir a *um único povoado* camponês do Maranhão, em que já não há senão remanescentes sociais da *situação de fronteira*, a autora o toma como típico da ampla e diversificada situação de fronteira e questiona desenvolta e fartamente interpretações relativas ao tema, que têm como referência um âmbito mais amplo e complexo. Além disso, não se baseia em observações propriamente etnográficas, mas em *opiniões* de seus entrevistados, frequentemente induzidas para testar os antagonismos de sua polêmica teórica. Como se as questões propriamente interpretativas pudessem

e devessem ser *verificadas* no terreno do senso comum. Dentre os exemplos de resposta induzida que podem ser encontrados no referido livro, transcrevo este: "**P(esquisadora)** – ...se alguém tem um terreno *sem nenhuma benfeitoria* [grifo meu] e tá querendo ir embora, ele também pode vender? **I(informante)** – Vende o direito, viu? É mais barato, viu?, mas vende. **P** – Mas aí ele tá vendendo o quê? **I** – Ele tá vendendo só um direito, *porque tava trabalhando naquele terreno, e sempre domina*. O cabra vai lá, fala pra botar uma roça, ele diz: 'não, isso aqui é meu', e tal, o povo respeita, viu? Aí ele quer sair... **P** – O que é dele? Quando ele diz 'isso aqui é meu', o que que é? A capoeira? **I** – É, só mesmo a capoeira, só o direito, porque trabalha naquele lugar. (...) Porque tem..., trabalha naquele pedaço de chão, aí *acha que tem direito, né?, de ninguém entrar ali sem a pessoa comprar*. **P** - Aí são duas coisas que podem ser vendidas: uma é a benfeitoria e outra é o direito, são duas coisas diferentes, né? [**sugere Musumeci, como se não tivesse excluído a benfeitoria na pergunta inicial**]. **I** - Pois é... Mas a benfeitoria que a gente fala aqui é o mesmo... é o direito [**corrige o informante, reagindo à sugestão de Musumeci**]. É, tá certo, a benfeitoria. Porque quando tem a benfeitoria a gente compra mais caro, né? [**corrige-se o informante depois de ter sido induzido a confundir o direito sobre a terra gerado pelo trabalho na terra, o desmatamento, com as benfeitorias**]. Agora, só o direito, a gente compra baratinho... (lavrador do Barro Vermelho)". E, então, *Musumeci conclui, depois de ter sugerido ao trabalhador que* **direito** *e* **benfeitoria** *são a mesma coisa e depois de ter recebido o esclarecimento de que* **não são**: "[...] os depoimentos citados [...] sugerem que o *direito* pode não abarcar apenas o que de concreto se produziu e construiu sobre a terra; pode englobar também um *direito de terra*, um *direito do local*, ou seja, um 'poder de monopólio' sobre a parcela *assituada* e explorada pelo camponês [...]" [**reforça Musumeci**]. Cf. Leonarda Musumeci, op. cit., pp. 68-9 (grifos do original). Assim, Musumeci reduz (e desfigura) a especificidade histórica do *direito gerado pelo trabalho na terra de posse* ao direito dominante de propriedade enquanto monopólio econômico juridicamente fundado e assegurado sobre uma parcela de terra. A autora nesse caso, procura por na bôca do trabalhador sua própria tese. As concepções desse e de outros entrevistados da autora e de seu orientador, apontado como coautor (p. 12), invocam *concepções do direito sesmarial* dos tempos coloniais, com o qual ambos não parecem familiarizados. Sem contar que um antropólogo, além de perguntas verbais aos entrevistados, faria demoradas observações de campo para obter, pela via propriamente antropológica, também as informações não verbalizáveis que lhe indicassem quais são na prática (e não na palavra induzida) os costumes dos camponeses utilizados em suas indagações. A deformação metodológica que assinalo no trabalho dessa autora e do coautor *faz da economista e do antropólogo os heróis-sujeitos da pesquisa*. A propósito desse tema, sugiro a leitura do interessante artigo de Paulo Roberto de Arruda Menezes, A questão do herói-sujeito em "Cabra marcado para morrer", filme de Eduardo Coutinho, *Tempo Social – Revista de Sociologia da* USP, v. 5, n. 1-2, jun. 1995, pp. 107-26.

[4] Godfrey, que é geógrafo, menciona esse fato expressamente em relação ao Brasil e, ao mesmo tempo, assinala que uma das limitações da interpretação de Turner sobre a fronteira americana é justamente a de ter ignorado a luta pela terra. Cf. Brian John Godfrey, *Road to the Xingu:* frontier settlement in Southern Pará, Brazil, MA thesis, University of California, Berkeley, 1979, p. 8 e 40-59. O conflito social, como conceito-guia, é também adotado por Marianne Schmink e Charles H. Wood, *Contested Frontiers in Amazonia*, Center for Latin American Studies, University of Florida, Gainesville, ago. 1989, p. 14 (para a versão já publicada desse estudo, cf. Marianne Schmink e Charles H. Wood, *Contested Frontiers in Amazonia*, New York, Columbia University Press, 1992). Jean Hébette, numa avaliação dos estudos sobre a fronteira no Brasil, sublinhou que, na atualidade, o conflito pela posse da terra é o tema mais polarizador. Cf. Jean Hébette, *Relatório do Seminário sobre a Fronteira Agrícola com vistas à resenha da literatura nos últimos anos*, Belém, ago. 1978, mimeo, p. 3.

[5] Foweraker ressalta que "o antagonismo primário da fronteira reside entre os camponeses e os 'outros' [...]", no sentido de uma certa diluição da dimensão propriamente de classe do conflito fundiário. Cf. Joe Foweraker, op. cit., p. 48.

[6] O tema da alteridade, nesse tipo de contacto, está proposto no estudo de Todorov sobre a Conquista da América, em que ele trata "da descoberta que o *eu* faz do *outro*" e do fato de que "o eu é um outro". Cf. Tzvetan Todorov, *La conquista dell'America:* il problema dell'altro, trad. Aldo Serafini, Torino, Giulio Einaudi Editore, 1984, p. 5.

[7] Cf. meu ensaio, Antropofagia e barroco na cultura latino-americana, em *A chegada do estranho*, São Paulo, Editora Hucitec, 1993, pp. 15-26.

[8] Esses caboclos "não são as sentinelas avançadas da marcha para oeste". Cf. Pierre Monbeig, *Ensaios de geografia humana brasileira*, São Paulo, Livraria Martins, 1940, esp. p. 111; Pierre Monbeig, *Pionniers et planteurs de São Paulo*, Paris, Librairie Armand Colin, 1952; Pierre Monbeig, *Novos estudos de geografia humana brasileira*, São Paulo, Difusão Européia do Livro, 1957.

[9] Cf. Darcy Ribeiro, *Os índios e a civilização:* a integração das populações indígenas no Brasil moderno, 2. ed., Petrópolis, Editora Vozes Ltda., 1977, p. 25.

[10] Há diferenças, também, no modo de ver a fronteira quando se faz a comparação entre países diferentes. Gerhard seleciona como principais traços para um estudo comparativo de fronteiras a democracia política na forma de autogoverno, a tendência ao igualitarismo, a mobilidade e a consequente quebra do vínculo do costume ou da tradição. Cf. Dietrich Gerhard, The frontier in comparative view, *Comparative Studies in Society and History*, v. I, n. 3, The Hague, Mouton & Co. Publishers, March 1959, p. 207. Os estudos da situação de fronteira no Brasil indicam que os traços relevantes são aqui inteiramente outros, em geral opostos a estes.

[11] Foi uma antropóloga, Gioconda Mussolini, que chamou a atenção dos cientistas sociais brasileiros para o fato de que os nossos antropólogos e sociólogos, até os anos 1950, optaram pela realização de estudos de comunidade nas "zonas velhas", isto é, em zonas tradicionais e socialmente estáveis, em oposição às "zonas novas" ou pioneiras. Nesse sentido, "não têm se interessado pela zona pioneira", ou seja, pelas zonas de organização social ainda instável. Ela sugere, assim, as implicações dessa opção: "Quase que invariavelmente, porém, os estudos de comunidade realizados no Brasil revelam, como dissemos, interesse definido da parte de seus autores por áreas nas quais se espera verificar a qualidade de 'organização cultural' e estabilidade social, *selecionando-se, por esta razão, pontos que além de situados nas 'zonas velhas' de povoamento, sejam o suficiente isolados para que se anteveja a possibilidade de concretização daquela expectativa.*" Cf. Gioconda Mussolini, Persistência e mudança em sociedades de "folk" no Brasil, em Florestan Fernandes (org.), *Symposium etno-sociológico sobre comunidades humanas no Brasil*, Separata dos *Anais do XXXI Congresso Internacional de Americanistas*, São Paulo, 1955, esp. p. 338 (grifo meu). Portanto, o que o pesquisador via e vê em seu trabalho de campo está acentuado por essa opção ou por essa orientação prévias.

[12] Embora eu mesmo, neste texto, use o conceito de capitalismo várias vezes, faço-o, porém, sabendo que introduz uma distorção na concepção marxista de capital e de modo capitalista de produção. O conceito de *capitalismo*, que Marx não usou, sugere um sistema, ideia muito distante do que o próprio Marx pensava, pois sua referência era o *processo do capital*, o movimento do capital, sua reprodução ampliada, e não sua mera reprodução. Faço-o, porém, para facilitar o diálogo crítico que este texto contém, sobretudo com autores que trabalham com a pressuposição de um sistema social, em cujo interior o progresso é um desdobramento da ordem, à moda positivista.

[13] Cf. Roberto Cardoso de Oliveira, *O índio e o mundo dos brancos:* a situação dos tukúna do alto Solimões, São Paulo, Difusão Européia do Livro, 1964, pp. 15-8.

[14] Cf. Roberto Cardoso de Oliveira, Problemas e hipóteses relativos à fricção interétnica: sugestões para uma metodologia, *Revista do Instituto de Ciências Sociais*, v. IV, n. 1, Rio de Janeiro, Universidade Federal do Rio de Janeiro, 1967, p. 44.

[15] No mesmo número da revista em que Roberto Cardoso de Oliveira publicou seu artigo e projeto de pesquisa, seu aluno Otávio Guilherme C. A. Velho publicou um relatório de trabalho de campo, em princípio norteado por aquele mesmo projeto, em que seu autor diz: "O dinamismo da frente hoje está intimamente ligado à busca de terra". (Cf. Otávio Guilherme C. A. Velho, Análise preliminar de uma frente de expansão da sociedade brasileira, *Revista do Instituto de Ciências Sociais*, v. IV, n. 1, op. cit., p. 38). Essa afirmação poderia ter diferentes sentidos, mas a ênfase geral do artigo é posta nos aspectos propriamente econômicos da frente de expansão. *É aí que nasce, no meu modo de ver, a reorientação reducionista dos estudos antropológicos da frente de expansão na perspectiva do que os geógrafos definiram como frente pioneira*, dominados pelas questões econômicas, como se veria no primeiro livro do autor sobre o tema (cf. Otávio Guilherme Velho, *Frentes de expansão e estrutura agrária*, Rio de Janeiro, Zahar Editores, 1972). Nessa orientação, a questão da centralidade do conflito, que motiva Roberto Cardoso de Oliveira, vai para um plano inteiramente secundário, embora Velho tenha dito no referido artigo (p. 29) que seu trabalho "pretende ser um desdobramento do artigo de Roberto Cardoso de Oliveira [...]".

[16] Falando da frente pioneira em São Paulo, Monbeig esclarece que "os pioneiros paulistas jamais puderam dispor de terras gratuitas: nada é mais estranho à faixa pioneira brasileira que a 'terra devoluta'. [...] A posse do solo começa por um negócio [...]". Cf. Pierre Monbeig, *Novos estudos*, op. cit., p. 110.

[17] Cf. Arthur Hehl Neiva, A imigração na política brasileira de povoamento, *Revista Brasileira de Municípios*, ano II, n. 6, abr.-jun. 1949, p. 226, apud Leo H. Waibel, As zonas pioneiras do Brasil, *Revista Brasileira de Geografia*, ano XVII, n. 4, out.-dez. 1955, pp. 391-2. A distinção entre fronteiras políticas e fronteiras econômicas estava claramente presente no discurso geopolítico do Estado Novo, que justificava a Marcha para Oeste. O presidente Getúlio Vargas referiu-se a elas, em sua viagem à Amazônia, em 1945, no documento relativo à fixação do primeiro marco da estrada para o Xingu e lugar da futura cidade de Xavantina. Nesse documento, Vargas assinala a nova consigna da frente pioneira apoiada nas pressões e nos favores do Estado: fazer coincidir as duas fronteiras. Concretamente, isso indicava a aceleração do avanço da frente pioneira sobre a faixa da frente de expansão. Cf. Ayres Câmara Cunha, *Além de Mato Grosso*, São Paulo, Clube do Livro, 1974, p. 119.

[18] "São etapas sucessivas de penetração civilizadora e, consequentemente, correspondem a graus diversos de intensidade de interação. Assim, as frentes extrativas são frequentemente penetrações exploratórias e recentes a que se seguirá a ocupação definitiva de base agrícola. Esta última raras vezes assumiu no Brasil a forma de fronteira de expansão sobre áreas indevassadas. Via de regra, cresce sobre regiões previamente exploradas por coletores de artigos florestais." Cf. Darcy Ribeiro, *Os índios e a civilização*, op. cit., p. 244.

[19] Apoio-me, nessa orientação metodológica, em dois trabalhos fundamentais de Henri Lefebvre. Cf. Henri Lefebvre, Problèmes de sociologie rurale: la communauté paysanne et ses problèmes historico-sociologiques, *Cahiers Internationaux de Sociologie*, v. VI, ano 4, Paris, Aux Éditions du Seuil, 1949, pp. 78-100; e Henri Lefebvre, Perspectives de la sociologie rurale, *Cahiers Internationaux de Sociologie*, v. XIV, ano 8, Paris, Aux Éditions du Seuil, 1953, pp. 122-40. Esses dois trabalhos estão traduzidos para o português. Cf. José de Souza Martins (org.), *Introdução crítica à sociologia rural*, São Paulo, Editora Hucitec, 1981, p. 144-77. Sartre reconheceu e destacou a fundamental importância metodológica do segundo artigo "em todos os domínios da Antropologia". Cf. Jean-Paul Sartre, *Questão de método*, trad. Bento Prado Júnior, São Paulo, Difusão Européia do Livro, 1966, esp. pp. 46-7.

[20] A junção e o confronto das duas concepções – frente de expansão e frente pioneira –, como momentos históricos distintos e combinados de diferentes modalidades da expansão territorial do capital, foi feita pela primeira vez numa pequena comunicação que apresentei, em julho de 1971, na Reunião Anual da Sociedade Brasileira para o Progresso da Ciência, em Curitiba (PR). Essa comunicação, por iniciativa do prof. José Roberto do Amaral Lapa, foi publicada no mesmo ano em *Estudos Históricos* (n. 10, Departamento de História da Faculdade de Filosofia, Ciências e Letras de Marília, SP, 1971, pp. 33-41). Foi reproduzida, em 1972, em *Cadernos* (n. 5, São Paulo, Centro de Estudos Rurais e Urbanos, 1972, pp. 102-12) e, em 1973, na *Revista Mexicana de Sociologia* (v. XXXV, n. 4). Reeditei-a no meu livro *Capitalismo e tradicionalismo:* estudos sobre as contradições da sociedade agrária no Brasil, São Paulo, Livraria Pioneira Editora, 1975, pp. 43-50. Nessa perspectiva, teve ampla repercussão entre os estudiosos do tema e é hoje referência corrente em muitos estudos sobre a fronteira. Especialmente os trabalhos sobre temas históricos destacaram o acerto de tratar as duas concepções como expressões de um mesmo processo. Dentre os estudos amplamente influenciados por aquele texto de 1971 e pela orientação que nele propus, destaco em particular os de Warren Dean, *Rio Claro:* a Brazilian plantation system, 1820-1920, Stanford, Stanford University Press, 1976; de Joe Foweraker, *The Struggle for Land:* a political economy of the pioneer frontier in Brazil from 1930 to the present day, Cambridge, Cambridge University Press, 1981; e de Carlos Rodrigues Brandão, *Os caipiras de São Paulo*, São Paulo, Editora Brasiliense, 1983.

[21] A concepção articulacionista é proposta por Pierre-Philippe Rey, *Les Alliances de classes*, Paris, François Maspero, 1976.

[22] Cf. Frederick Jackson Turner, The significance of the frontier in American history, em George Rogers Taylor (ed.), *The Turner Thesis Concerning the Role of the Frontier in American History*, Boston, D. C. Heath and Company, 1956, p. 2.

[23] Bogue fala em *sociedades de fronteira*. Cf. Allan G. Bogue, Social theory and the pioneer, em Richard Hofstadter e Seymour Martin Lipset (eds.), *Turner and the Sociology of the Frontier*, New York, Basic Books Inc. Publishers, 1968, p. 75.

[24] Este artigo estava pronto há vários meses quando os jornais de setembro e outubro de 1995 noticiaram o encontro de dois grupos indígenas desconhecidos, ocorrido em Corumbiara, Rondônia. No dia 3 de setembro, um domingo, depois de quatro dias de busca, uma equipe dirigida pelo sertanista Marcelo Santos, chefe do Departamento de Índios Isolados de Rondônia, da Fundação Nacional do Índio (Funai), encontrou um casal de índios não identificados. A primeira palavra que o sertanista dirigiu ao casal, num português não compreendido, foi "amigo". Só quando armas e equipamentos foram depositados no chão, porém, é que o casal então compreendeu que a intenção era de paz. Transcrevo o relato do jornalista sobre esse momento solene e litúrgico: "Os primeiros passos do casal foram vagarosos. Desceram até a ponte de madeira sobre o riacho que separa a aldeia da mata. Antes de atravessar, a mulher iniciou uma cerimônia. Parecia pegar no ar os maus espíritos e assoprar para longe, para dentro da mata. O grupo visitante permaneceu quieto até que se aproximassem. A primeira reação dos dois foi tocar braços e mãos dos brancos. 'Querem sentir se estamos nervosos', disse Marcelo. A mulher tremia. O homem balbuciava um som ininteligível. Marcelo tocou-lhes os adornos, repetiu 'amigo, amigo' e sorriu. A forma de entendimento mais eficaz entre os dois grupos foi, afinal, a mais simples: o riso." Cf. Pablo Pereira, Sertanista contata índios isolados em RO, *O Estado de S. Paulo*, 6 set. 1996, p. A15. O sertanista encontrara vestígios desse grupo já em 1985. No início de outubro, o linguista Nílson Gaba Jr., do Museu Paraense Emílio Goeldi, identificou a língua falada pelos índios como *canoê*, "encontrada apenas entre seis pessoas na Área Indígena Guaporé, também em Rondônia". Cf. *O Estado de S. Paulo*, 10 out. 1995, p. A16. Até o momento, foram localizadas na área do contato quatro pessoas pertencentes à etnia canoê. Um novo grupo, de sete pessoas, encontrado na segunda quinzena de outubro não é canoê. Aparentemente, pertence à etnia *macurape*. Cf. Pablo Pereira, Funai encontra novo grupo de índios em RO, *O Estado de S. Paulo*, 25 out. 1995, p. A14. No final da primeira quinzena de outubro de 1996, o sertanista Sidney Possuelo, após vários anos de tentativas frustradas, conseguiu atrair o principal grupo de índios isolados do vale do rio Javari, na fronteira com o Peru: os *corubos* (cujo nome verdadeiro pode ser *camivá*). São cerca de 150 índios de uma população que pode variar de duzentas a duas mil pessoas. Esses índios vêm sendo incomodados e mortos pelos brancos que invadem suas terras à procura de borracha, peixes, palmito e madeira. Cf. Ulisses Capozoli, Sertanista contata tribo de índios isolados na Amazônia, *O Estado de S. Paulo*, 17 out. 1996, p. A18.

[25] A história do contato com os índios kreenakarores e suas consequências dramáticas foi contada no noticiário jornalístico que o narrou quase que diariamente de 1972 a 1975. Cf., especialmente, *O Estado de S. Paulo*, 8 dez. 1972, p. 10; *O Estado de S. Paulo*, 12 dez. 1972, p. 19; *O Estado de S. Paulo*, 31 dez. 1972, p. 27; *Coojornal*, n. 59, Porto Alegre, nov. 1980, p. 16; *O Estado de S. Paulo*, 15 jan. 1975, p. 15; *O Estado de S. Paulo*, 17 ago. 1975, p. 27. Em 1967-1968, houve uma primeira expedição para localizar e contatar os kreenakarores dirigida por Cláudio Villas Bôas. A tentativa de aproximação está minuciosamente narrada no livro de um dos participantes do grupo, Adrian Cowell, *The Tribe That Hides From Man*, 2. ed., London, Pimlico, 1995. A história dos kreenakarores subsequente ao contato em 1973, até 1994, é contada por Stephan Schwartzman, Epilogo to the Pimlico edition, em Adrian Cowell, op. cit., pp. 217-29.

[26] São pelo menos das seguintes tribos os grupos atraídos e contatados nesse período, na região amazônica: arara, ararapé, aua-guajá, avá-canoeiro, buré, cinta-larga, guajá, ipixuna (na verdade, nome do igarapé em que o grupo foi localizado), kanamari, koxodoá, kreenakarore, kulina, kuruayá, maniteri, marubo, mayá, mayoruna, munkü, nambikuara, nereyo, parakanã, suruí, tükuna, txikão, txukahamãe, uru-eu-wau-wau, urupá-kwine, wai-wai, waiãpi, waiká, waimiri-atruahi, yanomâmi, yauri e zoró.

[27] Cf. Darcy Ribeiro, op cit., pp. 362-3.

[28] A propósito da designação de caboclo no caso dos índios tükunas do Alto Solimões, Roberto Cardoso de Oliveira nos dá uma explicação fundamental: "o caboclo pode ser visto ainda como o resultado da interiorização do mundo do branco pelo tükuna, dividida que está sua consciência em duas: uma voltada para os seus ancestrais, outra para os poderosos homens que os circundam. O caboclo é, assim, o tükuna vendo-se a si mesmo com os olhos do branco; isto é, como intruso, indolente, traiçoeiro, enfim como alguém cujo único destino é trabalhar para o branco". Cf. Roberto Cardoso de Oliveira, *O índio e o mundo dos brancos*, São Paulo, Difusão Européia do Livro, 1964, p. 80. Darcy Ribeiro também observou que "o índio aprendeu a se olhar com os olhos do branco, a considerar-se um pária, um bicho ignorante, cujas tradições mais veneradas não passam de tolices ou heresias que devem ser erradicadas". Cf. Darcy Ribeiro, *Os índios e a civilização*, op. cit., p. 213.

[29] Las Casas registrou a mesma concepção no vale do Tapajós. Cf. Roberto Décio de Las Casas, Índios e brasileiros no vale do rio Tapajós, *Boletim do Museu Paraense Emílio Goeldi*, (nova série, Antropologia), n. 23, Instituto Nacional de Pesquisas da Amazônia, outubro de 1964, p. 17. Dom Eurico Kräutler, que foi missionário e, depois, bispo na região do Xingu, de 1934 a 1965, registra em suas memórias: "Muitos seringueiros têm desprezo pelos índios. Dizem que é permitido matá-los, porque são animais ferozes e não gente." Eurico Kräutler, *Sangue nas pedras*, São Paulo, Edições Paulinas, 1979, p. 17; "[...] tenho um filho de alguns meses de idade. Vim buscar o senhor para batizá-lo. Quero que ele se torne cristão. Nos arredores rastejam as bestas. – Na sua linguagem, 'bestas' queria dizer 'índios'". Idem, p. 72. Referindo-se a Judite, que fora raptada pelos índios gorotires e que conseguiu escapar graças à ajuda de Utira, um índio juruna, também prisioneiro. O autor comenta: "Judite, porém, logo se esqueceu de seu salvador: sendo índio, afinal, ele não passava de um bicho [...]". Idem, p. 90.

[30] Cf. Darcy Ribeiro, *Os índios e a civilização*, op. cit., pp. 189-90.

[31] Cf. Carlos de Araújo Moreira Neto, Relatório sobre a situação atual dos índios kayapó, *Revista de Antropologia*, v. 7, n. 1 e 2, Universidade de São Paulo, jun./dez. 1959, pp. 49-64; cf., também, Père Caron, *Curé d'indiens*, Paris, Union Générale d'Éditions, 1971, p. 30.

[32] Informação pessoal de Betty Mindlin.

[33] Cf. Betty Mindlin, *Nós, paiter:* os suruí de Rondônia, Petrópolis, Vozes, 1985, p. 99.

[34] Cf. Renate B. Viertler, A vaca louca: tendências do processo de mudança sociocultural entre os bororo-MT, *Revista de Antropologia*, v. 33, Universidade de São Paulo, 1990, pp. 19-32.

[35] Cf. Edilson Martins, *Nossos índios, nossos mortos*, Rio de Janeiro, Editora Codecri, 1978, p. 208. Darcy Ribeiro registra que os xoklengs, do sul do Brasil, também acreditavam que eles é que haviam "amansado" os brancos. Cf. Darcy Ribeiro, *Os índios e a civilização*, op. cit., p. 368.

[36] Cf. Aracy Lopes da Silva, *Nomes e amigos:* da prática xavante a uma reflexão sobre os jê, São Paulo, Faculdade de Filosofia, Letras e Ciências Humanas da Universidade de São Paulo, 1986, p. 55 e 257-8.

[37] Cf. Expedito Arnaud, *O índio e a expansão nacional*, Belém, Edições Cejup, 1989, p. 353. Ocorrências parecidas se deram no território do atual estado de Rondônia. Empurrados pelos brancos para as serras e cabeceiras dos rios, diferentes grupos indígenas entraram em conflito entre si. Cf. Mauro Leonel, *Etnodicéia uruéu-au-au*, São Paulo, Editora da Universidade de São Paulo, 1995, *passim*.

[38] Cf. Dominique T. Gallois, *Migração, guerra e comércio:* os waiãpi na Guiana, São Paulo, Faculdade de Filosofia, Letras e Ciências Humanas da Universidade de São Paulo, 1986 (Antropologia 15); Dominique Tilkin Gallois, *Mairi revisitada:* a reintegração da fortaleza de Macapá na tradição oral dos waiãpi, São Paulo, Fundação de Amparo à Pesquisa do Estado de São Paulo/Núcleo de História Indígena e do Indigenismo da Universidade de São Paulo, 1993. Lux Vidal já havia estudado a relação entre mito e história no caso dos kayapós-xikrins. Cf. Lux Vidal, *Morte e vida de uma sociedade indígena brasileira:* os kayapó-xikrin do rio Cateté, São Paulo, Editora Hucitec/Editora da Universidade de São Paulo, 1977.

[39] Em relação aos índios suruís, Mindlin observou que, quando morre algum deles, queimam as respectivas posses, inclusive vitrola, rádio, gravador, bicicleta, roupas, animais de criação. Cf. Betty Mindlin, *Nós, paiter*, op. cit., p. 146. Também os terenas destroem os bens dos mortos. Cf. Roberto Cardoso de Oliveira, *Do índio ao bugre:* o processo de assimilação dos terêna, 2. ed., Rio de Janeiro, Livraria Francisco Alves Editora S. A., 1976, p. 106.

[40] Devo essa informação a Hiparidi Dzutsi Wa Top Tiro, índio xavante matriculado como aluno especial no curso de graduação em Ciências Sociais da Faculdade de Filosofia, Letras e Ciências Humanas da Universidade de São Paulo, e Luís Roberto de Paula, aluno do mesmo curso que, como bolsista de iniciação científica, está fazendo estudos sobre os índios xerentes, de Goiás, parentes dos xavantes. Giaccaria e Heide constataram que no século XVIII os xavantes já se encontravam em Goiás, a mais de mil quilômetros do mar. Mas notaram também que os velhos xavantes dizem que sua tribo proveio "do Oriente, do mar". Esses mesmos autores assinalaram que os xavantes "têm uma lembrança muito viva do mar que se encontra em algumas de suas lendas". Cf. Bartolomeu Giaccaria e Adalberto Heide, *Xavante:* auwe uptabi, povo autêntico, São Paulo, Editorial Dom Bosco, 1972, pp. 13-4.

[41] Cf. Darci Luiz Pivetta, *Iranxe:* luta pelo território expropriado, Cuiabá, UFMT Editora Universitária, 1993, p. 19 e 39-47.

[42] Cf. Herbert Baldus, *Tapirapé:* tribo tupi no Brasil central, São Paulo, Companhia Editora Nacional/Editora da Universidade de São Paulo, 1970, p. 49. No mesmo ano do relato de Baldus, os tapirapés foram de fato atacados pelos kayapós. Cf. Charles Wagley, *Welcome of Tears:* the tapirapé indians of central Brazil, New York, Oxford University Press, 1977, p. 31.

[43] Lux Vidal, op. cit., p. 18 e 21.

[44] Dominique Tilkin Gallois, *Mairi revisitada*, op. cit., p. 17.

[45] Uma emblemática indicação da interpenetração da frente pioneira com a frente de expansão se deu em 1951. Dois funcionários da Fundação Brasil Central desceram o rio Arinos em direção ao rio Juruena de carona num batelão de um pequeno grupo de seringueiros que ia tentar reabrir seringais na confluência dos dois rios. Um dos funcionários era remanescente da Expedição Roncador-Xingu, que percorrera esse trajeto demarcando locais para futuras cidades, na Marcha para Oeste. Era um agente da frente pioneira. O grupo de seringueiros era remanescente de conflito com os índios da região e tentava reocupar, décadas depois, a terra defendida pelos índios. Era agente da frente de expansão. Cf. Ayres Câmara Cunha, op. cit., 1974, pp. 28-9.

[46] Hébette constatou que a fronteira no Paraná e no Mato Grosso, ocupada nos anos 1950 e 1960, fechou-se em quinze anos. Em Rondônia, o fechamento se deu em cinco anos. Cf. Jean Hébette, *Relatório do Seminário sobre Fronteira Agrícola*, op. cit., p. 7. Sobre a intensificação do ritmo das expulsões dos camponeses na região do Xingu, cf. Marianne Schmink e Charles H. Wood, op. cit., p. 220.

[47] Hébette et al., no seu detalhado relatório sobre a fronteira, assinalam, no início dos anos 1970, a migração de grupos numerosos do norte do Espírito Santo e do sul da Bahia, em decorrência do esgotamento de solos e da expansão das famílias para o médio Tocantins. Um desses grupos era constituído de cerca de duzentas pessoas lideradas por um fazendeiro e seus agregados. Cf. Jean Hébette et al., *Área de fronteira em conflitos:* o leste do médio Tocantins, Belém, Núcleo de Altos Estudos Amazônicos/Universidade Federal do Pará, 1983, pp. 25-8 (mimeo).

[48] Cf. Francisca Isabel Vieira Keller, O homem da frente de expansão: permanência, mudança e conflito, *Revista de História*, v. LI, n. 102, ano XXVI, abr.-jun. 1975, p. 674.

[49] Jean Hébette, *A resistência dos posseiros no grande Carajás*, Pará, Núcleo de Altos Estudos Amazônicos/Universidade Federal do Pará, s. d., pp. 1-3 (mimeo).

[50] Em 1977, quando o conflito fundiário no sul do Pará mal se configurara, Ianni chegou a prever que, diante da aliança entre o capital monopolista e o Estado, "o campesinato pouquíssimo ou nada pode fazer. Cabe-lhe resignar-se à destruição, buscar alguma exígua acomodação ou simplesmente proletarizar-se". Cf. Octavio Ianni, *A luta pela terra:* história social da terra e da luta pela terra numa área da Amazônia, Petrópolis, Vozes, 1978, p. 131. No entanto, os camponeses da mesma região que ele estudou e das regiões vizinhas, nos vinte anos seguintes a essa observação, em vez de sucumbirem ou de se renderem, vêm demonstrando uma persistente capacidade de resistência à violência dos grandes proprietários de terra. Cf. Ricardo Rezende Figueira, *A justiça do lobo:* posseiros e padres do Araguaia, Petrópolis, Vozes, 1986; e *Rio Maria:* canto da terra, Petrópolis, Vozes, 1992; e, ainda, Alfredo Wagner B. de Almeida, *Getat:* segurança nacional e o revigoramento do poder regional, Rio de Janeiro, set. 1980, p. 14. Detalhes dessa resistência na região de Marabá se encontram em Jean Hébette, *A resistência dos posseiros no grande Carajás*, op. cit. Do mesmo modo, catastróficas previsões sobre o fim de grupos indígenas, apesar de graves elevações nos índices de mortalidade e graves efeitos destribalizadores do contato, não se confirmaram por inteiro. Ao contrário, têm sido vários os casos de vigoroso renascimento de tribos que haviam sido consideradas, poucos anos antes, em estado terminal. Foi o caso dos índios parkatejês do Pará. Sobre esse caso, cf. Iara Ferraz, *Os parkatejê das matas do Tocantins:* a epopeia de um líder timbira, dissertação de mestrado, São Paulo, Depto. de Ciências Sociais-FFLCH/USP, 1983. E foi também o caso mais recente dos waimiris-atruahis, no Amazonas.

[51] Cf. Octavio Ianni, op. cit., esp. p. 64.

[52] Diferentes pesquisadores têm assinalado conflitos fundiários em áreas em que ainda prevalecem concepções relativas ao que se chamava, no período colonial, *terras do comum uso público* ou, simplesmente, *terras do comum*; terras de locais em que as autoridades não podiam conceder datas ou sesmarias. Não eram, propriamente, terras comunais, mas terras destinadas expressamente pelas câmaras ou pela Coroa ao uso comum dos moradores, quando coubesse. Houve áreas em que as terras do comum eram destinadas especialmente aos animais dos tropeiros, como houve áreas que eram destinadas seja à agricultura, seja à coleta de produtos vegetais por parte dos que não tivessem outros meios de fazê-lo. Em relação à sobrevivência dessa instituição, cf. o só agora editado e precursor trabalho de Laís Mourão Sá, *O pão da terra:* propriedade comunal e campesinato livre na baixada ocidental maranhense, São Luís, Edufma, 2007. Cf, também, Maristela Andrade, *Gaúchos no sertão*, São Luís (MA), Comissão Pastoral da Terra, maio 1981, esp. pp. 8-10; Maristela de Paula Andrade, *Os gaúchos descobrem o Brasil*, São Luís, Edufma, 2008, p. 59 e ss.; Alfredo Wagner Berno de Almeida, Terras de preto, terras de santo, terras de índio: uso comum e conflito, em Edna M. Ramos de Castro e Jean Hébette (orgs.), *Na trilha dos grandes projetos:* modernização e conflito na Amazônia, Cadernos do Naea, Belém, Universidade Federal do Pará, 1989, pp. 163-96. Sonia Lacerda, Eduardo Graziano e Margarida Maria Moura observaram no Jequitinhonha, em Minas Gerais, o costume ancestral da posse em comum das terras de chapada, como contrapartida e complemento da posse privada das grotas ou veredas. Cf. Sonia Lacerda, *Trabalho e posse da terra entre o campesinato de Turmalina*, Rio de Janeiro, CPDA/UFRJ, 1983; Eduardo Graziano, *As condições de reprodução do campesinato no vale do Jequitinhonha:* o processo de transformação atual, Rio de Janeiro, CPDA/UFRJ, 1982; Margarida Maria Moura, *Os deserdados da terra:* a lógica costumeira e judicial dos processos de expulsão e invasão da terra camponesa no sertão de Minas Gerais, Rio de Janeiro, Bertrand Brasil, 1988, esp. p. 125 e ss. Esse mundo rústico, dotado de lógica própria, sobrevive (e se recria) não só nas frentes de expansão, mas também "em bolsões de resistência (testemunhas vivas de outra época) nos interstícios dos amplos latifúndios". Cf. Fernando Henrique Cardoso, A fome e a crença: sobre "Os parceiros do Rio Bonito", em Celso Lafer et al., *Esboço de figura:* homenagem a Antonio Candido, São Paulo, Livraria Duas Cidades, 1979, p. 92. Além das terras do comum ainda na posse de lavradores que se creem com direito a seu uso com base no costume, há no Brasil terras legalmente insuscetíveis de apropriação privada, como as terras de marinha e as terras do Distrito Federal, que, devido ao desmantelamento das instituições relativas às terras do comum, estão geralmente na posse de moradores ricos por óbvias razões políticas. Nessas terras, o Estado ainda mantém o domínio, como ocorria no regime sesmarial.

[53] Já em meados dos anos 1970, dez anos após o início da política de incentivos fiscais, as grandes empresas davam-se conta de que o mercado internacional de carne, que justificava a política de transformação da floresta em pastagens, não merecia os altos investimentos de seus empreendimentos. A manutenção das fazendas pelos empresários só prosseguiu porque estava apoiada em generosa política de subsídios e incentivos financeiros concedidos pelo governo. Cf. Sue Branford e Oriel Glock, *The Last Frontier:* fighting over land in the Amazon, London, Zed Books Ltd., 1985, p. 81.

[54] Branford e Glock registram um dos aspectos dessa aceleração: entre 1940 e 1960, as famílias camponesas da fronteira podiam esperar ter que mover-se para uma nova terra apenas uma ou duas vezes em sua vida, incluindo aí o deslocamento provocado pela exaustão do solo. Famílias que podiam prever uma ocupação de terra por dez ou vinte anos têm sorte hoje se conseguem ficar em paz por dois ou três anos na mesma terra sem serem expulsas. Cf. Sue Branford e Oriel Glock, op. cit., p. 123.

[55] Num desses estudos, o autor estima comparativamente o tempo de trabalho socialmente necessário para a produção do arroz em regiões em que essa produção se dá em distintas situações econômicas (eu diria, também, em distintas situações históricas), entre outras a da agricultura camponesa da fronteira agrícola e a da cultura arrozeira altamente capitalista e moderna do Rio Grande do Sul. Constata que na fronteira é necessário o dobro ou pouco mais de dias de trabalho para a produção de uma tonelada do cereal, enquanto o tempo médio fica próximo do da fronteira. Essa constatação e o comportamento dos preços permitem ao autor concluir que "em relação a produtos camponeses, os preços de mercado estão, em última instância, regulados pelos valores respectivos". Cf. Francisco de Assis Costa, Valor e preço, exploração e lucro da produção camponesa na Amazônia: crítica à noção de funcionalidade da produção familiar na fronteira agrícola, em Philippe Léna e Adélia Engrácia de Oliveira (orgs.), *Amazônia:* a fronteira agrícola 20 anos depois, 2. ed., Belém, Edições Cejup, 1992, pp. 181-3. A intenção do autor é a de contestar a suposta tese da funcionalidade capitalista da agricultura familiar e camponesa, que, nos termos de sua crítica, deixa de

atribuir a quem a forjou. Como Musumeci, o autor também não se dá conta de que há, no mínimo, *duas teses* do que foi indevidamente definido como "funcionalidade da agricultura camponesa", bem diferentes entre si: a tese vulgar que considera os excedentes comercializáveis da agricultura familiar como simples *sobras* da subsistência camponesa e que concorrem diretamente para o barateamento do custo de vida da classe operária (essa tese está reconhecida desse modo em Leonarda Musumeci, op. cit., p. 287, e desse modo expressamente formulada por Otávio Guilherme Velho, *Frentes de expansão e estrutura agrária*, op. cit., p. 125); e a tese oposta (equivocadamente confundida pelos críticos com a tese vulgar) da integração da produção camponesa, através de uma economia de excedentes, no processo de reprodução de capital (essa é a tese que sustento: Cf. José de Souza Martins, Modernização e problema agrário no estado de São Paulo, *Revista do Instituto de Estudos Brasileiros*, n. 6, Universidade de São Paulo, 1969, pp. 121-45; Modernização agrária e industrialização no Brasil, *América Latina*, ano 12, n. 2, Centro Latino-americano de Pesquisas em Ciências Sociais, Rio de Janeiro, abr.-jun. 1969, pp. 3-16. Cf., também, *Capitalismo e tradicionalismo*, op. cit., esp. pp. 1-50, 57-72 e 103-61; e, ainda, *A reforma agrária e os limites da democracia na "Nova República"*, São Paulo, Editora Hucitec, 1986, esp. cap. 8: "Pequena produção agrícola: antimito da produção capitalista no campo (crítica aos críticos)", pp. 113-52). O texto de Costa é indicativo de como alguns estudiosos, ao comparar padrões empresariais e padrões camponeses de produção, reduzem a lógica destes à lógica daqueles. Desse tipo de interpretação desaparecem os componentes propriamente históricos e antropológicos da vida do campesinato de fronteira, isto é, o seu próprio e característico cálculo, como se o camponês da fronteira fosse apenas um capitalista em miniatura.

[56] A frente de expansão é essencialmente um mundo criado pelo modo como se dá a inserção dos trabalhadores rurais, que produzem diretamente seus meios de vida, no processo de reprodução ampliada do capital. Nesse mundo, apesar da determinação capitalista de suas relações sociais, as concepções e os valores precedem, na vida de seus membros, os interesses econômicos e a eles se sobrepõem. Cf. José de Souza Martins, Modernização agrária e industrialização no Brasil, *América Latina*, ano 12, n. 2, Rio de Janeiro, Centro Latino-americano de Pesquisas em Ciências Sociais, abr.-jun. 1969, pp. 3-16 (reproduzido em José de Souza Martins, *Capitalismo e tradicionalismo*, op. cit., esp. p. 12). Essa formulação ganha sentido neste entendimento mais amplo do problema: "Sob o capitalismo dependente, a persistência de formas econômicas arcaicas não é uma função secundária e suplementar. A exploração dessas formas e sua combinação com outras, mais ou menos modernas e até ultramodernas, fazem parte do 'cálculo capitalista' do agente econômico privilegiado. Por fim, a unificação do todo não se dá (nem poderia dar-se) ao nível da produção." (Cf. Florestan Fernandes, *Sociedade de classes e subdesenvolvimento*, Rio de Janeiro, Zahar Editores, 1968, p. 65). Embora trate de grupos rurais tradicionais localizados em regiões de ocupação antiga, e não na frente de expansão, o artigo de José César Gnaccarini sobre o casamento por rapto na área canavieira de São Paulo é um esclarecedor e bem-feito estudo sobre o modo complexo como se combinam as questões econômicas da sobrevivência com as questões sociais da convivência. Cf. José César A. Gnaccarini, Organização do trabalho e da família em grupos marginais rurais do estado de São Paulo, *Revista de Administração de Empresas*, v. 11, n. 1, Rio de Janeiro, Fundação Getúlio Vargas, mar. 1971, pp. 75-94. Ainda que por vias diversas, tanto a interpretação de Gnaccarini quanto a de Martins se fundam em Antonio Candido, *Os parceiros do Rio Bonito*: estudo sobre o caipira paulista e a transformação de seus meios de vida, Rio de Janeiro, Livraria José Olympio Editora, 1964, esp. cap. 17. A propósito desse livro e destacando justamente a questão da resistência (e da persistência cultural), Fernando Henrique Cardoso assinala: "Pois que de crença também se sobrevive." Cf. Fernando Henrique Cardoso, op. cit., p. 98.

[57] Ampla e detalhada formulação teórica sobre a expansão territorial do capital encontra-se em Karl Marx, *El capital:* crítica de la economía política, Libro Tercero, v. VIII, trad. León Mames, México, Siglo Veinteuno Editores, 1981, pp. 791-1.034.

[58] Costa constata que enquanto os modernos empresários do arroz, no Rio Grande do Sul, podem vender seu produto mais barato até a 1.176 km da sua capital, "a produção da fronteira é colocada com vantagem de preço num raio de 2.324 km de distância da sua origem". Cf. Francisco de Assis Costa, Valor e preço, exploração e lucro da produção camponesa na Amazônia: críticas à noção de funcionalidade da produção familiar na fronteira agrícola, op. cit., p. 189 (nota).

[59] Analiso, comparativamente, as determinações e as diferenças sociológicas substantivas entre camponeses e operários em *A sociedade vista do abismo*, op. cit., esp. cap. 2.

[60] Musumeci diz, com razão, que "é equivocada a imagem que muitos ainda fazem do lavrador de fronteira como alguém que produz para a subsistência (autoconsumo) da família e comercializa apenas as *sobras* da sua produção". Cf. Leonarda Musumeci, op. cit, p. 287 (grifo do original). Embora não haja citação expressa, sua procedente crítica se dirige provavelmente a concepções contidas em Otávio Guilherme Velho, *Frentes de expansão e estrutura agrária*, op. cit., esp. p. 67 e 113. Musumeci, porém, ignora que, além dessa definição vulgar de excedente, há propriamente uma definição de *economia do excedente* por oposição a *economia de subsistência*, pois é comum o equívoco de confundir a economia camponesa com mera economia de subsistência. A concepção de excedente que ela acertadamente critica é a base da tese da funcionalidade da agricultura camponesa da fronteira tal como Velho a assume sozinho (op. cit., p. 125), e que ela também critica com integral razão, porém, novamente, sem mencionar o destinatário (pp. 296-7).

[61] Em meados dos anos 1970, Laís Mourão Sá observou, na baixada ocidental do Maranhão, que há um equilíbrio calculado na produção que se destina prioritariamente ao consumo da família do trabalhador rural e o excedente que pode ser destinado ao comércio. Cf. Laís Mourão Sá, *O pão da terra*, op. cit., p. 149.

[62] Em suas atentas observações e demorada permanência no então povoado de Santa Terezinha, no norte do Mato Grosso, Lisansky assinalou que a organização da produção dos camponeses locais se baseia em avaliações e cálculos quanto à área a ser cultivada, tendo em conta o grau de fertilidade remanescente do terreno, o número de braços disponíveis na família e a quantidade de sacas que poderá ser comercializada depois de separado o arroz destinado à subsistência. Cf. Judith Matilda Lisansky, *Santa Terezinha:* life in a Brazilian frontier town, Tese de Ph.D, Gainesville, University of Florida, ago. 1980, pp. 148-9. Esse procedimento é comum na frente de expansão. Procedimentos semelhantes foram observados por Luna no Maranhão, que constatou a diminuição do tamanho das roças e da produção de excedentes quando os filhos se tornam adultos e deixam a casa dos pais. Cf. Regina Celi Miranda Reis Luna, *A terra era liberta:* um estudo da luta dos posseiros pela terra no vale do Pindaré-MA, Natal, Universidade Federal do Rio Grande do Norte, 1983, p. 61.

[63] Cf. Francisca Isabel Vieira Keller, op. cit., p. 681.

[64] Em dois estudos extremos no tempo, separados entre si por cerca de quarenta anos, pode-se observar essa persistente característica da fronteira. Cf. Eduardo Galvão, *Santos e visagens:* um estudo da vida religiosa de Itá, baixo Amazonas, 2. edição, São Paulo, Companhia Editora Nacional, 1976, p. 23.; e Regina Celi Miranda Reis Luna, op. cit., pp. 62-3.

[65] Cf. José de Souza Martins, A reprodução do capital na frente pioneira e o renascimento da escravidão no Brasil, *Tempo Social – Revista de Sociologia da USP*, São Paulo, Universidade de São Paulo, Faculdade de Filosofia, Letras e Ciências Humanas, Departamento de Sociologia, v. 6, n. 1-2, jun. 1995, pp. 1-25 (reproduzido como capítulo neste livro).

[66] Cf. Marília Ferreira Emmi, *A oligarquia do Tocantins e o domínio dos castanhais*, Belém, Centro de Filosofia e Ciências Humanas/Naea/UFPA, 1988, pp. 92-3.

[67] Foi o que ocorreu no surto milenarista do bairro do Catulé, em Malacacheta, Minas Gerais, em 1955, quando a frente de expansão começou a se esgotar. Cf. Carlo Castaldi, A aparição do demônio no Catulé, em Maria Isaura Pereira de Queiroz et al., *Estudos de sociologia e história*, São Paulo, Editora Anhambi Limitada, 1957, pp. 17-66; e José de Souza Martins, *Os camponeses e a política no Brasil*, 2. ed., Petrópolis, Editora Vozes, 1983, p. 62 e ss.

[68] Touraine foi o primeiro a observar esse processo no Brasil, confirmado depois por Eunice Durhan. Cf. Alain Touraine, Industrialisation et conscience ouvrière à São Paulo, *Sociologie du Travail*, ano 3, n. 4/61, Paris, Éditions du Seuil, 1961, p. 93; e Eunice R. Durhan, *A caminho da cidade*: a vida rural e a migração para São Paulo, São Paulo, Editora Perspectiva, 1973, pp. 132-6.

[69] Gerhard assinala um fenômeno parecido, embora diferente, no Oeste americano: a migração de grupos comunais, sempre de comunidades religiosas. Entretanto, ele não indica a ocorrência de movimentos messiânicos ou milenaristas, o que talvez se explique pelo fato de esses grupos serem geralmente grupos protestantes. Cf. Dietrich Gerhard, op. cit., p. 220.

[70] A busca das Bandeiras Verdes se mescla com outros milenarismos contemporâneos na região, como o da busca do paraíso do Divino. Este último, com evidências de inspiração nas heresias de Gioacchino Da Fiore, especialmente no que se refere à negação da unidade da Santíssima Trindade. Sobre esse grupo e essa mescla, cf. Maria Antonieta da Costa Vieira, *Caçando o destino:* um estudo sobre a luta de resistência dos posseiros do sul do Pará, São Paulo, 1981, dissertação de mestrado em Ciências Sociais (Antropologia), Pontifícia Universidade Católica de São Paulo, esp. pp. 63-82. No mapa das migrações das famílias que afinal se aglutinaram em busca da comunidade utópica, Vieira mostra que, apesar de algumas serem originárias do Nordeste e terem vivido depois em São Paulo ou no sul de Goiás, os integrantes do movimento migram do este para oeste, com ligeira inflexão para o norte (op. cit., p. 101). Sobre a difusão do joaquimismo em Minas Gerais, Goiás e Mato Grosso, cf. Carlos Rodrigues Brandão, *O divino, o santo e a senhora*, Rio de Janeiro, Campanha de Defesa do Folclore Brasileiro, 1978, pp. 64-165 e 142-4.

[71] Cf. Maria Antonieta da Costa Vieira, *À procura das Bandeiras Verdes:* viagem, missão e romaria – movimentos socciorreligiosos na Amazônia oriental, Campinas, 2001, tese de doutorado em Ciências Sociais, Instituto de Filosofia e Ciências Humanas da Universidade Estadual de Campinas.

[72] Em uma de suas muitas e preciosas digressões sobre o campesinato europeu e sua história, Lefebvre analisa, justamente num de seus livros fundamentais, as concepções triádicas no imaginário camponês e nas *jacqueries* e as remete, por sua vez, à tradição joaquimita. Cf. Henri Lefebvre, *La Présence et l'absence:* contribution à la théorie des représentations, Paris, Casterman, 1980, esp. pp. 112-3 e 119-20.

[73] Cf. Mauricio Vinhas de Queiroz, *Messianismo e conflito social:* a guerra sertaneja do Contestado, 1912-1916, Rio de Janeiro, Editora Civilização Brasileira S. A., 1966; Maria Isaura Pereira de Queiroz, *La "Guerre sainte" au Brésil:* le mouvement messianique du "Contestado", São Paulo, Faculdade de Filosofia, Ciências e Letras da Universidade de São Paulo, Boletim n. 187, 1957; Duglas Teixeira Monteiro, *Os errantes do novo século*, São Paulo, Livraria Duas Cidades, 1974; Oswaldo Rodrigues Cabral, *A campanha do Contestado*, 2. ed., Florianópolis, Editora Lunardelli, 1979.

[74] Devo e agradeço a Maria Antonieta da Costa Vieira, a melhor conhecedora do assunto, as seguintes informações que corrigem a versão original deste artigo: Maria da Praia foi o nome pelo qual ficou conhecida Maria José Vieira de Barros, natural do Maranhão. Acompanhando o marido, mudou-se para Goiás. Em 1964, vivia em São Miguel do Araguaia, naquele estado. É quando recebe, "de seus guias", mensagens que lhe ordenavam viajar para as "Bandeiras Verdes", as matas. Com os cinco filhos, alguns já casados, atravessa o rio Araguaia e chega a Santa Terezinha, povoado do Mato Grosso. O grupo acampa na praia do rio, daí o nome pelo qual ficou conhecida. Nessa época, entra em contato com um outro grupo, de umas 15 famílias, na maioria mineiras. Esse grupo fazia parte da romaria de Santina. Santina fazia curas. Vinha de Estrela do Norte, também em Goiás, atravessara o rio Araguaia e se fixara a umas 12 léguas (pouco menos de 80 quilômetros) de Santa Terezinha. Iniciara a romaria em 1959. Morrera no início da década de 1960. Antes, ordenara a seu grupo que fosse adiante. Entrando em contato com o grupo de Maria da Praia, quando este decidiu entrar na mata, o grupo de Santina decidiu acompanhá-lo. Os romeiros saíram em busca do Bom Lugar. Em 1995, há no grupo apenas duas famílias remanescentes da romaria de Santina. Os demais desistiram e muitos morreram de malária na viagem. Quando morreu, Maria da Praia foi sepultada em Buriti Alegre. O trajeto dos romeiros em busca dessa terra prometida foi interrompido demoradamente três vezes. A essas interrupções os romeiros chamam de Estações, como na Via Sacra, segundo Antônio Canuto, e Nosso Lugar, segundo Vieira. Nelas, construíram igreja, povoado e abriram roças. Houve três Estações: Boa Esperança, São Miguel e Buriti Alegre. A quarta Estação seria a Estação da chegada. Maria da Praia morreu na terceira Estação. Segundo Vieira, quem denomina "estações" os lugares de parada é um terceiro grupo, o de Justino, iniciado em 1967, que lidera uma romaria do padre Cícero. Esse grupo teve início em Barreira do Campo, no Pará, e penetrou na reserva dos índios kayapós, tendo sido dela expulso pelos índios em 1993. Quando o grupo de Maria da Praia passou pelo sertão de Santa Terezinha, no norte do Mato Grosso, e ali se fixou por uns tempos, o padre Antonio Canuto, que era pároco do lugar, tomou conhecimento de sua existência. Depois o grupo se deslocou para o estado do Pará, para São Sebastião, em território dos índios kayapós-gorotires, que, após um tempo, também o expulsaram. O grupo retornou a Buriti Alegre e ali se encontrava em 1996. Maria Antonieta da Costa Vieira tem feito demoradas investigações sobre o grupo no

qual tem sido acolhida em diferentes ocasiões. As informações contidas nesta nota procedem de uma extensa carta que me enviou e das notas de Canuto. Canuto, por seu lado, realizou minuciosa entrevista, sobre a história e as crenças do grupo, com a filha de Maria da Praia, já no Pará, em 1975. Cf. Maria Antonieta da Costa Vieira, *Maria da Praia*, São Paulo, 8 jul. 1996, 4 p. (manuscrito), e Antonio Canuto, *Maria da Praia*, Santa Terezinha (MT), Arquivo da Prelazia de São Félix (MT), out. 1975, 12 p. (datilografado).

[75] Minhas próprias observações, feitas nos anos 1980, sobre a Bandeira Verde no Mato Grosso e no Pará coincidem com as de Antônio Canuto, de 1975, cujos registros sugerem um milenarismo fundado no catolicismo popular e sertanejo. É da maior importância a constatação de Maria Antonieta da Costa Vieira de que, no momento atual, a linguagem e a crença do grupo de Maria da Praia fundem elementos do catolicismo popular e do espiritismo na referência a "guias que ordenam" a viagem, e não mais à peregrinação, e na referência à "incorporação" do padre Cícero por Justino, líder de um grupo de romeiros. Essa mudança no milenarismo sertanejo, que de algum modo o esvazia e anula, acompanha a estabilização da frente de expansão e a perda da sua vitalidade e conflitividade e, de certo modo, parece refletir a cessação da busca que o deslocamento dessa frente envolve. De um lado, isso se explica, tanto no grupo de Maria de Praia quanto no grupo de Santina, em decorrência da morte das duas, por aquilo que Weber define como rotinização do carisma. Mas há ainda o grupo de Justino, que fala um espiritismo popular no interior de um milenarismo católico, embora provavelmente herético. Enfim, tais fatos parecem sugerir que a frente de expansão, dentre várias outras peculiaridades, desenvolve uma religiosidade milenarista igualmente peculiar.

[76] Cf. Carlo Castaldi et al., A aparição do demônio no Catulé, em Maria Isaura Pereira de Queiroz et al., *Estudos de sociologia e história*, São Paulo, Editora Anhembi Limitada, 1957, pp. 17-130.

[77] Hennessy já havia observado a relação entre o milenarismo joaquimita e a fronteira no período colonial e entre milenarismo e fronteira no século XIX, na América Latina. Cf. Alistair Hennessy, op. cit., pp. 36-8 e 117-20. Sobre Gioacchino e suas ideias há uma vasta literatura europeia. Para uma visão abrangente do tema, cf. Antonio Crocco, *Gioacchino da Fiore e il gioachimismo*, Napoli, Liguori Editore, 1976. Movimentos camponeses de inspiração joaquimita direta ou indireta ocorrem até hoje em diferentes sociedades, mesmo em San Giovanni in Fiore, na Calábria, terra de Gioacchino. Lá, a utopia joaquimita foi assimilada pelo Partido Comunista e pelos camponeses locais, protagonistas de uma larga história de conflito social motivado pela privação dos *usi civici* das terras, que lhes haviam sido cedidos desde os tempos do abade Joaquim. Cf. Jonathan Steinberg, In St. Joachim's republic, *Society*, 28 maio 1981, pp. 359-60. Gioacchino influenciou as concepções milenaristas e sebastianistas do padre Antonio Vieira e está expressamente citado várias vezes no texto sobre a "Duração do 5º Império", que faz parte da coleção dos documentos arrolados pelo Tribunal da Inquisição, que o condenou em 1667. Cf. António Vieira, *Apologia das coisas profetizadas*, trad. do latim de Arnaldo Espírito Santo, organização e fixação do texto de Adma Fadul Muhana, Lisboa, Edições Cotovia, 1994, pp. 177-203.

[78] De um folheto manuscrito recolhido no norte do Mato Grosso, cópia de folheto de cordel impresso, sob o título de *A voz do padre Cícero*, consta a seguinte expressiva estrofe relativa a esse assunto: "São anjos do diabo / Que chegam no fim da era / Fazendo tanto milagre / Que todo mundo os venera / Saciando fome e sede / São igual ao capa verde / Correios da Besta-Fera." Margarida Maria Moura alertou-me para a possibilidade de que o Capa Verde seja a reconstrução mítica e humanizada de algo parecido com o Livro da Capa Verde, em que eram anotados os débitos fiscais dos mineradores no Distrito Diamantino, em Minas Gerais, fonte e motivo de severíssima repressão por parte dos funcionários da Coroa. No Nordeste, no estado da Paraíba, Costa também encontrou o mito do Capa Verde entre trabalhadores do sisal. Nesse caso, porém, eles entendem que o próprio sisal é o Capa Verde (Cf. Ramilton Marinho Costa, O Capa Verde: transformações econômicas e representações ideológicas dos trabalhadores do sisal, *Norte e Nordeste – Estudos em Ciências Sociais*, Rio de Janeiro, Anpocs/Inter-American Foundation, 1991, pp. 76-81). Em São Domingos das Latas, no Pará, em 1969, o antropólogo que ali chegou para realizar sua pesquisa foi considerado *enviado da Besta*. (Cf. Otávio Guilherme Velho, *Frentes de expansão e estrutura agrária*, op. cit., p. 130; e, também, do mesmo autor, *Capitalismo autoritário e campesinato*, São Paulo, Difel, 1976, p. 237, nota). No polo ideológico *oposto*, o mesmo ocorreu com o ativista e líder camponês Manuel da Conceição, no Maranhão, em 1966. Conceição era membro de uma igreja pentecostal. Nessa ocasião, foi especialmente convidado a

falar, numa convenção de sua igreja, um pastor vindo de Floriano, no Piauí. O sermão foi contra o "mundo moderno": "esse mundo moderno estava muito ligado aos comunistas, os capas-verde, correio da besta-fera". Nesse momento, todos começaram a olhar para Manuel da Conceição: "O 'correio' era aquele que estava lá, era eu." Cf. Manuel da Conceição, *Essa terra é nossa:* depoimento sobre a vida e as lutas de camponeses no estado do Maranhão, Petrópolis, Editora Vozes Ltda., 1980, pp. 142-43.

[79] Sobre os tükunas, do Amazonas, cf. Maurício Vinhas de Queiroz, Contribuição ao estudo do messianismo tukúna, comunicação apresentada na v Reunião Brasileira de Antropologia, Belo Horizonte, 1961, em Roberto Cardoso de Oliveira, *O índio e o mundo dos brancos*, op. cit., p. 90. Sobre o movimento messiânico de 1963, entre os ramkokamekras-canelas, do Maranhão, cf. Eduardo Galvão, *Encontro de sociedades:* índios e brancos no Brasil, Rio de Janeiro, Paz e Terra, 1979, pp. 281-2; e Manuela Carneiro da Cunha, Logique du mythe et de l'action: le mouvement messianique canela de 1963, *L'Homme – Revue Française d'Anthropologie*, t. XIII, n. 4, Paris-La Haye, Mouton & Co. Éditeurs, out.-dez. 1973, pp. 5-37. Sobre os krahôs, de Goiás, cf. Julio Cezar Melatti, *O messianismo krahô*, São Paulo, Herder/Edusp, 1972. Dentre as várias referências que, sobre o tema, podem ser feitas aos povos tupis, há o belo estudo de Darcy Ribeiro sobre Uirá, o índio urubu-kaapor que saiu à procura de Maíra e se matou no rio Pindaré, no Maranhão. Cf. Darcy Ribeiro, Uirá vai ao encontro de Maíra, *Uirá sai à procura de Deus:* ensaios de etnologia e indigenismo, Rio de Janeiro, Paz e Terra, 1974, pp. 13-29.

Bibliografia

ALMEIDA, Alfredo Wagner B. de. *Getat:* segurança nacional e o revigoramento do poder regional. Rio de Janeiro, set. 1980.

_____. Terras de preto, terras de santo, terras de índio: uso comum e conflito. In: CASTRO, Edna M. Ramos de; HÉBETTE, Jean (orgs.). *Na trilha dos grandes projetos:* modernização e conflito na Amazônia. Belém: Cadernos do Naea, 1989.

AMERICAS WATCH (ed.). *Violência rural no Brasil.* São Paulo: Núcleo de Estudos da Violência da Universidade de São Paulo/Comissão Teotônio Vilela, 1991.

ANDRADE, Edgar Lage de. *Sertões da Noroeste.* São Paulo: Indústria Gráfica Cruzeiro do Sul Ltda., 1945.

ANDRADE, Maristela de Paula. *Gaúchos no sertão.* São Luís (MA): Comissão Pastoral da Terra, maio 1981.

_____. *Os gaúchos descobrem o Brasil.* São Luís: Edufma-Editora da Universidade Federal do Maranhão, 2008.

ARNAUD, Expedito. *O índio e a expansão nacional.* Belém: Edições Cejup, 1989.

BALDUS, Herbert. *Tapirapé:* tribo tupi no Brasil central. São Paulo: Companhia Editora Nacional/Editora da Universidade de São Paulo, 1970.

_____. *Ensaios de etnologia brasileira.* 2. ed. São Paulo: Companhia Editora Nacional/INL, 1979.

BAUER, Arnold J. Rural workers in Spanish America: problems of peonage and oppression. *The Hispanic American Historical Review,* v. 59, n. 1, Dursham: Duke University Press, Feb. 1979.

BEOZZO, José Oscar. *Leis e regimentos das missões:* política indigenista no Brasil. São Paulo: Edições Loyola, 1983.

BERGAD, Laird W. On comparative history: a reply to Tom Brass. *Journal of Latin American Studies,* v. 16, parte 1. Cambridge: Cambridge University Press, 1984.

BIOCCA, Ettore. *Yanoama:* dal racconto di una donna rapita dagli indi. Bari: De Donato Editore, 1965.

BOGUE, Allan G. Social theory and the pioneer. In: HOFSTADTER, Richard; LIPSET, Seymour Martin (eds.). *Turner and the Sociology of the Frontier.* New York: Basic Books Inc. Publishers, 1968.

BORELLI, Silvia Helena Simões. Os kaingang no estado de São Paulo: constantes históricas e violência deliberada. In: BORELLI, Sílvia H. S.; LUZ, Mara L. M. (orgs.). *Índios no estado de São Paulo:* resistência e transfiguração. São Paulo: Yankaty Editora/Comissão Pró-índio, s. d.

BORGES, Durval Rosa. *Rio Araguaia:* corpo e alma. São Paulo: Ibrasa/Edusp, 1987.

BRANDÃO, Carlos Rodrigues. *O divino, o santo e a senhora.* Rio de Janeiro: Campanha de Defesa do Folclore Brasileiro, 1978.

_____. *Os caipiras de São Paulo.* São Paulo: Editora Brasiliense, 1983.

BRANFORD, Sue; GLOCK, Oriel. *The Last Frontier:* fighting over land in the Amazon. London: Zed Books Ltd., 1985.

BRASS, Tom. Review and commentary: free and unfree labour in Puerto Rico during nineteenth century. *Journal of Latin American Studies*, v. 18, parte I. Cambridge: Cambridge University Press, 1986.

_____. Review essay: slavery now – unfree labour and modern capitalism. *Slavery and Abolition*, v. 9, n. 2, London: Frank Cass & Co. Ltd., sept. 1988.

_____. Some observations on unfree labour, capitalist restructuring, and deproletarianization. In: BRASS, Tom; VAN DER LINDEN, Marcel; LUCASSEN, Jan. *Free and Unfree Labour*. Amsterdam: International Institute for Social History, 1993.

CABRAL, Oswaldo Rodrigues. *A campanha do Contestado*. 2. ed. Florianópolis: Editora Lunardelli, 1979.

CANDIDO, Antonio. *Os parceiros do Rio Bonito:* estudo sobre o caipira paulista e a transformação de seus meios de vida. Rio de Janeiro: Livraria José Olympio Editora, 1964.

CANUTO, Antonio. *Maria da Praia*. Santa Terezinha (MT), out. 1975. (datilografado)

CARDOSO, Fernando Henrique. A fome e a crença: sobre "Os parceiros do Rio Bonito". In: LAFER, Celso et al. *Esboço de figura:* homenagem a Antonio Candido. São Paulo: Livraria Duas Cidades, 1979.

CARELLI, Vincent; SEVERIANO, Milton. *Mão branca contra o povo cinza*. s. l.: Brasil Debates, 1980.

CARON, Père. *Curé d'indiens*. Paris: Union Génerale d'Éditions, 1971.

CARVALHO, José Porfírio Fontenele de. *Waimiri-Atroari:* a história que ainda não foi contada. Brasília: s. e., 1982.

CASALDÁLIGA, Pedro. *Uma igreja da Amazônia em conflito com o latifúndio e a marginalização social*. São Félix (MT): s. e., 1971.

_____. *Creio na justiça e na esperança*. trad. Laura Ramos, Antonio Carlos Moura e Hugo Lopes, 2. ed. Rio de Janeiro: Civilização Brasileira, 1978.

CASTALDI, Carlo et al. A aparição do demônio no Catulé. In: QUEIROZ, Maria Isaura Pereira de et al. *Estudos de sociologia e história*. São Paulo: Editora Anhambi Limitada, 1957.

CASTRO, Eduardo Viveiros de. *Araweté:* os deuses canibais. Rio de Janeiro: Jorge Zahar Editor/Anpocs - Associação Nacional de Pós-graduação e Pesquisa em Ciências Sociais, 1986.

CASTRO, Ferreira de. *A selva*. Rio de Janeiro: Moura Fontes Editor, s. d.

CONCEIÇÃO, Manuel da. *Essa terra é nossa:* depoimento sobre a vida e as lutas de camponeses no estado do Maranhão. Petrópolis: Editora Vozes Ltda., 1980.

COSTA, Ramilton Marinho. O capa verde: transformações econômicas e representações ideológicas dos trabalhadores do sisal. *Norte e Nordeste - Estudos em Ciências Sociais*. Rio de Janeiro: Anpocs/Inter-American Foundation, 1991.

COUDREAU, Henri. *Viagem ao Tapajós*. trad. Eugênio Amado. Belo Horizonte: Editora da Universidade de São Paulo/Livraria Itatiaia Editora Ltda., 1977.

COWELL, Adrian. *The Tribe That Hides From Man*. 2. ed., London: Pimlico, 1995.

CROCCO, Antonio. *Gioacchino Da Fiore e il Gioachimismo*. Napoli: Liguori Editore, 1976.

CUNHA, Ayres Câmara. *Além de Mato Grosso*. São Paulo: Clube do Livro, 1974.

CUNHA, Euclydes da. *À margem da história*. 6. ed. Porto: Livraria Lello & Irmão Editores, 1946.

CUNHA, Manuela Carneiro da. Logique du mythe et de l'action: le mouvement messianique canela de 1963. *L'Homme - Revue Française d'Anthropologie*, t. XIII, n. 4. Paris-La Haye: Mouton & Co. Éditeurs, octobre-décembre 1973.

DA MATTA, Roberto; LARAIA, Roque de Barros. *Índios e castanheiros:* a empresa extrativa e os índios no médio Tocantins. 2. ed. Rio de Janeiro: Paz e Terra, 1978.

DAVIS, Shelton. *Vítimas do milagre:* o desenvolvimento e os índios do Brasil. trad. Jorge Alexandre Faure Pontual. Rio de Janeiro: Zahar Editores, 1978.

DORNSTAUDER, João Evangelista. *Como pacifiquei os ikbáktsa*. São Leopoldo (RS): Instituto Anchietano de Pesquisas, 1975.

DURHAN, Eunice R. *A caminho da cidade:* a vida rural e a migração para São Paulo. São Paulo: Editora Perspectiva, 1973.

DURKHEIM, Émile. *As regras do método sociológico*. 2. ed., trad. Maria Isaura Pereira de Queiroz. São Paulo: Companhia Editora Nacional, 1960.

_____. *Sociologie et philosophie*. Paris: Presses Universitaires de France, 1963.

EMMI, Marília Ferreira. *A oligarquia do Tocantins e o domínio dos castanhais*. Belém: Centro de Filosofia e Ciências Humanas/Naea/UFPa, 1988.

ESTERCI, Neide. Peonagem na Amazônia. *Dados*, n. 20, Rio de Janeiro, 1979.

_____. Campesinato e peonagem na Amazônia. *Anuário antropológico – 1978*. Rio de Janeiro: Editora Tempo Brasileiro, 1980.

_____. *Conflito no Araguaia:* peões e posseiros contra a grande empresa. Petrópolis: Vozes, 1987.

_____. *Escravos da desigualdade:* um estudo sobre o uso repressivo da força de trabalho hoje. Rio de Janeiro: Cedi/Koinonia, 1994.

FERNANDES, Florestan. *A função social da guerra na sociedade tupinambá*. São Paulo: s. e., 1952.

_____. *Mudanças sociais no Brasil*. São Paulo: Difusão Européia do Livro, 1960.

_____. *Folclore e mudança social na cidade de São Paulo*. São Paulo: Editora Anhambi, 1961.

_____. *Sociedade de classes e subdesenvolvimento*. Rio de Janeiro: Zahar Editores, 1968.

FERRAZ, Iara. *Os parkatejê das matas do Tocantins:* a epopeia de um líder timbira. São Paulo, 1983. Dissertação (Mestrado em Ciências Sociais), FFLCH/USP, 1983. (mimeo)

FIGUEIRA, Ricardo Rezende. *A justiça lobo:* posseiros e padres do Araguaia. Petrópolis: Vozes, 1986.

_____. *Rio Maria:* canto da terra. Petrópolis: Vozes, 1992.

FOWERAKER, Joe. *A luta pela terra:* a economia política da fronteira pioneira no Brasil de 1930 aos dias atuais. trad. Maria Júlia Goldwasser. Rio de Janeiro: Zahar Editores, 1982.

FRIKEL, Protásio. Migração, guerra e sobrevivência suiá. *Revista de Antropologia*, v. 17-20, parte 1. São Paulo: Faculdade de Filosofia, Letras e Ciências Humanas da Universidade de São Paulo, 1969-1972.

GALLOIS, Dominique T. *Migração, guerra e comércio:* os waiãpi na Guiana. São Paulo: Faculdade de Filosofia, Letras e Ciências Humanas da Universidade de São Paulo (Antropologia 15), 1986.

_____. *Mairi revisitada:* a reintegração da fortaleza de Macapá na tradição oral dos waiãpi. São Paulo: Fundação de Amparo à Pesquisa do Estado de São Paulo e Núcleo de História Indígena e do Indigenismo da Universidade de São Paulo, 1993.

GALVÃO, Eduardo. *Encontro de sociedades:* índios e brancos no Brasil. Rio de Janeiro: Paz e Terra, 1979.

_____. *Santos e visagens:* um estudo da vida religiosa de Itá, baixo Amazonas. 2. ed. São Paulo: Companhia Editora Nacional, 1976.

GARFINKEL, Harold. *Studies in Ethnomethodology*. Englewwod-Cliffs: Prentice-Hall Inc., 1971.

GERHARD, Dietrich. The frontier in comparative view. *Comparative Studies in Society and History*, v. I, n. 3, The Hague: Mouton & Co. Publishers, march, 1959.

GIACCARIA, Bartolomeu; HEIDE, Adalberto. *Xavante:* auwe uptabi, povo autêntico. São Paulo: Editorial Dom Bosco, 1972.

GNACCARINI, José César A. Organização do trabalho e da família em grupos marginais rurais do estado de São Paulo. *Revista de Administração de Empresa*, v. 11, n. 1. Rio de Janeiro: Fundação Getúlio Vargas, mar. 1971.

GODFREY, Brian John. *Road to the Xingu:* frontier settlement in Southern Pará, Brazil. MA thesis. Berkeley: University of California, 1979.

GOFFMAN, Erving. *La presentación de la persona en la vida cotidiana*. trad. Hilgarde B. Torres Perrénm e Flora Setaro. Buenos Aires: Amorrortu Editores, 1971.

GOULDNER, Alvin W. *The Coming Crisis of Western Sociology*. London: Heinemann, 1972.

GRAZIANO, Eduardo. *As condições de reprodução do campesinato no Vale do Jequitinhonha:* o processo de transformação atual. Rio de Janeiro: CPDA/UFRJ, 1982.

GUTERMAN, Norbert; LEFEBVRE, Henri. *La Conscience mystifiée*. Paris: Le Sycomore, 1979.

HÉBETTE, Jean. *Relatório do seminário sobre a fronteira agrícola com vistas à resenha da literatura nos últimos anos*. Belém, ago. 1978.

_____. *A resistência dos posseiros no Grande Carajás*. Belém: Núcleo de Altos Estudos Amazônicos/Universidade Federal do Pará, s.d.

HÉBETTE, Jean et al. *Área de fronteira em conflitos:* o leste do médio Tocantins. Belém: Núcleo de Altos Estudos Amazônicos/Universidade Federal do Pará, 1983. (mimeo)

HEMMING, John. *Red Gold:* the conquest of the Brazilian indians. London: Papermac, 1987.

HENNESSY, Alistair. *The Frontier in Latin American History*. London: Edward Arnold, 1978.

HOLLON, W. Eugene. *Frontier Violence:* another look. New York: Oxford University Press, 1974.

IANNI, Octavio. *A luta pela terra:* história social da terra e da luta pela terra numa área da Amazônia. Petrópolis: Vozes, 1978.

JULIÃO, Francisco. *Cambão - The Yoke:* the hidden face of Brazil. trad. John Butt. Harmondsworth: Penguin Books, 1972.
KELLER, Francisca Isabel Vieira. O homem da frente de expansão: permanência, mudança e conflito. *Revista de História,* v. LI, n. 102, ano XXVI, abr.-jun. 1975.
KOTSCHO, Ricardo. *O massacre dos posseiros:* conflitos de terras no Araguaia-Tocantins. São Paulo: Editora Brasiliense, 1981.
KRÄUTLER, Eurico. *Sangue nas pedras.* São Paulo: Edições Paulinas, 1979.
LACERDA, Sonia. *Trabalho e posse da terra entre o campesinato de Turmalina.* Rio de Janeiro: CPDA/UFRJ, 1983.
LAS CASAS, Roberto Décio de. Índios e brasileiros no vale do Tapajós. *Boletim do Museu Paraense Emílio Goeldi,* nova série, Antropologia, n. 23, Instituto Nacional de Pesquisas da Amazônia, out. 1964.
LEFEBVRE, Henri. Problèmes de sociologie rurale: la communauté paysanne et ses problémes historico-sociologiques. *Cahiers Internationaux de Sociologie,* v. VI, quatrième année. Paris: Aux Éditions du Seuil, 1949.
_____. Perspectives de la sociologie rurale. *Cahiers Internationaux de Sociologie,* v. XIV, huitième année. Paris: Aux Éditions du Seuil, 1953.
_____. *La Pensée de Lénine.* Paris: Bordas, 1957.
_____. *La Survie du capitalisme:* la reproduction des raportes de production. Paris: Éditions Anthropos, 1973.
_____. *De l'état.* 4 v. Paris: Union Générale d'Éditions, 1978.
_____. *La Présence et l'absence:* contribution à la théorie des répresentations. Paris: Casterman, 1980.
LEITE, S. I. Serafim. *Cartas dos primeiros jesuítas do Brasil.* 3 v. São Paulo: Comissão do IV Centenário da Cidade de São Paulo, 1954.
LÉNA, Philippe; OLIVEIRA, Adélia Engrácia de (orgs.). *Amazônia:* a fronteira agrícola 20 anos depois. 2. ed. Belém: Edições Cejup, 1992.
LEONEL, Mauro. *Etnodicéia uruéu-au-au.* São Paulo: Editora da Universidade de São Paulo, 1995.
LÉVI-STRAUSS, Claude. Guerra e comércio entre os índios da América do Sul, *Revista do Arquivo Municipal,* ano VIII, v. LXXXVII. São Paulo: Departamento de Cultura, dez. 1942.
LISANSKY, Judith. *Migrants to Amazonia:* spontaneous colonization in the Brazilian frontiers. Boulder: Westview Press, 1990.
LUNA, Regina Celi Miranda Reis. *A terra era liberta:* um estudo da luta dos posseiros pela terra no Vale do Pindaré-MA. Natal: Universidade Federal do Rio Grande do Norte, 1983. (mimeo)
MAHAR, Dennis J. *Desenvolvimento econômico da Amazônia:* uma análise das políticas governamentais. Rio de Janeiro: Ipea/INPES, 1978.
MARTINS, Edilson. *Nossos índios, nossos mortos.* Rio de Janeiro: Editora Codecri, 1978.
MARTINS, José de Souza. Modernização agrária e industrialização no Brasil. *América Latina,* ano 12, n. 2. Rio de Janeiro: Centro Latino-americano de Pesquisas em Ciências Sociais, abr.-jun. 1969a.
_____. Modernização e problema agrário no estado de São Paulo. *Revista do Instituto de Estudos Brasileiros,* n. 6. São Paulo: Universidade de São Paulo, 1969b.
_____. *Capitalismo e tradicionalismo:* estudos sobre as contradições da sociedade agrária no Brasil. São Paulo: Livraria Pioneira Editora, 1975.
_____ (org.). *Introdução crítica à sociologia rural.* São Paulo: Editora Hucitec, 1981.
_____. *A reforma agrária e os limites da democracia na "Nova República".* São Paulo: Editora Hucitec, 1986.
_____. *Caminhada no chão da noite:* emancipação política e libertação nos movimentos sociais do campo. São Paulo: Editora Hucitec, 1989.
_____. *A chegada do estranho.* São Paulo: Editora Hucitec, 1993.
_____. *Os camponeses e a política no Brasil.* 5. ed. Petrópolis: Editora Vozes, 1995.
_____. *Reforma agrária:* o impossível diálogo. São Paulo: Edusp-Editora da Universidade de São Paulo, 2000.
_____. *O sujeito oculto:* ordem e transgressão na reforma agrária. Porto Alegre: Editora da Universidade Federal do Rio Grande do Sul, 2003.
_____. *O cativeiro da terra.* 8. ed. São Paulo: Editora Hucitec, 2004.
_____. *A sociedade vista do abismo:* novos estudos sobre exclusão, pobreza e classes sociais, 3. ed. Petrópolis: Editora Vozes, 2008.

MARX, Karl. O dezoito brumário de Luís Bonaparte. MARX, K.; ENGELS, F. *Obras escolhidas*, v. I. Rio de Janeiro: Editorial Vitória, 1961.

_____. *El capital:* crítica de la economía política. 8 v., trad. Pedro Scaron et al.. México: Siglo Veinteuno Editores, 1975. [Alternativa e comparativamente, utilizei, deste livro, as seguintes edições: Carlos Marx, *El capital:* crítica de la economía politica, 3 t., trad. Wenceslao Roces, México, Fondo de Cultura Económica, 1959; Karl Marx, *Le Capital:* critique de l'économie politique, 3 t., trad. Joseph Roy, inteiramente revista pelo autor, Paris, Éditions Sociales, 1976; Karl Marx, *Capital:* a critical analysis of capitalist production, 3 v., editado por Frederick Engels, London, Lawrence & Wishart, 1974.

_____. *Elementos fundamentales para la crítica de la Economía política (Borrador), 1857-1858*. 3 v., trad. Pedro Scaron. Buenos Aires/México: Siglo Veinteuno Argentina S. A., 1971-1978.

MARX, Karl; ENGELS, Friedrich. *L'Idéologie allemande*. trad. Renée Cartelle. Paris: Éditions Sociales, 1962.

MEILLASSOUX, C. Desenvolvimento ou exploração. In: HINKELAMMERT, F. et al. *Formas políticas, económicas e sociais de exploração*. Porto: Edições Rés Ltda., 1976.

MELATTI, Julio Cezar. *O messianismo krahô*. São Paulo: Herder/Edusp, 1972.

MENEZES, Paulo Roberto de Arruda. A questão do herói-sujeito em "Cabra marcado para morrer", filme de Eduardo Coutinho. *Tempo Social – Revista de Sociologia da USP*, v. 6, n. 1-2, jun. 1995.

MENGET, Patrick. Notas sobre as cabeças mundurucu. In: CASTRO, Eduardo Viveiros de; CUNHA, Manuela Carneiro da (orgs.). *Amazônia:* etnologia e história indígena. São Paulo: Núcleo de História Indígena e do Indigenismo-USP/Fapesp, 1993.

MINDLIN, Betty. *Nós, paiter:* os suruí de Rondônia. Petrópolis: Vozes, 1985.

MONBEIG, Pierre. *Ensaios de geografia humana brasileira*. São Paulo: Livraria Martins, 1940.

_____. *Pionniers et planteurs de São Paulo*. Paris: Librairie Armand Colin, 1952.

_____. *Novos estudos de geografia humana brasileira*. São Paulo: Difusão Européia do Livro, 1957.

MONTEIRO, Duglas Teixeira. *Os errantes do novo século*. São Paulo: Livraria Duas Cidades, 1974.

MORAES, Clodomir. Peasant leagues in Brazil. In: STAVENHAGEN Rodolfo (ed.). *Agrarian Problems and Peasants Movements in Latin America*. Garden City: Anchor Books, 1970.

MOREIRA NETO, Carlos de Araújo. Relatório sobre a situação atual dos índios kayapó, *Revista de Antropologia*, v. 7. n. 1 e 2., Universidade de São Paulo, jun. - dez. 1959.

MOURA, Margarida Maria. *Os deserdados da terra:* a lógica costumeira e judicial dos processos de expulsão e invasão da terra camponesa no sertão de Minas Gerais. Rio de Janeiro: Bertrand Brasil, 1988.

MUSSOLINI, Gioconda. Persistência e mudança em sociedades de "folk" no Brasil. In: FERNANDES, Florestan (org.). *Symposium etno-sociológico sobre comunidades humanas no Brasil*. Separata dos *Anais do XXXI Congresso Internacional de Americanistas*, São Paulo, 1955.

MUSUMECI, Leonarda. *O mito da terra liberta:* colonização "espontânea", campesinato e patronagem na Amazônia oriental. São Paulo: Anpocs/Vértice, Editora Revista dos Tribunais, 1988.

NEIVA, Arthur Hehl. A imigração na política brasileira de povoamento, *Revista Brasileira de Municípios*, ano II, n. 6, abr.-jun. 1949.

OLIVEIRA, Adélia Engrácia de. Os índios jurúna e sua cultura nos dias atuais. *Boletim do Museu Paraense Emílio Goeldi*, n. 35, Belém, 17 maio 1968.

_____. Parentesco jurúna. *Boletim do Museu Paraense Emílio Goeldi*, n. 45, Belém (Pará), 16 out. 1970.

OLIVEIRA, Antonia Alves de (org.). *Os nordestinos em São Paulo*. São Paulo: Edições Paulinas, 1982.

OLIVEIRA, José Eduardo Dutra de; OLIVEIRA, Maria Helena Silva Dutra de. *"Boias-frias":* uma realidade brasileira. São Paulo: Academia de Ciências do Estado de São Paulo, 1981.

OLIVEIRA, Roberto Cardoso de. *O índio e o mundo dos brancos:* a situação dos tukúna do alto Solimões. São Paulo: Difusão Européia do Livro, 1964.

_____. Problemas e hipóteses relativos à fricção interétnica: sugestões para uma metodologia. *Revista do Instituto de Ciências Sociais*, v. IV, n. 1. Rio de Janeiro: Universidade Federal do Rio de Janeiro, 1967.

_____. *Do índio ao bugre:* o processo de assimilação dos terêna, 2. ed. Rio de Janeiro: Livraria Francisco Alves Editora S. A., 1976.

PEREIRA, Pablo. Funai encontra novo grupo de índios em RO. *O Estado de S. Paulo*, São Paulo, 25 out. 1995, p. A14.

PEREIRA, Pablo. Sertanista contata índios isolados em RO. *O Estado de S. Paulo*, São Paulo, 6 set. 1996, p. A15.
PINTO, Lúcio Flávio. *Amazônia:* no rastro do saque. São Paulo: Editora Hucitec, 1980.
PIVETTA, Darci Luiz. *Iranxe:* luta pelo território expropriado. Cuiabá: UFMT-Editora Universitária, 1993.
POSEY, Darrel A. Time, space, and the interface of divergent cultures: the kayapó indians of the Amazon face the future. *Revista de Antropologia*, v. 25, Departamento de Ciências Sociais-FFLCH/USP, 1982.
QUEIROZ, Maria Isaura Pereira de. *La "Guerre sainte" au Brésil:* le mouvement messianique du Contestado. São Paulo: Faculdade de Filosofia, Ciências e Letras da Universidade de São Paulo, Boletim n. 187, 1957.
QUEIROZ, Mauricio Vinhas de. *Messianismo e conflito social:* a guerra sertaneja do Contestado, 1912-1916. Rio de Janeiro: Editora Civilização Brasileira S. A., 1966.
RAMOS, Alcida Rita. *Hierarquia e simbiose:* relações intertribais no Brasil. São Paulo: Editora Hucitec, 1980.
REY, Pierre-Philippe. *Les Alliances de classes*. Paris: François Maspero, 1976.
RIBEIRO, Darcy. *Uirá sai à procura de deus:* ensaios de etnologia e indigenismo. Rio de Janeiro: Paz e Terra, 1974.
_____. *Os índios e a civilização:* a integração das populações indígenas no Brasil moderno. 2. ed. Petrópolis: Editora Vozes Ltda., 1977.
SÁ, Laís Mourão. *O pão da terra:* propriedade comunal e campesinato livre na baixa ocidental maranhense. São Luís: Edufma-Editora da Universidade Federal do Maranhão, 2007.
SANTOS, José Vicente Tavares dos. *Colonos do vinho*. São Paulo: Editora Hucitec, 1978.
SANTOS, Roberto. *História econômica da Amazônia (1800-1920)*. São Paulo: T. A. Queiroz Editor Ltda., 1980.
SANTOS, Silvio Coelho dos. *Índios e brancos no sul do Brasil:* a dramática experiência dos xokleng. Florianópolis: Edeme, 1975.
SARTRE, Jean-Paul. *Questão de método*. trad Bento Prado Júnior. São Paulo: Difusão Européia do Livro, 1966.
SATRIANI, Luigi M. Lombardi. *Il silenzio, la memoria e lo sguardo*. Palermo: Sellerio Editore, 1980.
SCHMINK, Marianne; WOOD, Charles H. *Contested Frontiers in Amazonia*. New York: Columbia University Press, 1992.
SCHWARTZMAN, Stephan. Epilogo to the Pimlico edition. In: COWELL, Adrian. *The Tribe That Hides From Man*. 2. ed. London: Pimlico, 1995.
SIGAUD, Lygia Maria. Trabalho e tempo histórico entre proletários rurais. *Revista de Administração de Empresas*, v. 13, n. 3. Rio de Janeiro: Fundação Getúlio Vargas, jul./set. 1973.
SILVA, Aracy Lopes da. *Nomes e amigos:* da prática xavante a uma reflexão sobre os jê. São Paulo: Faculdade de Filosofia, Letras e Ciências Humanas da Universidade de São Paulo, 1986.
SOUZA, Márcio. *O empate contra Chico Mendes*. São Paulo: Marco Zero, 1990.
STEINBERG, Jonathan. In St. Joachim's republic. *Society*, 28 May 1981.
SUTTON, Alison. *Slavery in Brazil:* a link in the chain of modernization. London: Anti-Slavery International, 1994.
TEIXEIRA, Carlos Corrêa. *Servidão humana na selva:* o aviamento e o barracão nos seringais da Amazônia [1980]. Manaus: Valer Editora, Editora da Universidade do Amazonas, 2009.
TODOROV, Tzvetan. *La conquista dell'America:* il problema del altro. trad. Aldo Serafini. Torino: Giulio Einaudi Editore, 1984.
TOURAINE, Alain. Industrialisation et conscience ouvrière à São Paulo. *Sociologie du Travail*, troisième année, n. 4/61, Paris: Éditions du Seuil, 1961.
TURNER, Frederick Jackson. The significance of the frontier in American history. In: TAYLOR, George Rogers (ed.). *The Turner Thesis Concerning the Role of the Frontier in American History*. Boston: D. C. Heath and Company, 1956.
VELHO, Otávio Guilherme C. A. Análise preliminar de uma frente de expansão da sociedade brasileira. *Revista do Instituto de Ciências Sociais*, v. IV, n. 1. Rio de Janeiro: Universidade Federal do Rio de Janeiro, 1967.
_____. *Capitalismo autoritário e campesinato*. São Paulo: Difel, 1976.
VELHO, Otávio Guilherme. *Frentes de expansão e estrutura agrária*. Rio de Janeiro: Zahar Editores, 1972.
VIDAL, Lux. *Morte e vida de uma sociedade indígena brasileira:* os kayapó-xikrin do rio Catete. São Paulo: Editora Hucitec/Editora da Universidade de São Paulo, 1977.
VIEIRA, António. *Apologia das coisas profetizadas*. trad. do latim de Arnaldo Espírito Santo, organização e fixação do texto de Adma Fadul Muhana. Lisboa: Edições Cotovia, 1994.

VIEIRA, Maria Antonieta da Costa. *Caçando o destino:* um estudo sobre a luta de resistência dos posseiros do sul do Pará. São Paulo, 1981. Dissertação (Mestrado em Antropologia) – Pontifícia Universidade Católica de São Paulo. (mimeo)

———. *Maria da Praia.* São Paulo, 8 jul. 1996. (manuscrito)

———. *À procura das Bandeiras Verdes:* viagem, missão e romaria – movimentos sociorreligiosos na Amazônia oriental. Campinas, 2001. Tese (Doutorado em Ciências Sociais) – Instituto de Filosofia e Ciências Humanas, Universidade Estadual de Campinas.

VIERTLER, Renate Brigitte. *Os kamayurá e o alto Xingu.* São Paulo: Instituto de Estudos Brasileiros da Universidade de São Paulo, 1969.

———. A vaca louca: tendências do processo de mudança sociocultural entre os Bororo-MT. *Revista de Antropologia,* v. 33, São Paulo: Universidade de São Paulo, 1990.

VILLAS BÔAS, Orlando; VILLAS BÔAS, Cláudio. *A marcha para oeste.* São Paulo: Editora Globo, 1994.

WAGLEY, Charles. *Uma comunidade amazônica:* estudo do homem nos trópicos. trad. Clotilde da Silva Costa, 2. edição. São Paulo: Companhia Editora Nacional/INL, 1977a.

———. *Welcome of Tears:* the tapirapé indians of central Brazil. New York: Oxford University Press, 1977b.

WAIBEL, Leo H. As zonas pioneiras do Brasil. *Revista Brasileira de Geografia,* ano XVII, n. 4, out.-dez. 1955.

WEBER, Max. *The Protestant Ethic and the Spirit of Capitalism.* trad. Talcott Parsons. New York: Charles Scribner's Sons, 1958.

———. *General Economic History.* trad. Frank H. Knight. New York: Collier Books, 1961.

———. *Essais sur la théorie de la science.* trad. Julien Freund. Paris: Librairie Plon, 1965.

ZANONI, Mary Helena Allegretti. *Os seringueiros:* estudo de caso de um seringal nativo do Acre. Brasília, 1979. Dissertação (Mestrado em Antropologia) – Universidade de Brasília. (mimeo)

O autor

José de Souza Martins

É um dos mais importantes cientistas sociais do Brasil. Professor titular de Sociologia da Faculdade de Filosofia, Letras e Ciências Humanas da Universidade de São Paulo (FFLCH-USP), foi eleito *fellow* de Trinity Hall e professor da Cátedra Simon Bolívar da Universidade de Cambridge (1993-1994). É mestre e doutor em Sociologia pela USP. Foi professor visitante na Universidade de Flórida (1983) e na Universidade de Lisboa (2000). Autor de diversos livros de destaque, ganhou o prêmio Jabuti de Ciências Humanas em 1993 – com a obra *Subúrbio* – e em 1994 – com *A chegada do estranho*. Recebeu o prêmio Érico Vannucci Mendes do Conselho Nacional de Desenvolvimento Científico e Tecnológico (CNPq) em 1993 pelo conjunto de sua obra e o prêmio Florestan Fernandes da Sociedade Brasileira de Sociologia em 2007. Pela Contexto, publicou os livros *A sociabilidade do homem simples* e *Sociologia da fotografia e da imagem*.

Cadastre-se no site da Contexto
e fique por dentro dos nossos lançamentos e eventos.
www.editoracontexto.com.br

Formação de Professores | Educação
História | Ciências Humanas
Língua Portuguesa | Linguística
Geografia
Comunicação
Turismo
Economia
Geral

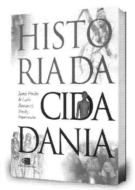

Faça parte de nossa rede.
www.editoracontexto.com.br/redes